马克思主义稀有文献
《译书汇编》

第二册

张远航 主编

中央编译出版社
CCTP Central Compilation & Translation Press

目録

譯書彙編

一九〇一年第一卷第六期

（明治三十四年一月二十八日第三種郵便物認可）

（每月一次定期陰曆十五日發行）

譯書彙編

光緒二十七年五月十五日
明治三十四年七月一日
發行

第六期

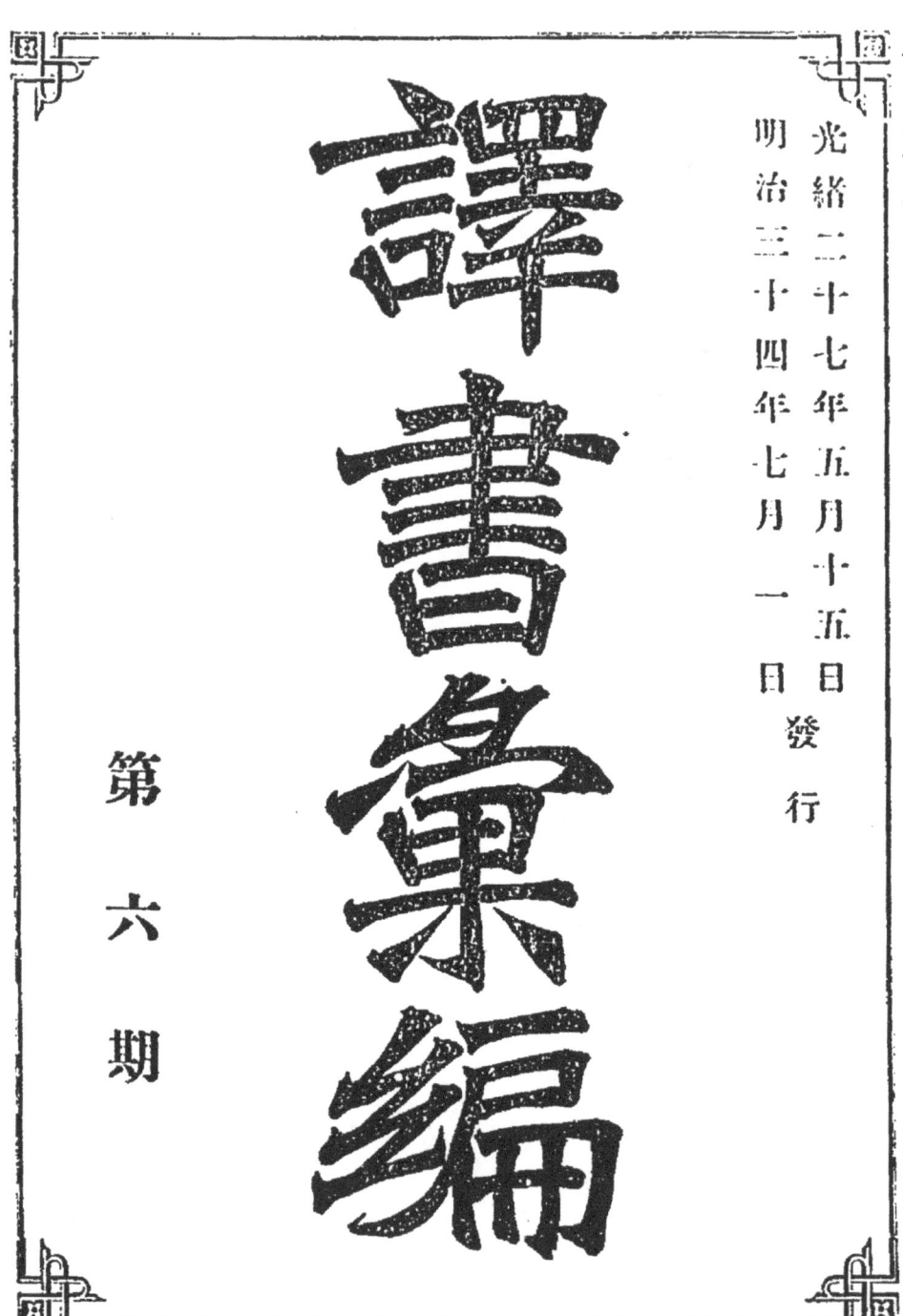

譯書彙編第六期

目錄

簡要章程

一是編所刊以政治一門為主如政治法律理財歷史哲學各門每期所出或四類或五類間附雜錄
一政治諸書乃東西各邦強國之本原故本編亟先刊行此類至兵農工商各專門之書亦有譯出者以後當陸續擇要刊行
一是編之外尚須刊刻譯成全部之書目錄均附於後
一是編由同人捐貲創辦尚祈同志之士慨與資助當酌贈書以酬高誼

定價

一月一冊洋兩角　半年六冊洋壹元壹角
全年十二冊洋兩元　內地酌加郵費

購閱畧則

一定閱本編可函向譯書彙編發行所掛號每期當按址寄送外埠可就近向各代派處購取
一價銀必須先付掛號後若不付銀及已送滿所付之價均一律停止不送外埠同
一定閱本編以半年起碼概不零售
一代派照定價提二成作為酬勞

謹告閱報諸公

本編承內地諸君子來書交相謬許、而東邦搢紳有道之士、亦謂開通民智、期諸此舉、此固愈宜奮起者也、始因創辦之多疎、繼因印刷之緩慢、再因財力之困難、遂致前者屢屢延期。誠無以副內外屬望、同人等頗自引歉、今乘暑假餘暇、擬補足今年彙編應出之數、庶不致失按月遞出之信。而第一期及第四期、已散盡無存、邇來內地函索頗多、已囑印局再版。既欲補出。又欲重印。需款實鉅。現計每月銷數已在一千份以外。而收回報費者未及十之一二。亦未收其他捐項。悉係籌墊。聞內地往往恐此編中止。故不定購常年。實則此事最可無慮者也。蓋日本自尋常中學校。至高等學校及大學校。學生莫不月出一報。以公佈同志。今吾邦人士之留學東土者。實繁有徒。月起一編。固學業中應有之事。亦綽乎餘裕。是編可保源源不絕。固敢爲　閱報諸公訣。或以出數既多。而不能收回報費。則刊費無着。因而延期。亦勢所容有。此所切望　閱報諸公爲之轉移也。

本編同人頓啓

簡啓

一日本同文求學最易苦無援引來者頗艱倘內地有欲來學者但備二百四十元即足一年學費房食之用來時同人可代爲招呼一切並可紹介入日本各種學校有志之士幸毋裹足（本編第一期及第二期內言每年一百八十元已足者專指學費房食而言未衣服零用未括在內故復擬第二至約之數於第三期內更正爲二百四十元近因內地有來信詢其前後不同者故特誌之）

一日本書籍之多浩如烟海內地之人雖知其名苦無門徑何從購買同人既事探討頗能知其一二若有欲購閱各種專門書及一切有用之書者即祈函告同人當舉所知擇要以聞至購買之後必可效勞代寄照原書定價另加郵費可也

一中國乏才由無教育教育之難由於無書同人現編輯小學中學各種教科書然茲事體大海內名流有素留意此事者望賜函見教以匡不逮　信來請寄本編發行所

本編告白

一本編自第五期起槪不零售歸劃一

一本編第一期定價郵費在內嗣以內地郵費過大實在賠累不支故改定郵費照加茲再申明凡日本郵局所通之處仍由本編認墊其內地無日本郵局者由代派處照遠近酌加閱者亮之

一本編迭承同志惠書詢以所載各書全年可以成書幾種同人現査除內有一二種篇幅過鉅不能急切成書外其他各書大約一年以內可以陸續告成同人現商定自本期始前期未經列入之書不再率爾添入以省篇幅藉副閱者早窺全豹之意

一本編所譯各書間有沿襲外國名目難於索解之處閱者儘可函致本編同人相與析義問難同人知力所及無不竭力以告閱者鑑之

已譯待刊書目錄

政治進化論	英國	斯賓塞爾著
社會平權論	同	
教育論	同	
政黨論	德國	伯倫知理著
今世國家論	法國	鮑羅著
理學沿革史	法國	阿勿雷脫著
歐洲文明史	法國	尼騷著
教育論	法國	盧騷著
平民政治	美國	勃拉司著
教治泛論	美國	威爾孫著
社會學	美國	吉精顏斯著
教育論	美國	如安諾著
東西洋教育史	日本	中野禮四郎著
美國民政	美國	莫里著
國際論	日本	陸實著
國法學	日本	有賀長雄著
文明論之概略	日本	福澤諭吉著
明治歷史	日本	坪谷善四郎著
外交通義	日本	長岡春一著
加藤講演集	日本	加藤弘之著
國際法論	法國	羅諾而著
自助論	英國	斯邁爾著
新聞學	日本	松本君平著
國家學原理	日本	高田早苗講述
近世二英雄傳	英國	格理飛司著
經濟學史	日本	井上辰次郎著
俄羅斯史	日本	山本利喜雄著
十九世紀	日本	博文館編
丈夫之本領	日本	鈴木天眼著
政教進化論	日本	加藤弘之著
近世海軍	日本	福本誠編
近世陸軍	日本	新橋榮次郎編
萬國國力比較	英國	默爾化著
國法學	日本	岸崎昌 中村孝 合著

閱報諸公鑒　本編自第五期爲始增刷收條交各代派處經理凡賜閱諸君子以後或定閱全年或半年交費時可問代派處領取收條庶賬目出入得以羅羅清疏便於稽査也今將本編收單式樣登載如左

今收到

先生譯書彙編全年費（半年）　元正　自　期起　至　期止

譯書彙編經理人收單

光緒　年　月　日

第　號

今收到

處全年費（半年）　元　元正　自　期起　至　期止

譯書彙編收款存單

光緒　年　月　日

萬法精理卷之二

法國　孟德斯鳩著

按孟德斯鳩爲法國著名法學家。其著述甚多。萬法精理則竭二十年之精力而成。其著述中之尤著者也。蓋法皇路易第十四世之君權專制。及其歿後。弊害百出。羣治腐敗。道德衰頹。而萬法精理適於是出。卒以鼓動一國。而舉世之言論思想。頓爲一變。僅一年半之久。而重印至二十一次。其聲價如此。日本當維新之初。木戶孝允在美國時。遣彼國法學名家台樂爾。問以西國政法之大要。台氏答曰。歐美各國之治化。蓋經數百年之培養而成。而誘掖之功。端賴先哲。先哲固不乏其人。然足以摸範百世者。當以孟德斯鳩爲古今第一。貴國誠勵精圖治。則求之孟氏之萬法精理。而經世濟民之道在是矣。木戶題其言。於是有何禮之者。遂譯爲日本文。是爲萬法精理輸入東方之始。今所譯者。即何氏本也。

總論

第一章　論法之關乎萬物

人有恒言皆曰氣數氣數一若天壤間事事物物皆出於造化之無心也者嗚呼妄哉是言也問兩間萬物有出於偶然者乎無有也有絕無法紀而能生存者乎無有也故法也者不可須臾離也可離非法也神靈也人類也以至飛者走者游者泳者其所恃以立者皆法也法自何出曰、出於天萬物雖生之天生之也雖育之天育之也天以其法生物即以其法育物其生也育也無一而非法也夫蒼然者天塊然者地似不知不識者莫天地若然其博厚也高明也悠久也直歷數千年數萬年而不變此無他惟其有一定之法以制其進行故也

凡圓顱方趾而具有智慧者皆可以創造法律特當此智慧者未生人世天壤間已有是理蓋自有仁義中正之道可以別嫌疑明是非而後法律生焉非先有法律而後仁義中正之道生也世人不知動曰法律所令之外無所謂善法律所禁之外無所謂惡是猶於未盡圓形之前而曰自其中央達於周邊諸綫長短相等也豈不謬哉

既有法則守之者爲義而背之者爲非法爲天所造則天造之而人守之者義也法爲人所造則自造之而自守之者亦義也雖然造法者天也而破法者人也即造法者人也而破法者亦人此其故何哉智慧之未闢是非之未辨欲之動也或喪其秉彝之德者有之矣故天

道之不可以不信也人或蔑天道而忘之此天之敎法所由起也人之有其身也或併其身而忘之此性理學道義學所由起也人與人之相接也或棄其同類而忘之此政法民法所由起也凡此者皆所以納民於軌物之中而弗使自暴也此所謂義務者也

第二章　性法

人類當草昧之初無所謂法也然已有一法顯於人類形氣之間是名性法性法者何野蠻之民其臥徐徐其覺于于未嘗有學問未嘗有智識塊然軀殼與木石鹿豕無異然日思所以保其身者汲汲也故其人居深山之中其力弱其志懦聞木葉之脫則驚見物影之動則走惴惴焉惟恐其爲人襲也故爭奪相殺之患無聞焉霍畢士曰人類之所以相爭相殺者性使然也不然出則鍵其戶行則手其兵胡爲者也然此實非也民賊起而爭城畧地之風行社會成而好勇鬬狠之事起非草創之人類所有事也故平和者性法之始也

人類因其孱弱也而其氣日餒因其恐懼也而其求日多由是而口之於味也目之於色也耳之於聽也四肢之於安逸也其欲漸動而其需益繁此亦性法之一也

人懷畏懼之心則互相忌互相避而無時或已然惟其以恐懼之心乃一變而爲相親之念

故恐懼者。親睦之媒也。惟然而人類見其同類則喜。男女之性異。而相思相慕之情。不能自已。此實天性使然不能強也。所謂性法也。

以性之知覺運動者言之。人與禽獸非有異也。人所以爲萬物之靈者。學而知之者也。故敬業樂羣者。亦天性使然也。所謂性法也。

第三章　人法

恐怖去而爭鬭生焉。社會立而權力尙焉。其始也一人與一人爭其繼也一國與一國爭。此人法所由起也。國與國並立。不能無交涉。而法興焉。萬國公法是也。君與民並立。不能無交涉。而法生焉。政法是也。民與民並立。不能無交涉。而法生焉。民法是也。

國與國相處。當其和也。期各有裨於其國也。當其戰也。期各無害於其國也。此公法之要指也。故戰而克也則取之。其取之也則保之。此公法之道也。

國之有公法。不獨文明之國然也。即野蠻亦有之。北美洲之土番。名衣落克者。獲囚虜則啖其肉。其殘虐如此。然其待外國使臣。深明和與戰之權利。不可謂非公法也。然彼終不免爲夷狄者。則以其公法猶未根於眞理故也。

萬國公法者。治天下之社會者也。政法者。治一國之社會者也。然未有政府未立。而社會成立者也。故格落衣那有言曰。萃人民之權力而定於一。是之謂國家。誠哉是言也。

國家之公權有屬於一人之手者。有屬於眾人之手者。或曰。父母之威權。出於天理之自然。故一人主宰之政府。亦天理之自然者也。嗚呼。何其言之謬也。一人主宰之政府。而比之以父母之權。則以眾議決庶政之政府。將以父母沒後。以兄弟之權共治其家者比之乎。且將以兄弟沒後。以從兄弟之權共治其家者比之乎。是一國之政權而合數親屬以爲之也。

無論爲政法。爲民治。以適合於其邦之政體。及政之旨趣爲主。又立法之際。當視其國氣候之寒煖。土壤之肥瘠。其國之位置。或廣或狹。其民之營業。或農或商。務使之各各相宜。又當適於其民自由權之廣狹。宗教之同異。風俗之好惡。戶口之疎密。及貧富奢儉。貿易交際等事。不寧惟是。此法與彼法。必有相因。當求其所以設立之故。並創制是法者宗旨之所在。凡欲考究一邦之法律者。必先就此數端。悉心考求之。未可執一以論之。此書即就各邦而考察此數者以論明之。蓋所謂法律之精神。非法律之條目也。

萬法精理卷之一終

論諸法以政府之形質而異

第一章　論政府有三類其形質各異

萬國政府之形質。可以三大別概括之。曰共和政治。曰立君政治。曰專制政治。舉人民之全部或人民之一部。而掌握政權者。共和政治也。置一君而立有一定之憲法以限制之。立君政治也。以一人之喜怒裁決政務。不受法律之節制。而唯所欲爲者。專制政治也。政府之形質異。故由政府所出之法亦異。是不可以不知也。

第二章　論共和政治併諸法之關於民主政治者

共和政治有二類。舉人民之全部。而掌握君權。共議政務者。民主政治也。舉人民之一部而執其政權者。貴族政治也。

民主政治。其國民有身爲君主以治人者有之。或身爲臣民以治於人者有之。

以人民而執行君權。不可無司選之權利。所謂司選之權者。所以表國民心志之所向。而國民之心志。即君主也。故以法律定司選之權利。爲民主政治之要務。蓋於司選者及被選者

兩者之間。定其權限事之重大孰有過於此者彼立君政治必奉一君主而定其行政之法亦猶是爾

李白斗斯曰昔雅典之共和政治其法凡外國人入其國會者其罪死蓋非其本國之民而參預其國事則篡奪其君權故也

共和政治議員須有定額以爲全國人民之代表者若漫無定額則議員所議定之案是否出於人民全部之同意抑出於人民一部之同意不免難於核計故斯巴達定議員爲一萬人羅馬則不然當其國初起不過至弱之一邑後之掌握天下之刑政雖經歷變遷。至國勢極衰之際而城中人民猶有未服其政令者當其極盛之時國威所被幾於混一地球而意大利無論矣然如此隆盛之國。議員曾無定額亦其致亡之一端也

掌握政權之人民其力所可爲者則親爲之其力所不及者則委人以代理之此行政官所由設也

行政官者。人民之執事人員也使人民而無選任行政官之權則安在其爲執事人員乎故選舉官吏之權。共和政治之要務也。

共和政治置議政官設元老院以求其獻替賴其贊襄有無異乎立君政治者或有勝於立君政治者然既設議院而欲防其弊則選舉議官之法不可以不講求也其法如雅典人之使民親舉可也如羅馬人之使民先舉幹事官此幹事官乃代人民而舉其人亦無不可人民者有權利有義務人民之選舉議員者以關乎權利義務者而託之於議員也故必擇一可託者而後託之此選舉不可以不慎也使其人於人民之事而束手傍觀者弗舉可也使其人而非名望卓著爲衆人所共知者弗舉可也故一人也而爲身經百戰有汗馬之功者則其韜畧爲衆所共知以人民之公選而爲將帥宜也一人也而爲廉明正直者則其爲民心所愛戴以人民之公選而爲法官宜也一人而爲身家殷實者則其足以取信於衆舉而爲董事宜也凡此數事皆以人民所目見耳聞者而舉之故凡人民之公會其灼然真知自非高拱深宮者所能及也至若萬機叢雜整理實難苟欲揆其時度其地以免於叢脞焉自非人民之公會所能及矣

鑒別人才者人民天禀之才能故從古至今未聞有出於一時之僥倖而誤其選舉者也固考諸雅典羅馬之政事及選舉之始末而知之矣

羅馬人民雖以匹夫之賤得驟升爲顯秩此羅馬人民之權利也但必待衆人之選擧不能自選擧也在雅典照亞律司太法律不論貴賤貧富凡雅典之人民皆得擢爲宰官然如簡諾芬之言則從未聞以匹夫而求列顯秩者此吾人所當知也

蓋人雖不能見知於衆人而當於淸要之選然知人之明則人皆有之人民中蓋居其十之八九故擧他人而使之肩重任則易身親其地而當大事則難亦一定之理也

治國之道在乎中庸不可過急亦不可過緩々則人民之行爲擧措或流於怠惰而不振急則或失於激烈而難制譬之人有千目不能一瞬千里人有千足所行者亦不過咫尺而已

凡民主之國皆分其人民而定其品級族類分之得其道則立法者垂令名於不朽而共和之祚以長分之不得其道則反是誠不可以不愼也

昔羅馬帝名賽羅愛司者以貴族政治之法分人民之族類試謂其留伊及台有宜奧司等書蓋彼以選擧之權利給國民中之出類拔萃者其法分國民爲四類四類之中又分爲九十三族以國民中之最富而僅見者爲第一族以衣食豐裕而其數稍多者爲第二族其級愈下則其人之數愈多直至貧窶之小民而止當公衆選擧之際不論人數多少每一族有

每一族之發言權。此其意蓋但取財產之貧富。不論人口之衆寡也

梭倫以民主政治之法。分雅典之人民爲四類。定可以爲人所選舉者。至選舉之權利。則人民所公有。其法不具贅。故若法官則從四類中各族而公選之。若宰官則從第一類至第三類擇其身家殷實者而選舉之。若第四類之貧民。則不得而與聞也。

分別人民而定其孰者可得司選之權利。此共和政治之要務。固不待言。而既與人民以司選之權利。其與之之法何如。亦此政體之要務也。

用投票之法以選舉人才。此民主政治之所以爲民主政治也。而適與貴族政治簡選人才之法同。

投票之法。蓋以衆望之所歸而公選之也。且此法一行。人民莫不奮發興起。願盡心竭力於其國者。

然投票之法。不能無弊。故善制法者。欲改革釐正其法。惟日夜孜孜不遺餘力焉。

昔梭倫爲雅典立法。凡從事於軍旅兵役者。則以特命而選任之。凡爲法官及元老院之議員者。則以投票而公選之。又文官之中。當其從事於職而經費浩繁者。則亦由特命選任其

餘則亦以投票公選

有矯正投票公選之弊而特設規則以防之者凡公選之時未到者他人不得而薦舉之又雖經薦舉法官必再察其人之賢否若人物庸劣不堪重任者人人得而彈劾之（凡選舉官吏投票之法有投二票者一則記其所舉者之姓名一則別書一人之姓名以備他日所舉不當則以第二票所得者代之）此法實能折衷於投票公選與特命選任之間者又官長任期既滿當解組之時必就其在職時之所作所為而一一詳察之故不稱其職者皆有所畏憚不敢僥倖於一選也

三

與人民以司選之權利而定其與之之法律亦民主政治之要務前已述及或謂此司選之權宜公然以投票之法行之或謂宜以密票投之其議論不一而其關係則甚大薛雪羅曰當羅馬季世制定法律而選舉之法務以隱密為事此共和政治之所以亡也然吾謂其國異則其所行之法亦異其一切利弊未易概斷試辯之如左

人民司選之權宜公然執行固不必論（在雅典則人民舉手以定之）而民主政治之要務也凡賤者必從貴者之指示且以有名者之威望得檢束之而不踰其分限羅馬之共和政治司選之權不公然執行因此國事瓦解蓋人民而自求滅亡雖有檢束之指示之者亦無可挽回也然若貴

族政治（如勿尼西然）通貴族而選擧之。或民主政治。選擧元老院議員。其意在豫防陰謀。故不能不秘密。（雅典當三十員專政官專政之際因欲掩其政事而唯所欲爲故元老院之選擧以公然行之）民主政治若元老院有陰謀暗算。則其國甚危。貴族政治若貴族總員之間有陰謀暗算。則其國亦危。惟人民一時爲血氣所激。故雖有此事。其害亦不甚烈也。

使人民而絕無參預國事之權。則人民漠然於國事。而絕無憂國之心。即有之亦不過出於偶然而已。要之共和政治之所患者。正患在人民之無陰謀暗算。夫以賄賂誘人民之心。人民漸不顧國事。而貪欲之念萌於胸中。遂坐視其國政。而惟秩祿之是問。亦必然之勢也。

在民主政治。人民以得制法之全權爲最要。然頒布法律之權利。則委之元老院者。其例蓋不一而足。且元老院不獨頒布之而已。當法律未定之前。必先行試辦。而察其利害得失。誠不可少也。

據羅馬及雅典之國憲。凡從元老院所發布之法律。在一年之中。作爲暫時之法令。俟辦有成效。爲人民所悅服。然後定爲國律。洵治國之良謨也。

第三章　論諸法之關於貴族政治者

貴族政治。凡人民之掌握政權者有限。而兼有制法執政二權。其餘人民則皆屬其治下。猶立君政治之有君臣也。

貴族政治無投票公選之法。若用此法。則非徒無益。而又害之。蓋貴族政治在立尊卑之別。若行投票公選之法。而尊卑之相隔如故。則人民所欣羨所嫉妬者。究在貴族而不在帝室也。

當貴族員數衆多。則特設元老院。凡各員所不能決定者。使整理之。凡各員所決定者。使區畫之。然其政府之大體。則以元老院爲貴族政治之代表者。以貴族各員爲民主政治之代表者。至若庶民。則無其實。并無其名也。

若貴族政治。能設立一法。以保存庶民之權利。則一國之福。孰有大於是者。故隨諸之貴族政治。使庶民管轄若爾兒之銀行。故其民之威權。得以稍及於政府。而卒致一國之隆盛。良有以也。

元老院之議員。決不可與以薦舉僚員之權利。弊害之生。蓋莫不始於是者。羅馬當建國之初。爲一種貴族政治。然元老院當闕員之際。議員不得自選其人。以代其職。惟監察官得選

任之耳（以前則選任之權歸於統領）
在共和政治若有一人崛起而掌握無限之大權者則其勢必一轉而爲立君政治其變之極且釀成暴虐政治蓋立君政治猶有一定憲法或有適合於國體之法則且其政體之元氣足以抑制君主之專橫而使之不能逞若共和政治則當其初不料有此等患害而未嘗設防禦之法故若一人而握過重之權則其濫用此權其禍且不可勝道（羅馬共和政治之雖敗亡職是故也）然若萬不得已之際置一專官則出於一時之權宜亦未嘗不可昔羅馬置總督勿尼西立都察院恃其權力以暴制暴卒能挽回國勢於頹敗之際但此二政府設置二官其原因全然不同羅馬在壓抑其人民而護其貴族之舊政勿尼西則欲屈服貴族以維持其政事惟其立之之意大異故其效亦不同羅馬之總督因欲壓抑人民之一時爲血氣所激動者固非以深謀遠慮而豫防之也故其職但定爲一時之選其官制如此蓋其所職掌者惟在威懾人民而非懲罰人民也故盛其威儀嚴其風采汲汲爲惟此之是務又若非一時危急之事則不設此官有此官則必在非常之際有非常之威權其勢蓋不得已也勿尼西則不然其國凡有陰謀之伏於下者倘不早爲設法必至不可收拾且一人若圖不軌則一家盡懷

是心。一家希圖不軌。則衆族盡懷是心。故都察院爲常職。此官以探索鈎距爲能。所以詗悉於未形也。

此官之職掌。不在禁既發之罪犯。而在防未發之罪犯。故不得不盡力於探訪視察諸事。要之勿尼西之都察官。爲罰猜疑之罪而設。羅馬之總督。全在恐嚇人民。使犯者而既服其罪。亦不罰也。是其情勢之所以不同也。

凡官職之權。過於强盛。則宜短其任期。以其制植重之勢。故議政立法之官吏。其在職期限。大抵定爲一年。亦此意也。蓋任期過長。則釀成專橫之勢。而不可制。任期過短。則戾於物理。而事功不舉。試思吾人管務家。若加以如此之拘束。猶能舉其事者乎。在拉古瑣（在亞特利亞海岬之小國當第七世紀之建國獨立爲共和政治全當破壞亡時人口九千）則執政之長官。一月解職。諸有司則一日一交代。若城堡之鎮將。則爲値日之職。蓋其國則褊小。其政則共和。處衆大强國之間。而小國之有司。或不能全其操守。故不得不然。其所行之法。固不能通行各國也。（在維兹可則官長之任期定爲二月）

在貴族政治。若無關於議政制法等事之閒員。其爲數極少。且其勢微。其力弱。臣當道者無所用其抑制。則政事畢舉。無間然矣。

昔安退拔脫之治雅典也。曾制一法。凡有二千特臘克邁之資產者。則公選時有發言權。二千特臘克邁。其數亦不甚鉅。其部內稍有聲望者。皆得而辦之。故人民中之發言權。鮮有不及者。誠貴族政治之良法也。

要之縉紳華族之於平民。宜親而不宜疏。宜近而不宜遠。蓋貴族政治。愈近於民主政治。則其利愈多。愈近於君主政治。則其害愈大

貴族政治。其弊不一。而其害最大者。莫如治下之民。爲當路所壓制。而不得其自主之權。則波蘭之貴族政治是也。蓋波蘭之百姓。貴族之奴隸也

第四章　論諸法之於關立君政治者

所謂立君政治之形體者。由中央所隸屬係賴之權力而成者也。所謂立君政治者。其君守一定之法以治其國。居於中央。爲隸屬係賴之權力者也。

在君主之國。君主實政權民權所由出之淵源也。故必制定一法。以定諸權所流出之溝渠。何則。治國而任一人一時之喜怒。以專斷之。而凡百諸事。均無定則。則法之不能成立。自不待言矣。

立君政法所隸屬係顯而得其事理之當者貴族之權是也貴族之權立君政治所一日不可缺也無君主是無貴族也無貴族是無君主也二者相依爲命不可一日離不然君主政治其不流於專制者幾希矣

歐羅巴二三邦國中汲汲焉惟貴族之權是去者實不一而足其實蹈英國巴力門之覆轍而不自知也立君政治試一旦褫貴族教士之特典奪府縣自治之權利則其國苟不變爲民主政治必變爲專制政治無疑也

爾來歐羅巴立君諸國蓋十之七八莫不壓制貴族而剝奪其世襲之權利是則出於賢明輔相之治術其得失姑置之弗論然此方略果大有成效否則問之當世之公議可也

余非敢阿諛教士而曲護其特典特畀確立其權利而已今所論者非問設立權利之是與非也特問其權利果設立與否且果爲國律之一部而有關於其國之憲法與否又政教二權對峙獨立果能得其平均與否又果維持君主之特權使守其權利所應得之界限以盡國民之義務與否

在共和政治則宗教之權有害而無利故在所必去在立君政治則宗教之權有利而無害

故在所必需若專制政治則尤不可少昔西班牙葡萄牙兩國其法律憲典當顛覆之秋苟無法敎之權以爲之保障則暴虐之政將逞其毒而不可制蓋專制之政毒害生民苟有制其暴虐者其性雖非出於至善然有保護人民之大功故藉此權以爲法律之保障舍此固别無他術也

海水洋洋汎濫於全地球則有海濱之砂礫草苔以障之君權赫赫壓制其全國民苟無抵抗之者則惟有婉轉設法以挫折之比比然也

英國人民因欲鞏固其自主之權遂褫奪其王室之權力英人之所以劬勞拮据於自主之權者誠有萬不得已之理存焉故也若一旦不幸而失之則其國民不變而爲奴隷者幾希羅氏不知立君政體及共和政體爲何物其專政之威權於歐羅巴諸邦殆罕見其匹其所施行者以急激爲主故爵位之立於君民間者惟恐其不廢社會之主持清義者惟恐其不去也

立君政治所依賴者不獨中央之權力而已又必有所謂法憲之府庫存焉（議院之類）且司法院之法官裁判曲直亦取諸法憲之府庫凡創定新法釐正舊制皆其權也蓋立君政之貴族

資稟昏愚而昧於事理志趣卑懦而蔑視吏治故其政府中別有局面或杖其威以行其法則政府歸於湮沒不可不豫防也君主雖有內閣之議政官以掌其獻替然此議政官不過出納王命而已未足為政府之基址即未足為法憲之府庫也且彼以君主一人之愛憎以黜陟之進退無常其數寥寥不足為人民所信任故一旦有危疑之事其不能約束其民鎮撫其民者勢也

專制政治無所謂法憲以定其基本自無所謂府庫以藏其法憲故此類邦國宗教常有大權宗教者即彼所謂法憲之府庫而為一綫之延者也不然則必有一定之風俗習尚而不讓於法律之權力者

第五章　論諸法之關於專制政體者

專制政治之所以為專制者君主以一人而有無限之君權又以行此君權之權力舉而再委諸一人其人居至尊之地其外皆僕妾也彼其意一若萬事惟我一身一身之外無復有他人者則雖欲不驕盈矜夸不塗聽塞明不可得也故專制君主怠於政務而不顧亦出於必然之勢當是時也設官分職以理庶事同僚之間爭競無已莫不逞其私智上以固其恩

寵。下以恣其威福。故君主不得不親攬大權。不得已。則舉國而聽之於冢宰。使之專決政事。其權與人主同。東方諸國。大抵如斯。此專制政治所由以設冢宰為要務也。

昔羅馬教皇某當其未即位以前。百計鑽營。不遺餘力。卒賴親友之力。選為教皇。即位之後。乃舉一切機務而委之於其姪。語人曰。吾不知教皇固若斯之易為也。其無道如此。況乎東方專制之國。其帝王居深宮之中。生長於婦人閹宦之手。其志趣日卑。其才智日削。甚且不自知為何如人。一旦為衆所擁。以踐大位。其初驚惶不能自主。其後選冢宰。使之攝萬機。遂覺其心逸豫。無復顧忌。宴遊宮禁之中。日與嬖倖相處。遂荒淫沉湎。放蕩邪侈。而無所不至者。往往然也。

專制國之帝王。其所領之疆土愈廣。則內庭之供奉愈奢。遂至沉湎無度。而不可制。大抵所治之人民益夥。則所忽者益多。所治之國政益繁。則所以慮之之心益薄。亦其勢然也。

萬法精理之卷二

萬法精理卷之三

法國　孟德斯鳩著

論三類政府之元氣

第一章　論政府形質與元氣之異

諸法以政府之形質而異。前卷已詳論之。故政府有形質。又有元氣。今所論者。則諸法之由元氣而相異者也。

何謂形體。指構造政府者之條規節目而言之也。何謂元氣。與政府以生氣而使之活動者也。兩者之間須分劃清楚。蓋其所以相異者。乃萬法之關鍵。不可忽也。法律之關乎政府元氣者。猶法律之關乎政府形質者。皆至要也。此卷以反覆辯論其元氣為主。

第二章　論政府元氣之各異

如前所云。舉人民之全部。或人民之一部。而掌握政權者。為共和政之形質。置一君而立有一定之憲法以限制之。為立君政之形質。以一人之喜怒裁決政務。不受法律之節制而惟所欲爲者。爲專制政之形質。元氣者。即由是而生焉者也。試先由共和政之民主政而申論之。

第三章　論民主政治之元氣

立君政治以法律之力治之。而有餘專制政治以君主之禁制之。而有餘。無所用其推誠布公者也。若民主政治則其所最要者德而已矣。

予持論如此。此固歷史家所共許。而適於人情物理者也。何則。在立君政治以一人而司萬機之出納。輒妄自尊大。一若彼一人獨立於法律之上者。故不若民主政治之惟德是賴。在民主政治凡執行政事者。其身固人民所倚託以奉行其職事者。故知其身爲法律所檢束而不敢失德也。

在立君政治。當其佞臣在朝。委靡不振。以致政務頹敗者。不難一旦痛改前非。進賢臣。遠小人。而立致隆盛。若民主政治則法則之壞。皆由於民心之腐敗。風俗之澆漓。若是者。其國必大亂而不可救藥也。

此世紀之前。英國人民。嘗發憤盡力。欲立一民主政治。然當其擾攘之際。秉國政者不務德。

（指搖則屁耳）而惟頼其黨果敢之氣。冀僥倖於萬一。朋黨之勢。互起互亡。以暴易暴。而政府搖搖如懸旌。朝令暮改。民無所適從。而民主政治卒不能成立。徒爲是紛紛者。不得已而仍以君主政治終。不大可怪乎。

西拉閥羅馬之衰。欲復其昔日之自由。甚盛事也。惜共和之政。業已衰耗。德澤之存者僅一綫之延。故雖英雄豪傑。接踵而起。若愷撒、若丁字立斯、若卞烏斯克落犇斯、若內羅、若唐密商。然其國元氣日就侵削。卒無可奈何。徒自桎梏而已。間有憤發興起者。不過戰勝之。非能斃獨政而破之也。

希臘當建國之初。爲民主政治。而惟德是務。其後則不然。其民但從事於製造貿易等事。以經商獲利爲務。故卒以不振。

使民主政而或喪其德。則其國必亂。桀驁者或心懷不軌。而全國人民莫不貪婪營私。故風氣爲之一變。昔日所好之法。則今則惡之。昔日所守之律令。今則干之。舉國若狂。一若奴隸脫主人之覊絆而逸出也者。於是執法不阿者。則謂之嚴酷。循規蹈矩者。則謂之束縛。謹慎小心者。則謂之畏縮。昔之恭儉自守不敢妄有所取者。今則貪欲無饜矣。昔之聚人民私財爲一國全富者今則掠一國之公財爲一家之私產矣國民如盜賊然日以劫掠爲事盡掌其威權者不過數人而肆行無忌者乃千萬人雖欲國之不亂不可得也

雅典之盛也威名震於天下其亡也至夷爲他國之藩屬然以其前後之兵力較之非有強弱多寡之異也當其折波斯摧斯巴達征西西里其人民之數二萬然羅馬將提美出一旦破其國虜其民梟其首以尸之於市其數亦二萬焉且也非立帝發令於其國入其城門雅典人非有失也所失者機會而已然德亡而國亦隨之雖欲救之其將能乎吾嘗聞地木生之言曰雅人之畏非立也非畏非立之威有害於雅典之獨立也所畏者有妨於雅人之逸樂而已（當時制定一法、若有建議挪用戲場經費、作爲兵費者、治以重辟、）夫雅典嘗抵抗波斯百戰不屈其城屢經灰燼而卒以再興今乃以氣老那一戰至一敗塗地而不可收拾雖非立大度返其俘虜然其民已爲奴隸於雅典曾有裨乎嗚呼、今也克雅典之兵如是其易昔也克雅典之德如是其難後之人觀其難易之故抑亦可以恍然矣

加雖治當滅亡之際其勢岌岌不可終日當其時喊尼白爾爲總領官勵精圖治凡庶官有司之蠹國害民者務防制之不遺餘力然國人不服乃訴之於羅馬噫此所謂自壞其長城

三四

開門而揖盜者也。羅馬人乘此機會。始則索其豪傑三百人以爲質。繼則沒其戰艦兵器。納之於羅馬。然後舉兵伐之。（加羅治亦于與羅馬戰凡三年）噫、使加羅治果能以奮激防戰之力。用之於國勢隆盛之時。孳孳焉惟德是務。則其國可以不亡。此固不待智者而後知也。

第四章　論貴族政治之元氣

民主政治以德爲最要。貴族政治亦然。第不如民主政治之甚耳。在貴族政治。人民之視貴族。猶立君政人民之仰君主。有法律以約束之。故德在所不甚要。而自較民主政爲薄。然則約束貴族。誠非易事。蓋當路者執法律而約其同族。即約束其一己。顯有不利於己故也。則德也者。固在所不可少。亦其政體所使然也。

貴族政治。自有一種力量。爲民主政治所無者。蓋貴族聚爲一體。施其特有之權。因其當然之利。以約束其人民。故令行禁止。自無梗塞妨礙諸弊。聚貴族爲一體。以約束其人民。則易。貴族自相約束。而不踰其權限。則難。（公罪則罰之、以關乎公害故也、私罪則不罰、以不害公益故也）故貴族政治。凡立法行政者。一若守法背法。均可聽其便也者。亦其國憲所使然也。

使貴族自行約束。惟有二策。一則宜其大德。明平等之理。使貴族平民無少懸殊。以成其共和政治。一則守其小德。節制謹度。凡事各得其當。而同族之間彼此平等。則亦足以維持其國。而使無陵越焉。

故節制謹度者。貴族政之精神也。所謂節制謹度。由德而出者也。非出於怠慢緩忽者也。

第五章　論德非立君政治之元氣

凡立君政治。其德愈不足。其成大事愈有餘。彼機器師製造精器。其中機關、發條、輪盤等物務求其輕便。愈少愈妙。立君政治之政策。亦猶是耳。

立君政治。其國之賴以成立者。不必賴愛國之心。不必賴求善之心。不必賴有克私欲達公利之心。且不必賴有勇義德行。為昔人所行而今人所歎羨者。

立君政治。有法憲律令。已足以補助其德之作用。國家初不必強人民而率由之。故在立君之國。雖所作所為。有不可告人者。亦不足患也。

凡罪惡不論大小。凡有害於人者。皆謂之公罪可也。然公罪私罪。正有分別。私罪者何。以其罪獨加害於私民。而私民之受其害者。較公罪之受害更有甚焉故也。

在共和政治。凡犯私罪者。愈私而愈公。謂之公罪可也。何也。其有害於政體。較之有害於私民。更有甚焉故也。在立君政治。凡犯公罪者。愈公而愈私。謂之私罪可也。何也。以其有害於私民。較之有害於政體。更有甚焉故也。

予嘗考之歷史。而參以諸家之論說。因發爲是說。予豈不知立君政治。亦有有德之帝王。然欲其人民之有德。則甚難焉（茲所謂德者政事上之德即以必循上之德發而爲天下之公益者言之決非道義上之私德亦非教法上之所謂德也） 試觀歷代良史其所以論列古帝王者何如。又試考各國人民之風俗情性。而觀其臣僚之庸惡陋劣者何如。乃知吾所言者。非逞臆說。莫不由閱歷來也。

貪而惰。鄙而傲。惟利是圖。醜正惡直。諂諛之是務。詐虞之是尙。不知所謂信。不知所謂義。利君之暗愚。忌君之賢明。甚且毀道德爲迂腐者有之。此小人得志。而立君政之通弊。固考之古今萬國之史。而彰明較著者也、嗚呼。上不好信。而欲民之用情。不可得也。上售其欺。而欲民受其愚。不亦難乎。

故人民中偶有誠實忠厚者。（此所謂誠實忠厚亦就政事上而言） 則目之謂不祥。故李西樓以爲此等人決不可用。爲君者不可以不愼要之德也者。非立君政之精神。雖曰不能全棄。而要非立君政所賴

以立也。（李西樂者法國執政也）

第六章　論立君政以何物補其德之缺

讀前章者或不知其意之所在疑予妄譏立君政。因暫止不論。更求所以補其缺者則名譽是也名譽者捨身不顧以求名譽之謂立君國有此足以補其德之缺且在其國中處處發見其力能鼓舞人民而成偉大之事業若再輔之以法律則其效不在德之下甚矣名譽之不可少也。

故立君政而善治其國。非無純良之民。然吾所謂善人者則甚少。（茲所謂善人亦指政事上而言）蓋所謂善人者就其心術而言其愛國之心出於公利非出於一己之私益也。

第七章　論立君政治之元氣

立君政治如前所云崇尚閥閱階級。而所謂名譽者其所望在功名祿位故以名譽為此政之元氣亦理所當然也。

好大喜功於共和政治則有害於立君政治則有利蓋振作政府之精神者好大喜功之念有以致之也且好大喜功之弊害立君政治足以制之。故避其害而取其利。莫便於是。

立君政治之形狀。猶天體之全系。然其遠心求心二力。一則欲脫其系而散飛於外。一則歸拱不離。此二力能互相平均互相抑制。乃不誤其運行。立君政之名譽。足以感動國民之參預政事者。幷足以聯結民心。故各人各謀其私利。而一國適受其公益。猶遠心求心各用其力。而天體之全系。乃不誤其運行也。

以理論之。則名譽之類。以感動政府者。實不過僞譽浮名而已。然僞譽浮名。正有不可少者。猶之眞名實譽。爲吾人所不可少也。

奮人所難奮之氣。忍人所難忍之境。爲人所難爲之事。乃僅使名譽令聞以鼓舞之。而不復他求其報。名譽固不重乎。則謂之此政之元氣也亦宜。

第八章　論名譽非專制政治之元氣

在專制政治。其人民莫不平等。彼我無優劣之差。蓋同爲君主之奴隸。無所謂出類拔萃者。故名譽者。非此政之元氣也。

所謂名譽者。自有法則規矩。而不屈於人。且各隨其人之意見。而無賴乎人。故其國而尙名譽。必其國有一定之憲法者也。

專制之國則不然充名譽之量則捨性命而不顧然暴君操予奪生死之權若以名譽之故而奪之不加怒與之不加喜則暴君將無所施其技此暴君之不能容名譽者勢也又名譽有一定之法則而悉隨其人之意見暴君則無所謂法則而悉聽一己之意見并欲干預他人之意見此名譽之不能容暴君者勢也

故專制政府不知所謂名譽甚至有索解不得者然在立君政治則所以振國家之精神而整齊其法律培養其道德者莫不由此誠哉其爲至要之元氣也

第九章　論專制政治之元氣

共和政治以德爲尙君主政治以名譽爲尙專制政治則以畏懼爲尙德則無所用之名譽則非徒無益而又害之

故專制政治以君主無限之大權悉委諸寵遇之大臣若有有爲之士出乎其類者則有害於專制務使人有畏懼之心以消磨其勇敢之氣不使稍萌異志此所謂專制之元氣也

凡立憲之國有法律之力與天然之力以維持其政體故雖流於寬緩亦不至爲害專制政治則不然若一旦君主失其大權或旁落於諸臣之手而不能制則所謂畏懼者歸於烏有

而專制之元氣已亡其不土崩瓦解者幾希

故土耳其官吏以爲土耳其皇帝雖立約設誓以限制其威權然踐約非土帝應盡之義務云云亦此意耳

是故土耳其之於民也以法律制之其於大臣也以人主之喜怒制之故百性之性命安而大臣之頭顱危其政之慘酷無人理有令人望而生畏者又觀近時波斯摩哈默廢其君奪其位破其國憲其所以然者何也則以君主仁柔而不好殺戮之事故也

史載唐密商（羅馬唐密商封爲埃及王、其政府以武斷爲尚、亦專制之一種也、）以武健嚴酷爲治其地方之司牧莫不心懷提懼故爾時百姓稍有起色由是觀之專制政治猶洪水然由一面觀之則桑田變爲滄海雖寸草無遺焉更自一面觀之則禾黍依然鬱乎蒼々者相望也

第十四章　論服從之義以政體之寬暴而異

凡專制之國必使在下者惟上之命是從亦其政體之本性使然故君主偶露其意不問其意之是非一若君主之意旨鮮有不盡善盡美者不可不奉行也

專制之國無所謂限制無所謂約束無所謂折衷之道無所謂抵當之力不通商量不容諫

諍爲人民者不過蠢然動物悉聽君主之所爲而已。在此等邦國。其人民之顚連困苦。無可告訴。亦委之於命而已。其人民之性。猶禽獸然。甘心爲人所驅役。甘心爲人所鞭笞。唯唯焉惟命之從。蓋習慣成自然。亦不足怪也。

專制之國。但有君主之命令而已。其外無他也。故父子夫婦之間。有不能盡其情者。弗顧也。人之聲名。弗顧也。人之疾病。弗顧也。彼蓋謂有君主之命。是亦足矣。

不觀之波斯乎。凡人而受國王之刑罰。則以後不得道其人之姓名。幷不得代其人有所請求。其國王所出之命。即出於酒醉瘋狂之際。亦必通行於國。蓋國王所出之言。不能前後矛盾。其法律然。其故其爾亞哈狩王嘗和其國人鏖殺猶太教徒。既而悔之。然不能收回成命。但許猶太教徒。亦帶兵器以自扞禦而已。

雖然君主之意旨。亦非無可逆者。則敎法是也。凡專制之國。苟有君命。則雖以子而棄其父亦可。即弒之亦無不可。其虐如此。然不能以君命而強人飲酒。（飲酒爲回敎中所禁故也）是知敎法之力。勝於人法。不但束縛其人民。幷束縛其君主。但所謂性法者。則無有。蓋專制之國。不以人類視君固以君爲神明也。

立君政治。有所謂名譽者以限制君權。且併君民而統御之。其勢儼然又一君主。凡此等政治。初不附會於敎法以崇奉君主。雖便嬖小臣。亦以此爲荒誕可笑。然始終用名譽之法以約束其臣民而使之服從。又名譽之性有時不能無變更。然臣民服從之方向即隨其變更而定者也。

以上三政。雖以寛暴之別。而其民之服從各異。然以威權而使民服從。則無所異。故君主之國。即一旦變寛政爲暴政。而其民之服從猶昔。要之兩者之間。所判然分別者。寛政之君主。樂聞讜言。而爲之宰輔者頗有知識力量。較之暴政之宰輔。更爲鍊達機務而已。

第十一章　結論

三政體之元氣。其相異如此。然非謂共和政治皆有德。但其元氣所在。必以德爲基本而已。又非謂所有君主政皆尙名譽。所有專制政皆尙畏懼。但不以此爲元氣。決非其政府之眞面目也。

萬法精理卷之三終

一五

萬法精理卷之四

法國孟德斯鳩　著

論教化以政體而異

第一章　論教化

吾人生初所感。而銘記於胸中者。教化也。人賴此法。以爲人生履踐倫常之階梯。故一國之民。不可不率一國之教化也。

人各有主意。故人人所集成之政府。亦各有主意。教化者。以政體各異。而其旨趣亦因之各異。立君政以名譽爲教化之宗旨。共和政以德爲教化之宗旨。專制政則以畏懼爲教化之宗旨而已。

第二章　論立君政之教化

按此所謂君主政治。非今日英國等君主政治之比。蓋法國當一千七百年之間。政治腐敗不堪。其後卒致大亂。此章所論。實描摹當時朝廷宴安之態。專指法國言也。

立君政治所謂教化之大本。不由於庠序學校。而吾人生於斯世。即其教化所自始。蓋以斯世爲學校。即以斯世爲名譽所自出之學校。而以斯世之事々物々。爲吾先導之師。此立君政之教化也。

故立君之國。有要欵三項。不可不守。曰德以高尚爲貴。道以眞率爲貴。躬行以禮讓爲貴。

立君政所謂德。非指吾人對他人所應盡之義而言。實指吾人對吾身所應盡之義而言。譬之人有債權者、問彼所盡之義何在、則不以償債爲對債主所盡之義、而以爲對一己名譽所盡之務、蓋不償債、則有傷於名譽故也、故其所謂德。非爲仁民愛物起見。實爲聲名功業起見也。

在立君政治。其觀人也。不視其德之深淺。而視其聲名之大小。不視其事之合於公義與否。而視其規模之偉大。不問其理之有無。而惟取其超出乎尋常者。

若名譽與品行。有互相抵牾者。或有利於名譽。而有傷於品行。或有妨於名譽。而不害其品行。當此之時。則悉聽名譽爲主。譬之名譽爲折獄者。斷之曰是。則無不是。名譽又爲巧辯者。雖屬非是。必强以爲是。

在立君之國。士君子有諂諛其行。嫵媚其態。以博婦人女子之歡者。然於名譽之道。初不之咎也。故立君國之道義。其純良端嚴。遠不及共和政治也。

一七

又有氣宇軒昂。或當機務重大之際。而行其權謀詐術者。於名譽之道亦不之咎也。猶政策以詭謀百出爲尚。決不得而貴之也。

若本意希圖富貴。而以逢迎諂諛爲事。於名譽之道亦不之貴。蓋由謹之士。不希富貴。徒拘細節者。正立君國所不取。然甘心居卑賤之位。而以諂佞爲事者。則不之許也。

以道義上而言。凡君主政之教化。須以豁達大度。舉止眞率爲尚。故人與人相交之際。以眞實爲要。然非以眞實爲行爲之本。彼之所以貴誠實者。蓋以誠實無僞者。其風采自豪邁寬大。故假其眞實之行所以爲壯觀瞻計也。

雖然外貌之眞實。益爲世所尚。而庸人之眞實。益爲世所輕。蓋庸人之眞實。全出於身心之質樸。不外乎直情徑行故耳。

要之立君政治之教化。以儀文禮讓爲貴。蓋人生斯世。不能無交際。苟不循交際之禮。必爲衆人所駭怪。則不足以取信於衆人。而萬事均不可爲矣。

雖然此所謂儀文禮讓者。固非出於本然之良心。或出於好勝之心。或出於自負之心。蓋人。常脩邊幅以炫曜衆人耳目。則人一望而知爲閥閱之胄。教化有素者。決非生長於貧賤之家者所可同日而語而人因得以自豪故也。

立君政治以儀文禮讓爲朝廷天然之法制。一若一人獨尊而自餘人民皆處於卑屈之地。故其與臣民相交際。亦彼此盡其尊敬。彼此用其禮讓。互相詼悅以修飾其卑屈之態。所以然者。欲使人民知其身本屬於朝廷。即不屬於朝廷。而論理亦當屬於朝廷也。

朝廷之風氣。不以實際之榮爲貴。而以外貌之榮爲貴。故在朝諸臣。其羨外貌之榮。有甚於實際之榮者。（實際之榮、指諸侯之封地、大夫之采邑、及大有勳勞、爲國人所尊敬者而言、外貌之榮、謂賴朝廷之威光、以炫曜於衆人之前者、如官爵名號之類是也、）而所謂外貌之榮者。驕泰之中自露謙卑之態。然與實際之榮相去益遠。而驕傲之氣。漸次減少。自有不期然而然者。

宮禁殿陛之上。凡物務求精緻。而豪華之族。每々浪費其所餘之財。多方以求宴樂。蓋嗜欲爲富貴者所不免。苟有適其心意者。鮮不沉溺於其中也。

今欲得一人。其品行材具。爲立君政治所必須。而可稱爲名譽中人者。則以上所論諸項。皆教化中所有事也。

立君政治所謂名譽者。與各事各物莫不關涉。且浸潤於人民之腦中。而陶鑄其思想。以立之的。以爲之衡。蓋立君之民。鮮能出此範圍也。

立君政治所以尙德者。唯以其合於民譽之道。故耳。所謂名譽者。不過出於一時之意想。然能自創規條。以爲吾人之法則。故不論宗教不論政治不論道德操縱予奪之權。悉操諸名譽也。

立君政治。有法律。有宗教。然勸諭人民使之服從君主。未有丁寧反覆如名譽者也。然名譽者。君主不可以卑汚垢賤之事。命令其人民之意。卑汚垢賤之事。行則於名譽傾。名譽傾而民不服從矣。

昔克力朗奉有命令。使之刺殺公爵解史。然彼不肯奉詔。而請率兵以與之戰。又楷爾司第九。命各州司牧誅戮新教々士。然培項地方鎭將名獨脫者。不肯奉命。上書曰。臣觀部下之民。莫不純良。部下之兵。莫不義勇。竟無一人肯誅戮教士者。此事甚屬礙難。可否免其誅戮。而令軍民人等。莫不從事於可以施行者。其言如此。鎭將之意。蓋亦以卑汚垢賤之事爲不可行也。

誘掖貴族而最有力者。莫踰於藉名譽之道。使從事於武事。以事其君。蓋兵馬之事。苟不經無數危險。無數患難。其成功固不可得而期。然欲驟致隆貴。其進身之途。無有捷於是者。此貴族所最得意也。且此所謂名譽者。能彌縫法律之闕典。或有害於名譽者。則黜其人可也。名譽者。任人之自由。可以仕則仕。可以止則止。蓋名譽以自由爲尙。其視之甚重。雖萬鍾千駟。亦不易也。

是故名譽之道。有大法存焉。立君政治之教化。宜率由此法。試舉其重要之款如左。

第一吾人止可論財產之價値決不可論身命之價値

第二吾人一朝得志須有出類拔萃氣象決不可自顧形穢一若不堪其位者然

第三若名譽所禁之事雖法律不禁然決不可行若名譽所許之事雖法律不許然決不可以不行

第三章　論專制政治之教化

專制政治之教化務使人民之心志日就卑屈此其宗旨也猶立君政治。務使人民之心志。日益高尙。其致一也。故專制國人民必使帶奴隸之氣蓋在專制國雖上之有權力者。在局外視之亦不免爲奴隸蓋教化人民而使之爲奴隸專制之所利也

服從太過則以服從者爲冥頑不靈之物而受人之服從者悉惟己之所爲初不復求之事 二一
理亦同歸於冥頑不靈而已

專制之國。每家各有其政。各殊其趣。而教化之大體。不過見之於與人接物之間。其規模極隘。彼之所薰陶鎔冶者。不過以畏懼銘刻於人心。幷使略解宗教上一二粗淺之理而已。且此等政體。以學問爲危險之具。以競爭爲凶禍之事。至若所謂德。則誠有如亞立斯度德爾所言。奴隸無所謂德者。故專制之國。教化雖隘。亦無妨也。

故專制政治之視教化。若贅疣然。蓋與人一物。必先自失其物。苟欲栽培一純良之奴隸。必先鑄造一冥頑之人民。亦其勢然也。

專制之國。苟竭力於教化。以造成國士。速以適其禍患。蓋人民苟有愛國之情。將不受政府强暴之壓制。必起而謀所以脫之。故其事不成則其人亡。其事若成則其人表白於天下。而君也國也不免遭顚覆之禍。此專制者所大患也。

第四章　論教化之效古今各異

古昔政府。以德爲尚者殊多。其德當盛行之際。實爲今日所罕見。殊有令人神往者。

古人之教化。亦有優於今日者。蓋其教化之法。始終如一。如希臘意攀明諸大。計其一生。自初受教化之時。至易簀之際。其所言所行。所見所聞。始終無少變也。

吾人處今日。蓋受三種教化。其趣各異。一曰父母之教。一曰學校之教。一曰社會之教。故今日有所學。昨日之所學者。已渙散而無遺。所以然者。吾人今日經歷之餘。宗教上之義務。與社會上之義務。有所不同故也。此古人所未有也。

第五章　論共和政治之教化

古今萬國。惟共和政治。須用全力於教化。專制政之畏懼。自發生於嚴刑恐喝之中。立君政之名譽。由血氣爲消長。血氣盛則好名之情亦從而興起。德則不然。蓋德者克己絕欲之謂。不出於艱苦不得也。

此所謂德者。愛法律愛國家之謂也。苟欲愛法律愛國家。非見公利而忘私利不可。蓋公私之辨。諸德所由出之本原。以德之爲德。固不外乎公私之辨故也。

此所謂愛。惟民主政治有之。蓋舉國政而託之於私民。則政府者。亦人民所公有。保之愛之固其宜也。

從古至今。凡爲帝王者。有不好立君之政者乎。凡爲暴君者。有不喜專制之權者乎。蓋言民主政治之人民、其愛國之情、所以不可不爲之故、然則共和政治。不論何事何物。惟視其培植此愛與否。以致其隆汚。故不可不鼓勵其愛以爲敎化之本。但欲以此愛感化其子弟。爲父兄者。不可不爲先路之導也。

凡吾人一己之意志。恐可傳之子孫。但意志之傳。要不如血氣之傳爲尤易也。

然子孫之意志血氣。未必皆傳自祖父。此無他。以社會交際上之敎化。而掩其家庭所得之敎化耳。

子孫之不肖。非子孫之罪也。老成尙未凌夷。而少年先已頹敗。天下寧有是耶。

第六章　論希臘敎制

古昔希臘人。知民主政治之人民。不可不養之以德。故特設制度以薰陶之。今試讀襃罰巓孛史記李格耳屈傳。而觀其爲希臘人制法者何如。夫格來得（希臘之一部）之法律。實爲斯巴達法律之典型。而普拉多所制法律。不過就此而删定之耳。

李格耳屈及普拉多等制定法律。往々因其舊俗循々然誘而進諸德義之域。是非聰明粹智有經綸宇宙之才者。不能也。故李氏之制法也。寓正直之道於穿窬竊盜之中。寓自由之權於艱苦服役之中。寓樽節謹飭於性情激厲之中。卒以致一國之治安。良有以也。又李氏之意。一若工藝、商賈、貨幣、城堡等皆爲無足重輕之物。以是國人莫不有建功立業之心。不屑々爲問舍求田之計。而舉國之中。浸成風俗。凡有關於一國者。不顧一家。凡有關於公利者。不顧小節。故斯巴達所以致其強盛者。悉由於此。濮羅太克曰、昔勿落不發瑶希臘人使變其所以教子之法、彼蓋知希臘人民、氣力豪爽、苟不變其教化之法、終無以挫折其氣故也、使當日者即敵人有勁兵猛將以復其政治。然苟非變革其制度。則不得而控御之。蓋其教化之深入人心者如是。

格來得及臘康湟亦用此法律以爲治。其後斯巴達爲馬其頓所蠶食。格來得爲羅馬所滅亡。格來得防禦其法律、與自由之權、凡三年、其勇悍不屈、雖大國之帝王、不能及也、山姆那脫亦用此法律。後與羅馬戰。凡二十四次。始歸羅馬版圖。其堅忍如此。

往古希臘人之性質。其奇特如是。然晚近人心澆漓。風俗頹敗之際。亦有與希臘同者。至誠無二之立法者。指百因能教化人民使進於道德。猶斯巴達人之勇武。然一若出於天禀也者。因思廉百因者、古愛格耳敎派之先進、實美國遊邦開始之祖、少時苦心盡力、以宣布敎法、屢遭縲絏之禍、然其志不少屈、後率其同道航新世界、開闢草萊、創設費拉挃耳斐亞都府、設盟約、定規律、外以輯和印度諸土番、內以約束其移住之人民、其法制簡要、能適於當時之民情世態、故百因與李格耳屈二人。雖古今異地。而治蹟若出一轍。但百氏以和平爲主李氏以戰鬬爲主其趣各別然以絕世奇特之行爲人民所服從以威權德望而籠絡不羈之人心推誠布公心平氣和以建曠代之大業則二賢易地皆然無少異也

觀拍拉葵國亦與此同例蓋就此國而言或謂沙殺惕敎會以專權爲榮實酷論也何則用政府以爲利民之具實不朽之業故也（拍拉葵者、印度土番之一種、其中別無酋長、惟納租稅五分之一、許其常帶火砲、以爲防禦之具、）沙殺惕敎會先使其民知信敎之心與仁愛之心爲並行不悖此實不朽之盛事且此國當西班牙人刦掠殘害之餘而補其缺乏弔其凶災以救民於水火之中而登諸袵席者皆敎化之功也沙殺惕敎會足以感發其民之性情使圖上進更於敎化之上加以熱心而宣敎者與受敎者之間立有尊卑之序儼同師弟之情故蠻民大化莫不出巢穴以謀其生製衣服以蔽其體甚盛事也若再能擴充其敎化振興其工業則敎會之聲譽更有不可勝言者矣

以後不論何地若欲仿行此法者須法普拉多共和政論之意立財產公有之制守敬神之舊俗以致其誠信儆外人之交際以端其心術立公會以推廣商務而禁私販振興工藝而抑其奢華但供缺乏而制其嗜慾此皆宜取法者也

有貨幣則常使人民踰其天然之限而有過富之弊且富者聚斂蓄積靡有窮極而嗜好以

繁。蓋厥初生民。其性淡泊。無相凌相詐之事。然不能常保其性。亦必然之勢也。故貨幣。當此情形。不可以不禁也。

昔愛辟達湟人。知其人之心術品行。爲與生番交際之故。而斲喪殆盡。遂選一官吏。使爲一府創定規律。從事貿易。後卒賴此法。而通商之際。無有違者。而此法亦未嘗有害於通商也。

第七章　論此種教制用之何地則得其宜

共和政以德爲主。故用前章所論之制度。殊爲適當。若立君之政。勵人以名譽。專制之政。動人以畏懼。則固無所用之也。

且此等法則。宜用之於小國。蓋其國既小。則教化易普。致一國之人如一家然。未有便於此者也。小國如往古希臘共和政諸邦是也

明諾史李格耳屈普拉多諸賢。所制法律。蓋使國民互相警戒。以愼其品行。故若國土廣大。民庶衆多。則機務繁雜。自不暇注意於此。亦其勢然也。

在此種法制。無須貨幣。前已論及。然社會漸大。世運日以文明。則事務輻輳。變轉無極。將不堪其拮据鞅掌。當此時也。以貨幣購貨物易。以貨物易貨物難。故彼我之間。不可無公用之

度量。以權物之輕重。而通人之有無者。勢也。

第八章　論古賢議論之關乎風俗者似奇而實有至理

古賢朴力閼斯有言曰。朔北之野。有亞開大人者。苟欲和其性情。柔其風俗。則捨樂之外。無他法也。夫西尼得人不好音樂。故於希臘部落中最爲殘忍。而放辟邪侈之風。亦以此部落爲最。故普拉多曰。凡一國。苟不改其音樂。而能革其政體者。未之有也。

亞立斯度德爾嘗著政事論。以駁普拉多之說。然其論樂。與普氏同。亦謂樂有移風易俗之權。其他諸賢。如西屋那拉斯脫斯潑羅太克等。初無一人有異議。蓋古聖賢由深慮熟考之餘。而確有所見者。信乎其爲治術之大綱也。普拉多所著法律第四編、言管理音樂及體操等官、爲國中樞要之職、又所著共和政論第三編、言何者聲音足以以收拔人心、何者聲音足以裨補道德、則問之達門可也、

諸賢所論。如出一轍。所以然者。蓋希臘風俗。以戰之一事。爲國之大綱。凡一切圖利之事。如技藝職業等。則以此爲自主之民所不屑從事。而惡之特甚。澤諾芬曰。凡從事於文學技藝者。必削弱其身體。其弊也。艱苦不可復耐。夏則息於樹陰之下。冬則立於火爐之旁。專以偷安爲務。終無餘暇。有可以竭力於其國。竭力於其民者。故若工匠之徒。而亦爲自主之民。皆

由民主政治之頹壞所使然也。澤氏此言。實本於亞立斯度德爾。亞氏之言曰。共和之政。苟能整其綱紀。則工匠之徒。斷不可與以權利自由。（雅典法律以工匠爲共和政之奴隸）農業亦然。目爲奴隸之賤業。常使亡國之民爲之。如海羅脫人服役於拉衰唐澀人。波斯人之於克來坦人。配內史脫人之於西殺器人。凡亡國之民。莫不如是。

要之希臘風俗。苟從事於下等商業。則目爲大恥。蓋以國士之身而奉承奴隸、覊客、及外國人故也。而此不屈之心。適與希臘人自由之氣魄相投合。故普拉多制定法律。凡以國士之身而從事於商業者。則處以罰典。

希臘之共和政。既不許以國士之身而從事於農商工藝。然亦不可安逸無事。以虛度光陰。則爲宰官者。其治術或幾乎窮矣。於是別一開途。設立教場。以習體操。以講武備。人民之所務者。惟此一事。更不許另習他術。故希臘一國。不啻爲拳客力士所集成。風會所趨。莫不以剛強勇悍爲尙。當此時也。又必設法以制其强暴之情。而養其溫和之氣。則賴形下之物。以感化其性情。莫有過於樂者。蓋樂之爲物。立於武備與文治之間。有樂以調和之。則武也。而不流於暴。文也。而不流於弱。則樂之爲用大也。雖然以音樂爲進德之要具。此理之所絕無者特以此爲野蠻之藥石而使霑教化之一分則不得不賴此雍容和諧之德者勢也。

試觀遊牧之族。酷嗜田獵。馳驅山野。以度歲月者。則習慣所致。其行儀必粗暴。其心思必强猛。若此輩而化之以樂。則粗厲之行。將變而爲溫和之態。觀其前後。若出二人。誠有意想所不到者。故希臘人既教以武事而振作其好勇鬬狠之氣。又化以音樂而啓發其寛仁慈愛之情。今日道學者流。深惡演劇。謂其有害於風俗。夫乃知音樂之感人者。其力爲甚大也。如前所論之人民。若但感以鼓角之音。則所以感之者果能奏其效乎。此非予所知。抑古賢之化民成俗。隨機應變而各殊其法。誠無間然也。

或曰天下之物足以悅人心意者不一而足。今獨有取於樂。何也。曰。凡快樂之最易動人而不至敗壞人心者。實以樂爲第一。試觀潑羅太克之書。其中載有一事。謂錫班人欲化其國之少年。而使人溫柔敦厚。乃制法律以放恣其情欲云々。此等惡習。則無論何國。斷々乎不可長也。

萬法精理卷之四 終

英國　斯賓塞爾著

緒論

第一章

天下相反而不相離者。其情與理乎。情中有理。理中亦不能無情。不過情多理少謂之情。理多情少謂之理而已。情理之關係如此。而用之者則不同。或情厚而理薄。或理重而情輕。此一本斯人之性情。固不待論。同一人也。其用之。厚薄輕重亦因時而異。於以知二者之不能或離也。設有人焉。以去情而求理。爲吾人處世之秘訣。莫甚矣。夫吾儕寄身兩大之間。無異乘舟。以情爲海。以理爲風。二者固不可偏廢。雖然學者欲審察事物之眞理。而斷其利害得失。則吾人之身心須超然於情之外。而深入乎理之中。蓋人之理想本同。而所以致其不同者情也。故欲求判斷之明。則莫如無情。然而情理之分又至難也。無已其重理而輕情。倂使其情之厚薄輕重各得其宜也可。甚矣情之足以失判斷之明也。落花流水。天下無情之物也。然見之者且有動於中。矧生人

二

交際。能漠然置之乎。然情緒既與。斯好惡之念生。而判斷之明失矣。彼講求社會學者。考察古今人類之全體。研究千百種類之政法。一一辯明其利害得失。而不爲情所溺。亦可謂任重而道遠矣。

予嘗著社會學階梯一書。極言人之情緒。足以誤判斷之明。如恐懼希望之心生。則彼所測度者必非。躁妄急進之心生。則彼所品評者必謬。其他因情成僻者。或由愛國。或由種族。或由政黨。或由宗教。皆足以蔽吾心而喪其判斷之明者。莫不引證詳明。使讀者知所適從。今此書就社會之現勢。研求政治之原理。而欲辨明其利害之所在。故不可偏於好惡。僻於愛憎。而妄爲判斷。今試舉一二由愛憎好惡而誤下判斷之實例如左。俾學者知所警戒云爾。

第二章

今日所稱文明國民。試回憶野蠻人種之行爲。無不生厭惡之心。且擯之幾不與人齒。此爲情所動也。求理者不若是。虛心下氣。以研求其行爲之於社會進化。果有利益與否。苟有利益。亦正未可泯滅。夫野蠻之俗。一酋長沒。動以千百奴隷爲殉。自今人視之。無怪其厭惡。然行之者實可俯仰無愧。何也。其在當時社會。固有益而無損也。且追溯數千年以前。比隣相闘。生靈塗炭。甚至尸積成山。血流成河。慘酷殘忍。不堪回首。然而戰爭之亂。暴即所以從文明之進步何也合諸小國而成一大國固大有功於文明進化者也

論古今政體者。每不能無愛憎於其間。已所愛者則稱道之。已所憎者則排斥之。不問其政體之於當日時勢。果能適合與否者。比比然也。試即史册所載諸虐政論之。埃及築一塔。奴隷十萬人。役二十年而功成。俄羅斯建舉彼得堡一城。苦工之死者三十萬人。暴君世出。殘害生靈。必大權咸集於一人之手而後已。讀史者每憤不能平。抑知一人專權於上。萬民聽命於下。為當日時勢所難免。且亦有功於後世文明之進步。講求社會學者可不慎乎哉

第三章

善惡誠有定理。但有時善足以致惡。惡亦足以致善。且極善反為惡。極惡反為善。故一善一惡之間。正不可不息心以求其真理之所在也。有一政法於此。施之甲種人。則事事合度。施之乙種人。則格格不入。世人知其理而能道其究竟者鮮矣。試舉以問人。必曰苟其政法而為文明之政法耶。施之野蠻人民。亦必蒙其利益。藉曰不然。則無益於我者。亦必有損於彼。嗚呼。何其不思之甚耶。夫社會因時而變遷。政法即隨之而各異。上古野蠻之政固不可施

之於今日文明之國。今日文明之治。亦未必適用於上古野蠻之民。從知時有古今。政分優劣。各行其是者。未可以一概論也。

且人爲萬物之靈。知覺運動。日漸進步。以故古今人行爲之經。有大不同者。未經開化之民。一舉一動。其主意在國與國之交際。故往往以殺敵爲功。闢土爲榮。苟有益於其國。即困苦艱難。亦所不辭。今日所謂文明人民。則駕而上之矣。其主意在人與人之交際。彼此平等。一視同仁。各守其自由之域。而不相侵犯。然則苟欲以文明人民行爲之常經。遽施之野蠻無知之邦國。固無有不敗者也。講求社會學者。其勿爲情緒所制。而失判斷之明也可。

第四章

今之講求政治進化之眞理者。所用文明野蠻等字義。極其狹隘。其意若曰。文明之國。美德畢備。野蠻之邦。無惡不具。而不知按之實際。有不盡然者。試即以道德品行。使文明人民與野蠻人民相比較。知野蠻人種。學識雖遜。技藝雖拙。而獨品行道德之高尚。有遠出文明人民之上。而使以學識技藝自負者。不能無愧。其例正不少也。

不觀夫印度乎。其社會誠野蠻矣。其政法誠鄙陋矣。而獨信義正直之性。則深入骨髓。無虛言。無詐行。以視今日之歐洲外交家時發奸謀。製造家販運僞物。其信義正直之性。果孰優而孰劣。亨探有言曰。世界人類中。最有信義者。莫如印度人種。又曰。孟加諸人中。除鐵判來人外。無一欺詐者。即如空特一族。以負債不償爲無上罪惡。其信義正直之風。頗足稱道。自與歐人交通以來。其道德品行。即不無瑕瑾。推原其故。皆今日所謂文明國民。先導之以欺詐。復待之以暴虐。使迫不得已。致有無禮之行。而渾厚之風。遂一變而爲澆漓之俗。乃歐人曾不自責。反從而指斥之曰。野蠻人種。全無道德品行。嗚呼。豈其然乎。

試更舉一二實例以證之。太平洋中有所謂非其之種族者。觀其外勢。則政府完全無缺。政令井然不紊。且整頓兵備。防禦外敵。講耕作之術。知灌溉之利。勤勞分業。工藝日精。謂之文明。亦無不可。及察其內情。則慘酷殘忍。殆無人道。爭奪相殺者。鄉黨不以爲恥。而以爲榮。不亦奇乎。

阿非利加洲有所謂達化曼之種族者。其人民凡分六級。上下貴賤之別。秩然不紊。置政廳以理庶務。練兵隊以防外患。開道路。通橋梁。有監獄。有巡查。有法律。其國民亦可謂文明矣。然其殘酷之風。有不忍以言語形容者。獲敵人則剝其皮。以爲酋長居處之飾。每歲必戮無

六

宰之民使之通使命於冥府其風俗然也而五倫之間亦絕無親愛之情夫吾人之初意以爲文明社會中德義必昭著品行必端正而孰知事之相反有若是之甚者即以羅馬人論其殘忍慘酷亦有使人悚然不安者喀爾喀蘭王之弟死戮其友二萬人以殉且率師以攻議院殘酷暴虐之行與土番何以異厥後基督教盛行而世界之觀仍依然如昨故歐洲中古之世雖經叛道之行東西前後層出疊見較野蠻人種之所爲有過之無不及嗚呼亦可以見吾言之不謬矣

由右之說可知文明之進步與人心之慈善不特絕不相關且國民當離野蠻而進文明之始其人心之殘忍亦自然之勢蓋古者社會之成立國家之創設必藉一二强者之力及社會已成國家已立必思外拓疆土內治人民侵掠戰爭以成大國此豈仁者而能之乎然則今日文明國民無非古代殘忍人種之後裔耳祖宗數十代經營惟戰爭征伐之是務而欲其子孫之不殘忍抑亦難事間有稍自文飾者皆爲時勢事物所縛苟無束縛則倒施逆行或不讓其祖宗由是觀之野蠻人民與文明人民相比較其道德品行之美惡實有出常人擬議之外者雖然人民日漸進步良心亦漸次發現大都今世文明之國尚未造文明極頂

從此力圖上進。必有道高德隆之一日。今非其時也。

第五章

難者曰。誠如上文所言。則文明不得謂人類之進步矣。蓋人類進步。厥惟文明。而子謂信義正直爲人類至貴至重之物。遂使藝精學富之民。反不如穴居野處之俗。恐此論一出。世人將厭文明而樂野蠻矣。雖然。此實未知眞理之所在。今試舉一例於左。以釋其疑。

萬物處生存競爭之中。無論同種異種。無所不用其競爭。爭而勝者存。爭而負者敗。此自然之理也。即以動物論。夫虎之爲物也。其性猛。遇力之弱於虎者。則攫而食之。於是被食者之種族日以滅。即虎之種類日以廣。而虎遂得存於天地間。雖然。虎固得以自存。而力不足以敵虎者。果將盡爲虎滅乎。是又不然。狼之力。非虎敵也。然其走也甚速。其潛也甚巧。虎常受其欺。而狼亦得存於天地間。設有一狼。其走獨遲。其潛獨拙。必爲虎所及。以殞其生。設有一虎。遇力之弱於虎者。不能攫而食。勢必餓且死。亦不能保其生。於是攫者彌工。潛者愈巧。虎與狼互相競爭。遂互相生存。於以知大地萬物。足以保其生存進化者。必有自衛之術。豈獨虎狼已哉。

人類之競爭。亦猶是耳。今者六法畢備。四民咸安。文明日進。新理日見。而人類得以生存進化矣。試溯其源流。皆數千百年以前。種與種爭。族與族競。互相攻擊。互相防禦。於是漸次合群。漸次發達。慘憺經營。幾經變遷。而遂有今日也。從知慘酷殘忍。即文明進步之先聲。設無競爭。則五洲之大。雖至今日。皆穴居野處之蠻民可無疑也

生存競爭。爲萬物自然之理。而於人類。即爲進化發達之因。上文已言之矣。然生存競爭。雖不可一日無。而其事則今昔不同。其在古代。則戰爭侵掠。開疆拓土。而社會於以立。其在今日。則講求學術。研究物理。而文明於以進。故今日文明國民。縱遺性尚不無殘酷。而競爭之道。固不沾沾在戰爭間矣。

由是觀之。社會建立之初。凡殘忍暴惡之行。莫不有功於後世。講求社會學者。當虛心下氣。以求其眞理之所在。安可有愛憎於其間哉。

第六章

研究政法者。所當注意之處。上文已論之矣。茲更略述其關於政治之性質者。以供學者之玩索焉。

社會之衆。奚止千萬。其間大小强弱文明野蠻之分。不過由於生長之遲速。發達之先後。要之進化之道。祇出一途。故有下未來之剌斷者曰。俄一變至於德。德一變至於英。雖然此舉其大綱。而未言其細目也。各國社會進化之道。旣繁且異。故比較社會。猶之比較動物。曰此羊也。此牛也。此就其大綱而言。尙易事也。聚牛十數頭於此。黑白彙有不能一致。乃知毛色者。非牛所固有之性。此就其細目而言之也。講求社會學者。祇知大綱而不求細目。是獨知牛羊之分而已。

夫社會之次第進步也。其局度每隨時勢爲遷異。忽焉開疆。忽焉喪土。征伐戰爭。時有勝負。人民政府。時有離合。且此仗武功。彼求文學。時異勢遷。變革靡常。要之舊時之結構漸衰。即新造之制度日盛。其間變遷錯雜。每令講求社會學者。誤下判斷。然則豈粗知大綱所能盡其事哉。

審是則學者於錯雜變遷之中。而欲下確切不移之判斷。不獨知其大綱而已。且必求其細目。雖然可以爲政治之標準者。惟大綱之眞理。而細目不與焉。此其理當於下卷詳論之。

政法哲學第一卷終

政法哲學第二卷

英國　斯賓塞爾著

政治制度概論

第一章

聚衆人於此。而無所設施。是群也。而非社會也。何謂社會。曰群焉而有公共之目的也。夫人類群居無公享之樂利。無公受之損害。則常此徐徐于于與鳥獸等耳。縱能團結一時。必不能垂諸永久必也防其分離。保斯結合。萃衆人之目的而定于一。然後社會成也。故公共之目的非有社會不能行。社會之目的非藉公共不能達焉。雖然公共之目的奚自而起哉。大抵以一人而總萬事之機。天下必無此聰明睿智之人。公共云者。聚衆力而成獨力難成之事耳。群居一處。不能各爲其所欲爲。而毫無關係。公共云者。使各人通功易事。而互相依賴互相裨益耳。抑更有說者。人類當草昧之初。日思所以保其身者汲汲也。恐爲人所襲。則互相聯絡。思所以防衛之方。慮無物可食。則彼此結合。求所以游獵之術。公共云者。其始即在於防敵以求食耳。要之各國社會建立之因。或不無少異。而推其源。探其本。總不外聚散合分之道而已。雖然。社會之成。固賴有公共之目的。而求其發達進化。則又必創設制度。釐定法律。即此公共之目的。而善用之。而節制之也。此政治之制度尙焉。

第二章

社會所以建立之因。約而言之。厥有二端。因人人欲達其利己之目的。遂不識不知。自然趨於一轍而成社會之形體者。是其一也。因人人欲達其公共之目的。遂結合而成社會之形體者。又其一也。一則爲私。一則爲公。二者之分。燎然可見。請申論之。

大抵未進文化以前。往往以己所有者。出而與他人易以利其一身。此分工通商之端所由起也。迨其後文化日進。民智漸開。需用日繁。漸知交易之利。而分業之道亦日以增。究其根原。皆由利己之心。思生此共共之目的。出自天然。無待豫約也。夫各種工業之興。其始無非利己。正唯利己之故。所以兼利他人。交易而退。各得其所。其理如斯。故即傭人及傭於人者之間。亦各懷利己之心以相集合。此所謂人人欲達其利己之目的。遂不識不知。自然趨於一轍而成社會之形體也。

所謂公共之目的。則有迫之使然。欲罷不能之理在。蓋群居一處。每恐爲隣敵所侵。於是於營私之外。不得不相約以求抵禦之方。其始也。無酋長。無首領。惟公議輿論之是從。既而有首出庶物之一人。出發布號令。指揮人群。此人之權力日大。即一族之結合益固。而社會之制度亦漸以立。編行伍以防外患。設政府以理百事。有一己之利益是圖。而置社會之安全於不顧者。則設法律以禁之。于是人民遂棄私利而盡力於公事矣。此所謂人人欲達其公共之目的。遂結合而成社會之形體也。

二者皆足以增社會之福祚。而所以增之之理。則大相逕庭。此吾人所不可不知者也。夫寒也。熱也。絕然相反者也。而至其極度。則歸於一轍。消也。積也。迴然不同者也。而及其至境。則初無二致。二者之於社會。亦猶寒熱消積之同其源而異其流也。夫分工通商。人人各求其利益也。唯人人得占利益。而社會亦與有利焉。設政防敵。社會得增其福祚也。唯社會得增福祚。而人人亦與有福焉。由前而言。其目的在利己。故其成功乃自然之事。由後而言。其主義在公益。故其團結實强迫之力。此二者之所以分也。

二者之區別。及其關係。上文已論之矣。今吾人欲就其起源。即其性質。而研求其利害。判斷其得失者。即政治所以創設之理由。公共目的而建立之制度是也。

第三章

人生斯世未有孤立獨行而能保生存享利益者也問其何以能保生存享利益則必曰互相團結互相聯絡然團結矣聯絡矣而無制度行於其間仍不足以保其生存享斯利益也而政治之制度尚焉政治制度者所以防其分離保斯結合而使人人得沾其利益也繇是則政治制度之有功於人世豈有量哉吾人苟欲明其功德利益之所在即以毫無紀律之土蕃與稍有制度之蠻民相比較而其理自見矣

但野蠻人種亦有其生存之利益與政治制度之有無絕無關係者如愛斯基瑪人種是也其人口既寥寥無幾而居處又遠近不一通商之利不知戰爭之念不起結合無方往來不便各行其是漠不相關雖欲設施政治而無從焉此偶見耳非可援爲常例置之不論可也

北美洲有所謂狄克安之印度人種者散居於毅愛臘及難勃達兩山之巔茹毛飲血穴居野處依然太古之遺風而環顧四隣則無不規模粗具居民或漁於河或獵於野有首領以統率之有法度以節制之守望相助晏如也由是觀之狄克安人種之所以長此獉狉而可憫者在不能建立社會而行政治制度也

阿非利加亦有一族。既無政治法律之方。又無衣服居室之制、熙熙攘攘、與禽獸相去者一間。其隣邦有所謂由亞陸之種族者。則異是。雖其酋長之治下也過虐。稍干罪戾者。殺無赦、而於政治制度、則規模咸備。置官吏、定租稅、耕作之術、建築之方。以及衣服飲食之細。亦莫不講求有得、可見凡此皆政治制度之賜也。

草昧教龐。初無政治。既而有才力智識獨優於衆之一人。出而駕御其群。是爲酋長。有酋長而公共之目的得以達。公共之利益於是生。然而天下大矣。人民衆矣。有一族。即有一酋長。酋長既衆。即不能無相爭相殺之患。於此而有才力智識更優於酋長之一人。出。集數酋長而駕御之。於是進步日促。而戰爭漸息。有斷然者。試以實事證之。東印度有所謂倍路出史之數種族者。族有一長。而無統御之人。於是彼此猜忌。戰爭不已。土人穴居野處。藏其身。匿其械。以避侵奪。又有蘇格蘭之海來種族。各族恐爲隣敵所侵。咸築堡壘。以匿婦女家畜於其中。所以然者。緣無總統諸酋長之一人耳。古時希臘人有鑒於此。乃設一會。名以賢士。明定法律。不使列國擇要築城。有圍敵城而絕其水源者禁之。蓋賢士會者。因以總統各酋長之人自任者也。

更以昔日英國論。當羅馬一統之時。不聞有種族相爭之事。及封建制度之世。亦未嘗聞諸侯私戰之風。無他。有君主以統屬之耳。法國不然。希押爾邁帝崩。而諸侯各爭獨立。互相疾視。戰爭之餘。加以刼掠。土崩瓦解。遂難收拾。由是觀之。合則興。分則敗。聚小社會而爲大社會。政治制度之擴張在是。人類生存之進步。亦在是。昔日之英法有然。而各國無不同其理。試一檢歐洲歷史。即恍然於吾言之不謬矣。

種族相爭。誠有害矣。然其相爭。苟足以使散者聚。分者合。而政治制度之範圍。即於是廣。則亦大有力於社會也。試就工業而言。社會之小者。人數無幾。縱勤勞工作。而進步維艱。夫欲求貨物之多。必先求人工之衆。一物之成。而欲其速且精。必聚多人分工同作而後可。此大社會所以獨擅其長也。不寧唯是。分業之密。器械之用。皆小社會所欲爲而不得者也。吾故曰。合小社會爲大社會。政治制度之擴張在是。人類生存之進步亦在是也。

第四章

有政治制度。而後有共同之利益。上章已論之矣。雖然。利益固由是生。而弊害即於是出。或至弊害多而之益少。何以言之。蓋既設政治之制度。不可不思所以保存之。且制度既立。人人不得不從其政府之命令。苟其政府。操收斂壓制之術。以奴隸其人民。則其弊害。且不可勝言矣。試進論之。

古來君主之掊克剝淹。貪欲無厭。而致民不聊生者。史乘所載。其例不鮮。昔羅馬人之治埃及也。收斂苛刻。無所不至。不獨埃及施政之用。取自本土。即本國施政之費。亦從中抽斂。且正稅以外。科以兵師糧食之費。常役之餘。不乏勞民傷財之端。官吏紛煩。騷擾不已。全國富源。搜括殆盡。爲官吏者。不堪羅馬政府之誅求。不得不暴斂於民。公行賄賂。而政府遂據爲常例。於是官吏尙不堪其苦。而小民更可知矣。迨羅馬衰頹之際。法國社會之慘。更有甚焉者。當時稅額既重。爲民上者。皆安座長眠。以待納稅者之供養。人民不能自結。棄業離家紛紛遷避。荒蕪滿目。赤地千里。而貪官虐吏。尙徘徊村市。追呼勃索。敲朴呼號之聲。不絕於耳。甚使僕誣其主。妻欺其夫。子枉其父。不應則三木且隨其後。死者已矣。而生者更任死者之稅。故當時人民。不畏敵國之兵。而懼徵收之吏。其後諸侯服從。中央政府之權日大。國內戰爭漸息。日見平和。然而弊害依然百出。誅求無已。且沒人家產。科人財帛。迫小民以飢饉凍餒。流離困苦焉。遂至君主日益專制。政令紛紜。下至社會細事。莫不干涉。不及二百年。國中稅項其始不過一千一百萬之數。其後竟至三億一千一百萬之多。法國人民之慘亦可以想見。埃及之苦如彼。法國之慘又如此。故今日游埃及而過泥綠河者。察其民風土俗。覺去政府愈遠。其民間之景象即愈形豐饒。由是觀之。當時之慘狀豈虛言哉。今日英國之管理印度。雖極欲利益其國。而人民不堪壓制之苦。離鄉背井。相率而遠遷於於爾及華立安兩地者。實繁有徒。古人有言曰。苛政猛於虎。信矣。

禁令煩多。法度嚴刻。在治於人者。固受非常之害。而設此禁令法度之人。亦不能消遙於法外。何以言之。在我下者我方奴隸之。而在我上者亦奴隸我。推而上之。莫不如是。而至最上之一人。復設種種制度以張一己之權利。而此種種制度。即奴隸其人者也。不觀昔日埃及國王乎。其平日作爲及儀式一切。莫不明定法例而遵守之。故名爲至尊。而實與臣民同其束縛。其外專制君主。自作壓制之法。而轉自苦之者。往往有之。琪篷氏嘗曰。羅馬皇帝居倍爾登宮闕。而奉其自定之儀式。眞天下第一奴隸也。梅退儂夫人當法王路易第十四之時。見其宮中狀態。而慨然曰。天下最不幸者。其居高位者乎。其次莫如羨之之人。蓋羨之者。尙未知宮廷之實況也。觀於二人之言。亦可以見在上者之至不自由矣。

由是而推察政治制度之利害曰擴充社會之範圍而維持之而保守之且推廣分業工作之制夫然而後可以滿人人之不足乎然租稅重則人人製作之貨物因而減色政令煩則人人動作之自由因而束縛而治人及治於人者之間仍不免受同等之害矣嗚呼一利一害之所伏正未易判斷也

第五章

夫以石築室而又欲以築室之石築橋勢非先壞其室不可塗墍之積已歷年數堅如膠漆牢不可破從而壞之其難可知然則於其壞室而用舊石孰若購新石而用之之爲愈乎凡事物皆如是次序已定即難變更政治制度者施政之次序也欲於已定之次序而從事增減猶壞室而用舊石耳觀夫生物之變遷化醇可知矣其初結體未堅固多變遷及變遷已定即有抗拒變遷之力故結構愈密抗力愈大大地萬物如出一轍若社會之成猶草木昆蟲其有各種原質規模之立猶江淮河海不可一其源流其初因時變遷固其所也迨其後種族已分官吏已設施政之術既備結合之力遂增於是抗力日大而改革益難古代制度有至今尚存者職是故也故有束縛宗教之條僧侶起而疾視之矣禁武官售職之弊軍士

出而抵抗之矣。改正法律。而招古法家之不平矣。發明器械。而遭守舊者之阻撓矣。諸如此類。更僕難數。要之既定之規模。未易改革。已成之次序。斷難變更也。

人身之有五官四肢也。合而言之。其一舉一動。所以保其全體耳。分而言之。皆所以自保也。社會之有官吏人民。亦猶人身之有五官四肢。合而言之。其官吏人民之所作爲。所以保社會之全體耳。分而言之。皆所以自保其身家也。然急公者少。濟私者多。其終也往往徒保一身一家之安全。而不顧社會全體之得失。於是有害於社會者不除。有益於社會者不興。而長此本來面目。因仍舊貫矣。請誠以實事證之。昔日倫敦有一商家者。其初有納稅之義務。歷時既久。不特義務不盡。反沾沾焉惟恐失其專利特許之權。可見濟私之心甚於急公也。蘇格蘭某郡爲皇室之產。嘗始開議會於其地。以制定該郡之法律。今一無所議。而每年必循例開會一次。可見守常之甚於變法也。故結構愈固。則抗力愈大。而改革愈難也。

制度已定。即有抗拒改革之力。固自然之理。而其抗力之強弱。亦不可不知也。苟於舊制中增一新法。則不獨有害於將來之改革。而改革之動力。且因以減。不啻於抗力之外。復增抗力也。設有社會於此。將張大其本來之規模。擴充其原有之制度。或加設新法。或多置官吏。

於是握權者之數日多。即被治者之數日少。而改革益難矣。原夫制度之與改革。猶敵也。與敵以兵。敵强我弱無疑也。彼握權者衣食之資。無不取自國民。其意見情欲。猜忌競爭。各圖利己而已。設國民起而剝其特權。則無不互相結合。而與國民爲敵。蓋彼慣行之手段。一旦與之抗衡。仍以施之而已。故有平日持論甚高。而一入官途。遽易初心者。亦自然之勢也。要之抗拒之力愈大。即改革之力益微。而社會之制度。遂終無進步矣。

不寧唯是。人民之思想感覺。每與初立之制度相合。浸潤已久。必以政府所爲爲然。不知此外別有良法者比比然也。空特者。法國績學士也。謂將來社會之競爭。仍在戰爭殺伐。而不在通商惠工。夫惟通商惠工。人人得以自立。而社會得以進步。空特氏反從而抵斥之者。蓋以法國人民好動。往往持威武之命令。壓制人人之自由。此戰爭之禍。所以較他國爲烈。空特氏誕生其間。遂惑於目前之制度。而誤天下之眞理也。德國社會黨。不滿於當時之制度。困苦經營。欲顚覆之。改革之。而無如其所籌畫之新法。仍不出舊制之範圍。一旦得志。其新造之政府。不過脫胎於舊時之政府耳。而强迫壓制之力。或較當時爲尤甚。亦未可知也。可見政治制度之根底已固。其人民之思想。即未易出其牢籠。而別擇新法也。

由是觀之。社會之制度不定。則不能共同一致。社會之制度既定。則未易進步改良。非破壞舊法改。弦而更張之。何能爲力耶。

第六章

夫生物之具有全體也。原質雖同。而部落各分。必須每部質點。皆能自保地位。傳諸其後。永相繼續而後可。如人身有貯膽汁之小包。其作用在供給膽汁消化食物。其生焉以數計。前者腐敗。後者任之。胃臟肺臟。皆不得而代也。苟有一部。不能生同種質點以承其後。則其作用失而各部之次序亦亂矣。此就生物而言也。社會亦然。制度之所以確定不變者。以各人之職業皆累代相傳。而不相踰越耳。何以言之。家襲一官。世世相繼。則惟知守舊而不知革新。人執一業。代代相傳。則不能求新而祇能述古。印度其明證也。昔日英國人民。亦分門戶。工之子必爲工。商之子必爲商。其他類此者。不一而足。究其弊則繼續愈久。結合益固。而改革日難。此理之易見者也。

職業相傳。足以固社會之制度。而阻其進步。信矣。然而不特此也。傳授之風既盛。長者之權力益固。長者之權力固。保守之勢力益增。此事物之舊態所以終不得而變也。嘗見世人無論。為官為商。皆永守其他位。不死不傳諸子孫。故子孫雖有才力。往往以父兄尚存。不得擅專一事。此最堪痛心者也。夫老人者。祇有保守之力。而無進取之心。每好靜而不好動。少壯者血氣方剛。智識日新。每好動而不好靜。今以一國之事。悉委諸老者之手。及老者死。而壯者亦老矣。嗚呼。如是而求其改革進化。豈不難哉。

然則如之何而可。曰量各人之才力。而後定各人之職業。庶幾改革易而進步速也。今夫一介之士。忽焉而為高官。不特貴賤高下之分。一掃而空。且從此貴不凌下。卑不懼上。而上下之思想感覺。亦因以通矣。雖布衣之忽登大位者。其初兵刑錢穀之事。或不如老吏之熟練。既在其位。即謀其政。庶務之臧否。政事之得失。不辭煩勞。力圖振頹。以求不負此職者。亦人之恒情。而政治之制度。即由是改革矣。推而至於士農工商。無不如是。士之子或為農。農之子或為工。工之子或為商。往來交際。則聲氣以通。易事通功。則學問日進。當其始也。捨所長而習所短。因不能與老於是業者齊驅並駕。然久之又久。棄舊就新。竭全力以求精進。自有駕而上之之一日。而此業之規模日新矣。要之量才稱職。足以變化社會之制度。而其變之之因。厥有二端。壯者志氣銳利。其改革一事也。雖有阻力。必期於成。一也。血氣既壯。思想之力亦大其發明新理也必能殫精竭神抵於美備二也且也量各人之才力而後定其職業則老大無能之輩將不安其職而少年英俊之流得進操其權而社會之制度不變而自變矣。

總而言之職業相傳則惟知守舊而社會之制度終不得而更改量才稱職則社會之制度可以革新可以進步此理之必然者也

第七章

聚數十人或數百人而成一社會則規模狹小制度不備漸次推廣漸次合併社會之範圍日大則政治之制度日增蓋集小社會而爲大社會人數既多政務紛煩有不得不擴張其制度者昔羅馬政府其始不過一市府耳迨其後威振四海奄有全歐領土既廣人數既衆勢不得仍以一府一邑之制度行諸大地則其制度之擴張固自然之勢也昔日英國人民不過百萬今已數倍於此故前後行政之法繁簡不啻霄壤亦可以見吾言之不謬矣

社會之範圍愈大則政治之制度日廣理固然矣雖然其初改革甚易故能發達既而變化漸難即無進步譬如人身由襁褓而至成人其初肢體柔弱故能生張業已長成則筋骨日

堅。而進步甚緩。社會亦然。制度日廣。則根底日固。抗力日大。則改革日難。終至社會之範圍。亦不得而擴張者。亦理之不可易者也。

不寧唯是。握權施政之政府。亦足以吸取發生之精力。而阻其進步。所謂利之所生。弊即生也。蓋政府之費用。官吏之衣食。無不仰給於民。彼小民之資本日耗。人數日減者。正以此耳。況制度廣則官吏愈多。官吏多則需用繁。需用繁則勢必誅求不已。富歛無度。人民以有限之資財。供無窮之耗費。其不致顛連困苦者幾希矣。如是而求其進步發達。是不培其本而求其木之茂。不浚其源而欲其流之長也。故制度之廣狹。與社會之發達。其間有密切之關係。苟失其平均。即有妨於進化也。

第八章

右七章。皆論政治制度之大義。得一一覆按之。第一章。言有公共之目的。然後有社會。第二章。社會所以建立之因。有二。一則由人人欲遂其利己之目的。一則由人人欲遂其公共之目的。所謂公共目的者。有強迫之力。而政治制度。即由此創設者也。第三章。有政治制度。然後人人得保其生存。享其利益。第四章。論政治制度之弊。第五章。政治制度已定。即有抗拒

二六

改革之力。第六章。所以增其抗力者。惟職業相傳爲最著。故欲改革舊政。必自量各人之才力。而後定各人之職業始。第七章。社會之範圍日大。則政治之制度日廢。而改革之勢力即日微。且闡明政府所以阻止進步之理。

政法哲學第二卷 終

新書告白

和文漢讀法

全一冊　定價洋兩角　郵費在內

此書最便讀日本文書籍寓東人士深知其益故特印行公世欲購者請函向本編發行所及上海大東門內王氏育材書塾北市抛毬塲掃葉山房書坊寄售處購取可也

東語正規

全一冊　定價一元　外埠加郵費一角

此書專爲初學日語者津逮其中分文言俗語長句短句精當便易由淺入深誠學日語者必要之書也寄售處橫濱山下町二百〇一番信箱二百〇二番福和號

國民報告白

本報宗旨以昌世界之公理振國民之精神爲第一要義半月一冊首社說次時論次叢談次紀事次來文次外論次譯編次答問現第二期已出欲有定閱者請函告日本東京小石川區白山御殿町一百十番國民報事務所掛號可也

日本學校章程一覽

此書搜譯日本官私各學校章程其中自大學校高等學校中學校以至小學校幼稚園旁及各種專門學校及師範學校女學校搜羅宏富詳簡得宜凡有教育之責及有志遊學日本者允宜家置一編也不日即可出書

每部價洋五角

政治小說　累卵東洋

全一冊　定價洋二角五分　郵費在內

此書爲日本有名學者大橋乙羽所著近由某君譯出書中皆言印度屈服之慘英國壓制之酷悲壯淋漓激昂慷慨讀之令人熱血坌涌獨立之心油然而起誠我中國前車之鑒也至文筆之婉轉流暢猶其餘事欲購者請函致本編發行所可也

新書告白

和文漢讀法

全一冊　定價洋兩角　郵費在內

此書最便讀日本文書籍寓東人士深知其益故特印行公世欲購者請函向本編發行所及上海大東門內王氏育材書塾北市拋毬場掃葉山房書坊寄售處購取可也

東語正規

全一冊　定價一元　外埠加郵費一角

此書專爲初學日語者津逮其中分文言俗語長句短句精當便易由淺入深誠學日語者必要之書也寄售處橫濱山下町二百〇一番信箱二百〇二番福和號

國民報告白

本報宗旨以昌世界之公理振國民之精神爲第一要義半月一冊首社說次時論次叢談次紀事次來文次外論次譯編次答問現第二期已出欲有定閱者請函告日本東京小石川區白山御殿町一百十番國民報事務所掛號可也

日本學校章程一覽

此書搜譯日本官私各學校章程其中自大學校高等學校中學校以至小學校幼稚園旁及各種專門學校及師範學校女學校搜羅宏富詳簡得宜凡有教育之責及有志遊學日本者允宜家置一編也不日即可出書

每部價洋五角

政治小說 累卵東洋

全一冊　定價洋二角五分　郵費在內

此書爲日本有名學者大橋乙羽所著近由某君譯出書中皆言印度屈服之慘英國壓制之酷悲壯淋漓激昂慷慨讀之令人熱血坌湧獨立之心油然而起誠我中國前車之鑒也至文筆之婉轉流暢猶其餘事欲購者請函致本編發行所可也

本編告白

本編出書以來承內外同志提攜推廣無任銘感惟本編每月出書同人綿力向無存欵全仗收回書價以資接濟尚希各同志及各代派處早日將欵收齊見付俾得源源不絕是爲至禱本編第一期及第四期現已重印不日出書欲補購者請速函致本編發行所及各代派處可也

開智錄

此書爲橫濱開智會之會報文筆明顯議論精新士商皆宜閱看誠開民智慧之書也每月兩期零售每冊一角五分定一月者二角五分外埠郵費另計價銀先付欲購者請向橫濱清議報館及清議報代派處購取

開智會告白

東來書莊

專售東西各種書籍地圖學堂用品向在蘇州胥門內廟堂巷今移至養育巷北女冠子橋堍特告白

近世名家手簡

是書均日本名人手筆搜羅廣博刷印精良有志書法者允宜家置一編誠案頭佳品也欲購者請函致本屋自當照寄不悞

東京日本橋區通三丁目

丸屋書屋告白

物競論全書出售告白

全部一冊

本編所載物競論現已將全書刻成單行本定西歷八月初出書藉副閱者先覩爲快之意欲閱者請速衛致本編發行所及向代派處索購可也

新編 日本遊學指南告白

本書詳述遊學各種方法學費若干年限若干以及何等學校最便最速無不備載且所述一切均由留東同人實驗而得與懸空豫算不同有志東遊者允宜快讀一過也定西歷八月間出書

代售各書告白

○譯林 每月一冊每冊一角二分

○勵學彙編 每月一冊每冊一角五分

本編告白

本編出書以來承內外同志提攜推廣無任銘感惟本編每月出書同人綿力向無存欵全仗收回書價以資接濟尚希各同志及各代派處早日將欵收齊見付俾得源源不絕是爲至禱本編第一期及第四期現已重印不日出書欲補購者請速函致本編發行所及各代派處可也

本編代派所

上海新北門外　中西書室
上海北市拋球場　廣學會
上海三馬路望平街　中外日報館
蘇州府堂巷　東來書莊
蘇州元妙觀前東首　開智書室
杭州城內銀洞橋　譯林
無錫崇安寺　三等學堂
蕪湖[illegible]渦觀南岸　晉康煤炭公司
江西馬王廟背後　賦梅山房主人
香港荷理活道　聚文閣
香港上環海旁　和昌隆
香港文武廟直街　文裕堂
新加坡衣箱街　天南新報館
東京神田區表神保町　東京堂
東京神田區今川小路二丁目一番地　博愛館
大坂川口三十二番　鎰源號
神戶榮町三丁目　中外合衆保險公司
臺灣臺北府大稻埕六館街廿一番戶　良德行

明治三十四年八月七日印刷
明治三十四年八月八日發行

編輯兼發行者　東京芝區愛宕下町四丁目八番地　坂崎斌

發行所　東京牛込區喜久井町二十番地　譯書彙編發行所

全　東京本鄉區丸山新町十九番地　譯書彙編發行所

明治三十四年一月廿八日第三種郵便物認可
譯書彙編第六期　明治三十四年七月一日發行

No. 6.

THE YI SHU HUI PIEN.

A MONTHLY MAGAZINE OF TRANSLATED POLITICAL WORKS.

OFFICE:

No. 19, Maruyama-Shimmachi Hongoku;

or

No. 20, Kikuicho, Ushigomeku,

TOKIO JAPAN.

東京並木活版所印行

譯書彙編

一九〇一年第一卷第七期

(明治三十四年一月二十八日第三種郵便物認可)

(每月一次定期陰曆十五日發行)

光緒二十七年六月十五日
明治三十四年七月三十日發行

譯書彙編

第七期

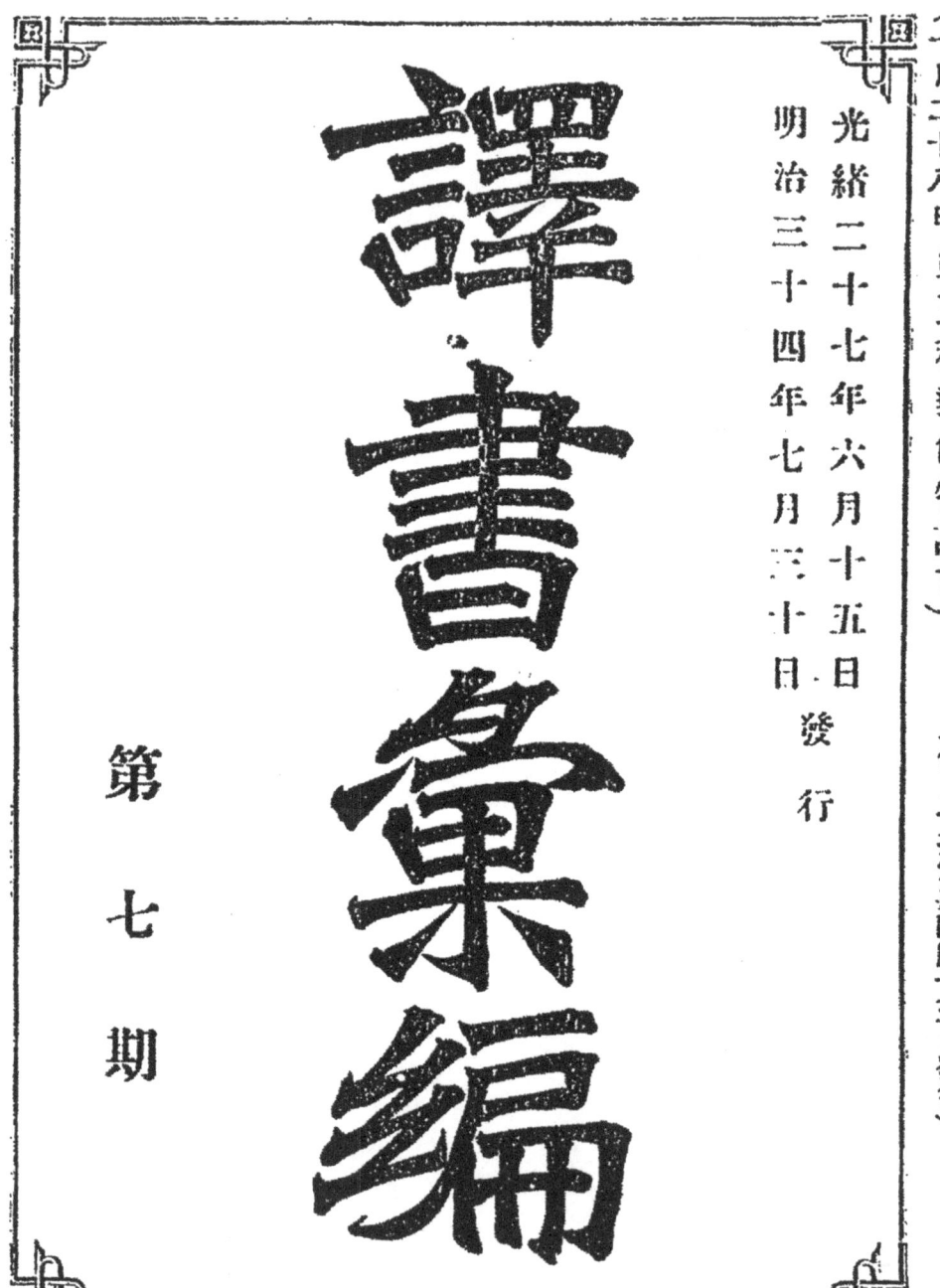

譯書彙編第七期

目錄

簡要章程

一是編所刊以政治一門爲主如政治法律理財歷史哲學各門每期所出或四類或五類間附雜錄

一政治諸書乃東西各邦强國之本原故本編尤先刊行此類至兵農工商各專門之書亦有譯出者以後當陸續擇要刊行

一是編之外尚須刊刻譯成全部之書目錄均附於後

一是編由同人捐資創辦尚祈同志之士慨與資助當酌量贈書以酬高誼

定價

一月一冊洋兩角　半年六冊洋壹元壹角

全年十二冊洋兩元　內地酌加郵費

購閱畧則

一定閱本編可函向譯書彙編發行所掛號每期當按址寄送外埠可就近向各代派處購取

一價銀必須先付掛號後若不付銀及已送滿所付之價均一律停止不送外埠同

一定閱本編以半年起碼概不零售

一代派照定價提二成作爲酬勞

謹告閱報諸公

本編承內地諸君子來書交相謬許。而東邦搢紳有道之士。亦謂開通民智。[illegible]邇因愈宜奮起者也。始因創辦之多疎。繼因印刷之緩慢。再因財力之困難。遂致前者屢屢遲期。誠無以副內外屬望。同人等頗自引歉。今乘暑假餘暇。擬補足今年應編應出之數。庶不致失按月遞出之信。而第一期及第四期。已散盡無存。邇來內地函索頗多。已囑印局再版。既欲補出。又欲重印。需欵實鉅。現計每月銷數已在一千份以外。而收回報費者。未及十之一二。亦未收其他捐項。悉係籌墊。聞內地往往恐此編中止。故不定購常年。實則此事最可無慮者也。蓋日本自尋常中學校。至高等學校及大學校。學生莫不月出一報。以公佈同志。今吾邦人士之留學東土者。實繁有徒。月起一編。固學業中應有之事。亦綽乎餘裕。是編可保源源不絕。固敢為　閱報諸公訣。或以出數既多。而不能收回報費。則刊費無着。因而延期。亦勢所容有。此所切望　閱報諸公為之轉移也。

本編同人頓啓

簡啓

日本同文求學最易苦無援引來者頗艱倘內地有欲來學者但備二百四十元即足一年學費房食之用來時同人可代爲招呼一切並可紹介入日本各種學校有志之士幸勿裹足 本編第一期及第二期內言每年一百八十元已足者專指學費房食而言並衣服零用未括在內故復核算一番約之數於第三期內更正爲二百四十元近因內地有來信詢其前後不同者故特誌之

日本書籍之多浩如烟海內地之人雖知其名苦無門徑何從購買同人既事探討頗能知其一二若有欲購閱各種專門書及一切有用之書者即祈函告同人當舉所知擇要以聞至購買之後必可效勞代寄照原書定價另加郵費可也

中國乏才由無教育教育之難由於無書同人現編輯小學中學各種教科書然茲事體大海內名流有素留意此事者望賜函見教以匡不逮

信來請寄本編發行所

本編告白

本編自第五期起概不零售歸劃一

本編第一期定價郵費在內嗣以內地郵費過大實在賠累不支故改定郵費照加茲再申明凡日本郵局所通之處仍由本編認墊其內地無日本郵局者由代派處照遠近酌加閱者亮之

本編迭承同志惠書詢以所載各書全年可以成書幾種同人現查除內有一二種篇幅過鉅不能急切成書外其他各書大約一年以內可以陸續告成同人現商定自本期始前期未經列入之書不再準備添入以省篇幅藉副閱者早窺全豹之意

本編所譯各書間有沿襲外國名目難於索解之處閱者儘可函致本編同人相與析義闡難同人知力所及無不竭力以告閱者鑑之

已譯待刊書目錄

政治進化論 英國 斯賓塞爾著
社會平權論 同
教育論 同
政黨論 德國 伯倫知理著
今世國家論 法國 鮑羅著
理學沿革史 法國 阿勿雷脫著
歐洲文明史 法國 尼騷著
教育論 法國 盧騷著
平民政治 美國 勃拉司著
教治泛論 美國 威爾孫著
社會學 美國 吉精顏斯著
教育論 美國 如安諾著
東西洋教育史 日本 中野禮四郎著
美國民政 美國 莫里著
國際論 日本 陸實著
國法學 日本 有賀長雄著
文明論之概略 日本 福澤諭吉著

明治歷史 日本 坪谷善四郎著
外交通義 日本 長岡春一著
加藤講演集 日本 加藤弘之著
國際法論 法國 羅諾而著
自助論 英國 斯邁爾著
新聞學 日本 松本君平著
國家學原理 日本 高田早苗講述
近世二英雄傳 英國 格理飛司著
經濟學史 日本 井上辰次郎著
俄羅斯史 日本 山本利喜雄著
十九世紀 日本 博文館編
丈夫之本領 日本 鈴木天眼著
政教進化論 日本 加藤弘之著
近世海軍 日本 福本誠編
近世陸軍 日本 新橋榮次郎編
萬國國力比較 英國 默爾化著
國法學 日本 岸崎昌 中村孝 合著

閱報諸公鑒　本編自第五期爲始增刷收條交各代派處經理凡賜閱諸君子以後或定閱全年或半年交費時可問代派處領取收條庶賬目出入得以羅羅清疏便於稽查也今將本編收單式樣登載如左

今收到
先生譯書彙編全年半年費　元元正自至　期起期止
光緒　年　月　日
譯書彙編經理人收單

第　號

今收到
處全年半年費　元元正自至　期起期止
光緒　年　月　日
譯書彙編收欵存單

現行法制大意

凡例

一、本書爲初習法學之階梯。原爲教科書之用。

二、本書之主義。說明國家統治機關作用之大意。及日本國體之特質。凡現行法令中所在者。及爲國民日用周旋所必要者。咸摘集解釋不遺。

三、本科目與他科目。常有密接之關係。如脩身歷史地理等是也。本科目不獨涵養國家的觀念。亦即知國家與人民相對責任之要領。若法令之概要。及法律上之關係。莫不具載。作者之意。直欲將國民教育之目的。貫徹於天下也。

四、現行法令之書。正如四庫浩瀚。窮年累月而莫殫。此編既爲教科書之用。不得不斟酌授業之時候。而使之能及。故此編一以刪繁就簡爲主。但教者。不可不用參觀書。以期詳細分明。

五、現行法令。時有改正、增補、廢止、之條。此編以日本明治三十三年十月爲止。凡教授及學生。宜隨時注意。不可忽焉。

現行法制大意

目錄

現行法制大意目錄終

現行法制大意

樋山廣業著

第一編　國家

第一章　國家之概念

國家　何謂國家。共同團體之意也。今世所謂國家者。須備三事如左。

一土地。　彼逐水草以爲生者。不得謂之國。凡爲國者。須領有一定之土地。克永久以垂存者。

二臣民。　聚四萬萬兆之衆。而不相聞問。雖曰多數。亦奚以爲。必聚多數之衆。分觀之。莫不各自成小團體。合觀之。未嘗不自成一大團體。此眞得共同團體之要者。蓋雖同住一國。國民與外國民。良有區別也。

三主權。　共同團體之中。不可不有一定之主權。無之僅可名之爲社會。有之方足謂之爲國家。蓋藉以安內攘外者也。

以上三事具備。纔成國家。纔得人格。人格云者。法律關係之主體。既握權利。而負義務。

第二章　國體及政體

二

國體。　何謂國體。即國家之組織。以表示國家主權之所在是也。今世國體。約左二種如左。

一民主國體。

一君主國體。

民主國體者。國家之主權。在人民是也。君主國體者。國家之主權。在君主是也。法蘭西、白耳義、德意志等國。民主國體是也。俄羅斯英吉利等國。君主國體是也。

政體。　何謂政體。政治之組織。即統治權之形式是也。今世政體約分二種如左。

一專制政體。

二立憲政體。

立法、　行政　司法、咸私於一人之手。專制政體是也。

立憲法。設統治機關。立法、　行政、　司法、各有其地。分掌其權。立憲政體是也。

支那、俄羅斯等國專制政體是也。英吉利、法蘭西等國。立憲政體是也

以上言國體及政體之區別。然讀各國歷史。凡國體與政體各有異同。非有一定之例

也。大抵視察國情。牽從便宜。故民主國體。有行立憲政體者。若彼法蘭西是。君主國體。有行立憲政體者。若彼英吉利是。君主國體。有行專制政體者。若彼俄羅斯是。其他國體同而政體異者。政體同而國體異者。不勝縷紀也。

第二編　法

第一章　法之概念

法　法者何。共同生活之要件是也。夫人既不能脩然世外。自與社會相周旋。此亦天理之自然。始而一家。既而親族。既而鄉里郡邑。既而一國。是皆社會狀態之所存。人若離此共同團體。不足以生活。而欲維持此共同團體者。誠不可無秩序也。人生智力、腕力、年齡、強弱等、種種之不齊。即不能無優劣之分。若共同團體中。亦弱肉強食。終不能底於平和。即不能享有共同之幸福。欲求社會整齊。生活圓滿。非設有一定規律。則不可。規律云者。法是也。故曰法。共同團體上。生活必要之條件也。

第二章　法之種類

夫法既爲共同生活之要件。即人生之規則是也。所謂法者。固惟其一。而法之性質。亦無區別。但所定規則之種類。有公法私法之不同。若憲法、行政、刑法、等。公法是也。若民法、商法、等。私法是也。

第三章　法之制定及公布

法既爲人生之規則。在立憲政體上觀。尚有法律命令之分。今述其相異者如左。

法律。　在立憲政體國中。須由憲法所認定。不得不經議會協贊。以及皇上裁可。其制定及公布之順序如左。

(一)法律案之提出
(二)法律案之議定
(三)裁可
(四)公布

法律案之提出。政府與議院。人人有其權。法律之議定。須憑議院決可否。法律之確定。須俟皇上裁可。法律之成立。須待公布之式行。

自公布後。法律之檢束力始生。而朝野上下。莫不率從矣。

命令。 命令。亦國家意思之發動。惟可不經議會協贊者。日本憲法上命令之區別者。約分三種如左。

(一)大權命令。

(二)命令代法律。

(三)行政命令。

指定憲法上大權事項。是謂之大權命令。保持公共安寧。避除公共災厄。值議會停閉之際。所發勅令。是謂之命令代法律。保持公共秩序。及增進臣民幸福。有爲法律所不載而執行者。是謂之行政命令。

以上命令中。凡經皇上親署者。謂之勅令。行政官府所發者。謂之閣令。(內閣所發者) 省令。(若外務省內務省所發者) 府縣令。(某府某縣所發者) 命令公布之式。以視法律公布之式無異。

法律及勅令之公文式。親署之後。黔以御璽。先署以內閣總理大臣。再署以主任大臣。並記以年月日。若各省專任事務之件。則署以主任大臣。並記以年月日。閣令省令。則由專任大

臣署名若地方公事。則由地方長官署名記以公布之年月日則同

第四章　法之効力

不論法律命令皆爲國家之法則及人民行爲之標準。二者之法力。不能軒輊於其間同爲上下所遵循。然以形式視之則不同。法律比命令之力爲尤強。或値二者抵觸之時寧從法律之原則。蓋不能以命令更改法律故也。

命令中一般遵守之條規謂之法規命令事務執行之訓諭。謂之行政事務訓令。此二者之法力。其性質有別。蓋一則爲一般所遵守。一則僅及於內部故也。

第三編　公法

第一章　憲法

洋無分乎東西。國無論乎文野。方今宇內。苟成爲國。即有憲法。所異者成文與不成文。及規則之差爾。蓋國家既經組織以成。即有秩序。能存立。能活動者。無非憲法是賴。法語有云。若無憲法。不能爲國。是國家與憲法。有密接之關係。不能相離有如此。故欲知憲法。不可不先知國家之理。

第一節　天皇

天皇。　天皇。國之元首。凡立法權。經議會協贊外。而能親行大權者如左。

(一)裁定法律。並公布及執行之命。

(二)召集議會。及開會閉會停會。暨解散衆議院之命。

(三)緊急之時。以命令代法律之件。

(四)保持公共安寧。及增進國民幸福。爲法律所未載而執行之件。

(五)定行政各部之官制。并文武官之俸給。及任免之事。

(六)統帥海陸軍。及其編制。并定常備兵額之件。

(七)宣戰講和。并締結條約之件。

(八)宣告及戒嚴。

(九)爵位、勳章、及其他榮典授與之事。

(十)大赦、特赦、減刑、及復權之命。

皇室經費之額。既定於憲法實施之時。每年取費於國庫。若將來增額。非經議會協贊。則不可。

攝政。　攝政者。假皇上之名。以行大權者。惟置有一定之例如左。

(一)皇上未成年之時。

(二)皇上有大故。不能親政之時。

攝政之人。若成年之皇太子。及皇太孫。若未成年。則依左之順序是。

(一)親王。

(二)皇后。

(三)皇太后

(四)太皇太后。

(五)內親王及女王。

女子之攝政。以未配偶者爲限。

第二節

臣民。　臣民者。包涵服從國權之意。凡臣民之權利義務所關者。既爲憲法所題。其依法律所定。確爲臣民所保有者。錄如左。

（一）皆得出仕文武官途。及就其他公務。

（二）法律所定裁判官之權。不得侵奪。

（三）守相當之敬禮。又別定規程。許人人請願之事。

（四）以下所記各項。非依法律。則不得遽行制限。亦不得遽命擔荷。

（甲）居住、及移轉、

（乙）逮捕、監禁、審問、及處罰。

（丙）浸入他人之室。及搜索。

（丁）信書之秘密。

（戊）公益之故。所有權之侵害。

（己）言論、著作、印行、集會、及結社。

（庚）不妨安寧秩序。不背臣民義務之宗教信仰。

（辛）兵役。

(壬)納稅：

以上所記各項。若遇戰時。及國家事變之際。不妨害皇上大權之施行。又不觸犯陸海軍之法令及紀律。即軍人。亦得準行。

第三節　議會

議會者主權統治之一機關是也。日本帝國議會。分貴族衆議兩院。其組織之法議會。如左。

貴族院之組織。

(一)成年之皇族。
(二)滿二十五歲以上公侯爵。
(三)被選擧之伯子男爵。
(四)國家勳勞及才學優長滿三十歲以上之男子。
(五)納稅多額。滿三十歲以上之男子。

以上三及五。任期以七年爲度。四及二。皆由勅任。

衆議院之組織。議員皆由公選。全國各府州縣內。均分數個選舉區。每區內。應選舉議員一名。或數名。凡其選舉之資格者。本國人民。滿二十五歲。納地稅十員以上。又須滿二年以上者。

(一)被選舉者。本國人民之男子。須滿三十歲以上者。

(二)被選舉權者。須得投票之多數。

無論何人。不能同時任兩院議員。議會啓閉有常。有常會及臨時會之別。每年召集。以三箇月爲期。此之謂常會。如事繁。亦得延期。値緊急之際。臨時召集。謂之臨時會。凡開會、閉會、停會、及會期之延長。兩院同時舉行。若衆議院解散。則貴族院。亦不能不停會。

議會及兩議院之權限。如左。

(一)法律、豫算、公債募集、及國庫擔荷之契約。

(二)法律可代之命令。及對財政緊急處分之件。

(三)決算提出之事。

兩議院之權限。

(一)法律案提出之事。

(二)政府建議之事。

(三)上奏天皇之事。

(四)臣民呈出請願書之事。

(五)會期中逮捕議員許否之事。

(六)整理院中及定至要規則之事。

此外可對政府質問。求政府報告。審查議員之資格、凡辭職及請暇者、皆不阻難、並推選委員整理議場之責。

各議院內議員臨席不滿三分之一。不得議事。凡議事。須過半數。則可決、若可否同數。則決諸議長。

第四節　政府

憲法上、大權施行之機關。總稱之曰政府。

樞密顧問者。凡值重要國務。審議不決。以對宸衷之諮詢者是。

第五節　裁判所

裁判所統治之機關。行司法權之所也。凡法律上特定之條件。執行不憚。謂之司法權。此權獨立不羈。不得以行政權而左右之也。

裁判所之構成。裁判官之資格。均爲法律所定。對簿、決議、公開、公停、一視法律。

第二章　行政法

行政。夬行政者。達國家之目的。建衙署。設百官。職有專掌。庶務以行。現在行政之組織。大抵區之以二。一中央行政。爲大小官署所直隸。一地方團體之自治。即所謂地方行政。

第一節　行政機關

第一欵　中央行政

司行政者。官府是也。行政事務、既不同。官府之職司亦不一。今區別其官制如左。

中央行政者。內閣及各省之外。別有宮內省。

內閣。　內閣總理大臣居首。次以各大臣。秉宜機務。保持行政各部之統一。凡事經閣議者。有若法律案豫算案。決算案。條約國際官制。法律施行之勅令。請願。處分及勅任官地方長官之任免進退。及其他重要行政凡關軍機而待勅命者是。賞勳局恩給局法制局皆直隸內閣。

各省。　各省大臣。省令所自出者也。爲本省內地方官長之監督。又爲所部內官吏之統督。高等官之進退。尙須上奏天皇。判任以下。咸得專行。置總務局設總務長官。官房長。局長。參事官。秘書官。書記官。及其他屬官職員等。部署既定。分掌其事。復別各省之制如左。

外務省。　外務大臣者。執行外國相關之政務。管理本國人民居留外國之事業。凡外交官領事官。咸聽其指揮。受其監督。設政務、通商、二局。

內務省。　內務大臣者。管理地方行政、議員選舉、神社、警察、土木、衛生、地理、宗教、出版著作、賑恤、救濟之事務。監督警視總監、地方長官、神宮宮司之責任。若臺灣總督。亦受內務大臣之監督。
設神社、地方、警保、土木、衛生、宗教、六局。
凡土木監督署 神宮司廳 中央衛生會 衛生試驗所 傳染病研究所 血清藥院
痘苗製造所、咸隸屬也。
大藏省。 大藏大臣者。總轄政府之財務。管理出納、租稅、國債、貨幣、預金銀行之事
業。
設主計、主稅、理財、三局。
造幣局。 稅關。 稅務管理局。 專賣局。 印刷局、咸隸屬也。
陸軍局。 陸軍大臣者。管理軍政。統督軍人軍屬監督所轄諸部。
設總務、人事、軍務、經務、醫務、法務、六局。
海軍省。 海軍大臣者。管理軍政。統督軍人軍屬監督所轄諸部。
設軍務、人事、醫務、經理、司法、五局。
司法省。 司法大臣者。監督各裁判所及檢事局。指揮檢察事務及管理民刑事訴

訟等件

設民刑局。督獄局、

文部省。　文部大臣者。管理教育學藝等事。

設專門學務、普通學務二局。

帝國大學校。及直轄學校。師範學校。帝國圖書館。中央氣象臺等。咸隸之。

農商務省。　農商務大臣者。管理農、商、工、水產、林野、鑛山、及發明、意匠、商標、地質之事業。

設農務、商工、山林、鑛山、特許、水產、六局。及地質調查所。

林區署。　林野整理局。　鑛山監督署。　製鐵所。　農事試驗場。　生絲檢查局。咸屬也。

遞信省。　遞信大臣者。管理鐵路、郵信、電信、航路、標識之事。務監督私設鐵路、電氣

造船、運輸、事業。及船舶海員等。

設鐵路、郵信、電信、三局。及電信燈臺用品製造所。

鐵路作業局。　郵便電信局。　郵便爲替貯金管理所。　電話交換局。　港務局。　海事局。

感隸之。

宮內省。　宮內大臣者。總判帝室一切之事務。統督所部各官。監督華族制度。及帝室相關之法規。御璽國璽。皆爲其所珍藏。侍宸衷之諮詢。備宮中之顧問。設課、職、寮、三局。御料局支廳。東宮職。御歌所。文事秘書局。博物館。學習院。均隸屬也。

第二款　地方行政

地方行政之機關區之以二。
(一)國之行政。
(二)自治之行政。
國之行政。　國之行政。分府縣、警視廳、郡廳、島廳、及市町村等類。幷附以北海道廳。及臺灣。
府縣。　府縣則置知事、書記、警部長、參事官、視學官、技師、典獄、警視、及其他屬吏等員。

知事。是爲長官、府縣令所自出、執行法令、並管理領內行政事務。而受各省大臣之監督。設有不虞。能自請兵防衛。

設內務部。警察部。監獄署。書記官以下各有專職。

各郡市。皆置警察分署。監獄支署。

警視廳。　警視廳。則置總監、警視、技師、典獄、及其他屬吏。

總監。是爲警視廳長官。廳令所自出。受內務大臣之監督。有管理警察、消防、監獄、事務之責任。

警視以下。均有部署。職司其職。

郡廳。　郡則置有郡長。郡書記。郡視學等官。

郡長。則受知事之監督。執行法令。掌理行政事務。郡令所自發者也。

島廳。　島地則設島廳。置島司。島廳書記。島廳視學等官。其職司與郡長同。

市町村。　市則置市長。町村則置町村長。市長則受知事之監督。町村長則受郡長或島司之監督。凡地方警察事務。與國之行政。及府縣行政。凡與市町村相關係者。皆輔助與聞也。

北海道廳　北海道廳則置長官、事務官、支廳長、參事官、視學官、警視、技師、典獄、及其他屬吏。長官則執行法令。拓地殖民。總理部內行政。及屯田、開墾、授產、等事。一切廳令。皆出自長官。然受內務大臣之監督者也。

設內務、殖民、警察、三部。事務官、各有所部。專司其職。

支廳長受長官之監督。執行法令。掌理行政諸事。凡支廳令。皆所自出。有指揮部內戶長之職。

各郡市。建監獄署、警察署、及分署。

臺灣　臺灣總督府。置臺灣總督。管轄臺灣澎湖列島。並統率本地之陸海軍。掌理諸般政務。一切府令皆所自出。既受內務大臣之監督。又聽陸海軍大臣之區處。

設民政部。陸軍幕僚。海軍幕僚。及評議會。

民政部。掌行政、司法、相關之事。

評議會。為建議法律、以備諮詢之助。

置臺北、臺中、臺南三縣、及宜蘭、臺東、澎湖、三廳。所定官制。悉與日本內地廳縣無異。衝要之地。另置辨務署。以警視為長。其次則置街莊社。凡一切行政事務。皆賴其補助。殆亦市町村之命意歟。

自治之行政。　自治之行政。分府縣、郡、市、町、村、並別以北海道、及沖繩縣。

府縣。　府縣制。計有七章百四十七條。組織而成。

府縣會。　府縣會議員。視人口之多寡為定。未滿七十萬人口者。大率以三十人為限。每加五萬人者加一人。滿百萬以上者。每增七萬人者增一人。

選舉。　市郡之區域。既畫為選舉區。則凡在府縣內之市町村公民。莫不各有選舉府縣會議員之權。且府縣內一年以來。每歲納直接國稅三圓者。已有選舉權。納十圓以上者。已有被選舉權。凡得投票數最多者。可直當其選。

府縣會。凡歲入出豫算、決算、府縣稅等項。及其他法律特定之事件。皆須參議。并有以答官吏之諮詢。若有意見書。徑可呈諸知事。及內務大臣。府縣會分通常、臨時、二種。通常會每年以一回爲期。招集、開會、閉會。皆由知事舉行。議員臨席不過半則不得開會。議事過半數方可決。可否同數則決之議長。

府縣參事會。　府縣參事會者。府縣知事、府縣高等官、名譽參事官等。組織而成。與府縣會之界限。良別。凡臨時急施。有若財產及營造物之重要事項。又若訴訟訴願。其他法律相關之事件。皆須集議。亦備大府之諮詢。會中如有意見書。可徑達內務大臣。

府縣行政。　知事則統轄府縣。爲就地之代表。執行府縣政務、支辨等費。以及議案發付、命令、出納等事。並監督賦稅徵收諸項。

府縣財務。　徵收府縣稅。設積穀貯金。所以備寄附補助之來者。歲出入豫算。則始於每年府縣會議時。決算則報告於翌年。

行政監督。　府縣行政。自受內務大臣之監督。凡財政上重要之處分。則須內務大藏兩大臣之認可。

郡。　郡制八章百二十九條。視府縣制無大異。錄其特別者如左。

郡會議員。　郡會議員。大抵定以十五人以上三十人以下。亦有遞增至四十人者。

胥受內務大臣之許可。
有選舉權者如左。
(一)郡內之町村公民。
(二)有町村會、會議員選舉之權者。
(三)在郡內納直接國稅。每年至三圓以上者。
凡納稅至五圓以上。已得被選舉權。
凡郡會所開通常會會期定在十四日以內。臨時會會期定在五日以內。
郡參事會。　郡長、及名譽參事會員等、組織而成。
郡行政。　郡長、統轄全部、爲之代表。
行政監督。　第一受上官之監督。第二受內務大臣之監督。
凡關財政上緊要之處分。須受內務大藏兩大臣之許可。
郡組合。　郡組合者。爲共同處理特定事務之所也。凡於衝要地方。由知事命設其
組織方法。有若事務管理、及費用支辨等項。皆由知事檢定。

二三

市町村、　市制七章百三十三條。町村制、八章百三十九條。

二一

住民及公民、　住居在市町村者、皆謂之住民。既得權利。亦負義務。

公民者。

(一)爲本國人民。具有公權獨立不羈之男子。

(二)二年以來。

(三)市町之住民。

(四)具負擔分任之責者。

(五)在市町村內。納直接國稅至二圓以上者。

市町村會。　市會議會大抵定三十人以上。六十人以下。町村會議員。大抵定八人以上。三十人以下。視人口之多寡而後定。

公民則既得選舉權。亦得被選舉權。若非公民。凡納國稅多額者。亦得選舉權。

選舉方法。視納稅之多寡。爲定市則分二級。町村則分三級。

市町村會。爲市町村之代表。定條例。設規則。凡豫算、決算、市町村稅、夫役現品等之賦課徵

二四

收等項。以及財産管理、財産處分、訴訟等之事件。皆得參議。以及選擧之是非。支出之正否。皆得稽查住民公民之權利。選擧權被選擧權之有無。皆得裁決。

市町村會之議長及代理者。皆由議員互選。議員臨席不過半則不開會。可否同數。則決諸議長。

市町村行政。　設市參事會。置市長、助役、名譽職參事會員等。町村則町村長外。又置助役、收入役、書記官。若日本則分劃區域。每區皆擧長。所謂市參事會。及町村長者。有準備議案、執行法律之責。直統轄市町村者。監視稅課收支、命令出納。若其他委任。咸得處理。

市町村所有財産。　凡不動産。及積金貯穀。其他收入稅項。是爲基本財産。凡調製每歲出入、豫算、決算等表。則由收入役提出。

區及各部行政。　市町村之一區。或一部。又若併合而成町村者。所有特別財産。有若營造物等。所需費用。在在分派。若府縣、若郡參事會。若區會、若區總會。其總管理。則歸諸市參事會、及町村長。

二二

町村組合。　町村組合。須得監督官廳之許可。又經郡參事會之議決。凡組織及管理事務、支辨費用、等方法。均需協議。凡不整之處。及解除之時。皆由郡參事會核定。

市町村行政監督。　市行政之監督。第一府縣知事。第二內務大臣。町村行政之監督。第一郡長。第二府縣知事。第三內務大臣。故值重要處分。須受內務大臣之許可。若賦課徵收。加稅等項。須受內務大藏兩大臣之許可。其他須受府縣知事、及郡參事會之許可。

北海道。沖繩縣。　北海道則別設北海道區制。分一級町村制。二級町村制。沖繩縣則別設沖繩縣制。大抵倣町村自治之意。

第二節　所政各部

第一款　警察

警察。　警察者。保護國家及個人之安寧幸福。而務去其災害。能使人爲。亦能使人不爲。能使人起。亦能使人不起。似制限人之自由。實擴張人之自由。誠維持國家安寧保持社會秩序者。不可一日無也。分通常警察、非常警察二類。通常警察中。又別以三日物件警察。日行爲警察。曰事業警察。試以次述之如左。

物件警察。

石油。　石油營商者。須受地方官廳三許可。非經檢查則不得販賣。貯藏之處。亦定制限。設規則。違者處罰。

漉入紙製造。　紙製造者。添製新品。須呈明管轄官廳。若紙幣銀行劵等類。則禁造。違者處罰。

遺失物。　凡遺失物之拾得。埋藏物之發見。須呈諸警察署。以便返還原主。視物價之低昂。以定報酬之輕重。定有專條。不得作無厭之求。違者罰。

銃砲火藥。　製造銃砲者。及銃砲商。火藥商。皆須受府縣廳之許可。私下販賣則干禁令。凡工業場中所需用者。定有分量。不得踰越。貯藏及運搬。皆定制限。凡賣買讓與之時。皆須申明本地警察署。

飲食物及其他物品。　販賣營業所用之飲食物。及其他割烹器具等。凡於衛生有害者。皆禁。行政吏員有檢查物品之責。不奉行命令者。罰無貸。

牛乳。　牛乳營業者。須受地方官之許可。凡牛體負病。不得取乳。違者則禁止營業。二五
乳及製品器。無償充公。猶處罰不貸。

形像。　官有地。及公衆往來出入之地。人物及其他形像。若建設。若移轉。若改造。皆須內務大臣。及地方官之許可。

清涼飲料水。即荷蘭水之類。飲料水製造者。及販賣者。皆須得地方官之許可。且容器上。須篆製造者之姓氏。并記以年月日。封口處。亦須緘以封口票紙。

有害顏色料。　凡驗有毒質之顏色。則於飲食物之着色。容器上之着色。以及被色上之使用。俱不准。違者處罰。

肥料。　肥料製造、及販賣者。須經地方長官之免許。地方官有檢查之責。凡臨檢時。或係僞造。及混和他物者。則除停止營業。禁止使用外。尙須處罰。

冰雪。　冰雪營業者。受地方官之許可。冰雪融化水中。往往夾雜微渺物質。若百分含克勞兎硝酸阿毛尼亞滿俺酸加溜謨亞硝酸等。逾一定分量。則販賣貯藏。皆不許。請賣營業者同。

行爲警察。

治安警察　治安警察者何。結社、集會、政治外之集合、及道路行爲者是也。

結社。　社關政事者。則其社名、社則、事務所、及主幹者之姓氏。咸須報明警察署。

集會　會同公衆開會演說。事涉政事者。則發起人及場所年月日時。皆須報明警察署。若以議員選舉之故而集會。則自投票日起。前五十日之間。皆須報明警察署。凡損害公益紊亂風俗等事。既開會者。警察官能使之中止。并能使之退場。兵戎凶器均不得携帶。

政治外之集合。　凡往來運動隨從者衆。則所經之路。及場所年月日。亦須報明警察署。若以人衆喧擾。例應禁止。不從者使之退去。兵戎凶器尤不准携帶。

以上三個場所。警察官臨場。有禁止制限解散之權。

街頭行爲。　公衆自由之地。交通之所。凡文書、圖畫、詩歌、之揭示。及朗讀放吟。其他迎神、演戲、賽會、等事。其狀態有害風俗。紊亂安寧秩序者。警官皆能禁止。

喫煙。未成年者。則禁喫煙。違者喫煙器。及煙草。皆沒收。若父兄知而不禁。及販賣者知而故售。皆處罰。

墓地及埋葬。凡墓地及火葬。咸須受地方官廳之許可。及得市町村長之認許證。死後非經二十四點鐘。則不得葬。埋葬須深六尺以上。火葬須日沒後以行。

新聞紙。發行前須將一定事項。記載明白報知警察署。

出版。圖書出版三日前。著作者及發行者將書三部呈內務大臣。發行者以營業者爲限。若以著作者兼。亦無不可。

著作權。著作權。或生存。或死後。得享三十年之久。若死後無相續人。（相續人詳第四編第六節）則消滅。寫眞權。得享十年之久。然著作權。必須登錄。（登錄詳後商法篇）否則不能辨僞。法令、官文書、新聞紙、雜報、記事、演述等。皆不得有著作權也。

事業警察。

古物商。古物營業者。定物品之種類。得地方官之許可。凡賣買交兌時。如有不正可疑之物品。報知警察署。

行商、露店、刀劍、器具等非出自古物商人之手則不能賣買交兌違者禁止營業此令及於全國。

質屋。　質屋營業者非得地方官之許證則不可凡過不正可疑之物品來相質者須報明警察署質約方法須明白揭示其利息不得超過制限之外違者營業停止且處罰此令布諸全國。

電氣事業。　電氣事業者須受遞信省之許可創業者置主任技術等員工事施行前及工事施行後咸須報知監督官廳非得有認可證書則不准使用違者除停止使用及取消外又處以重罰。

混浴。　浴堂及温泉場經地方官設有一定之規則不可不遵若十二歲以上之男女不許同浴違者罰。

人事警察。

豫戒令。　地方長官對左之三人皆得禁止。

(一)無一定生業平常發粗暴言論行爲者。

(二)他人開會。亂鬭騷擾者。

(三)干涉人之業務行爲。侵害人之自由者。

干犯以上命令。及不投報而轉居者等類。皆須處罰。

精神病者監護。　精神病者監置。亦受行政廳之許可。其監督方法場所變遷。及行方不明。皆須報知警察署。行政廳、遣醫師檢察。并有尋問之責。如以處分爲不服。自有訴願權。

感化院。　感化院者。自歸地方長官管理。

(一)滿八歲以上。滿十六歲以下。不奉親命。惡友爲伍。近於遊蕩乞丐者。

(二)自懲治場送來者。

(三)自裁判所送來者。

感化院。能行親權。嚴加管束。凡有親族來請退院。未始不可。如留難不許。自有訴願權。

非常警察。　國家逢社會事變之塲。欲保安寧秩序。爲尋常警察所不及保護者。自當臨時應變。不可不任其自由。

屬於非常警察者戒嚴令是也。

戒嚴。　戒嚴宣告。屬於天皇之大權。戒嚴地境內。凡物品往來。檢查不意遇危險物類。尤須押收。書信開拆。財產毀壞在所不免。遮斷往來。尤有命令退去之權。臨戰境內一切行政及司法等事。咸掌於司令長官。地方官、聽其指揮。不過左右補助爾。

第二欵　民籍

國籍　國籍取得之原因如左。

(一)父爲日本人。其子即爲日本人。

(二)父之國籍已屬不知。若母爲日本人。其子即爲日本人。

(三)父母之國籍皆不知。其子生於日本。即爲日本人。

(四)外國人。或娶日本人之妻。或爲贅婿。或爲養子。依日本人爲父母者。

(五)外國人。照本國例之未成年。未與外國人結婚。爲日本人所認知者方可

(六)歸化之時。

喪失國籍之時如左。

(一)女與外國人結婚之時。

(二)或婚姻。或養子。取得日本國籍時。至離緣離婚。退還本國國籍之時。

(三)依自己之志願歸化外國國籍之時。

(四)不爲日本之妻及子。及其取得國籍之時。

(五)因日本人之認知爲子。即取得外國國籍之時。

又回復國籍時。須得內務大臣之許可。

(一)因婚姻而失國籍。婚姻解散後。仍爲日本住民之時。

(二)依自己之志願。歸化爲外國人。及不爲日本人之子及妻。而失國籍者。仍在日本住居之時。

戶籍。

戶籍法。九章二百二十三條。其大要。即戶籍及身分登記相關之事。市區村長即管業戶籍吏。市區町村役場。即戶籍役場。是爲區裁判所所監督。身分登記簿。縱人閲覽。縱人謄抄。惟身分登記報知之時。定有成例。否則變更取消。在所不許。戶籍則每年一本。即備身分登記。本人應自見戶籍吏投以履歷。日本謂之届出書。其書面上應記載如左。

(一)記事件。

(二)年月日。

(三)族稱出生年月日及本籍地末敘以保證人名氏及出生年月日、職業、本籍地、連署無遺。

若轉籍則附戶籍謄本報知轉籍地之戶籍吏就籍則附裁判所之謄本報知就籍地之戶籍吏除籍則報知除籍地之戶籍吏。

第三款　衛生

衛生行政之目的為保全國民身體之健康蓋與國民元氣之消長相關係也。衛生則人人自為保持是矣然有為個人之力所不能盡者不得不合公眾之力此公衛生之所由來也今略述衛生上重要之法律命令如左。

傳染病。　傳染病患者醫師診定後即直達警察署病家受醫師之診斷及消毒方法亦宜即報警察署。

尸體則既施消毒方法。非火葬則不可。若必土葬。非經三年。則不能改葬。違者處罰。

海港檢疫。　船舶入港之前。須受檢疫。非得檢疫證。則不得入港。若交通他船。私行上陸者罰。臨檢之船。編以檢疫信號。檢疫吏指示塲所。命之碇泊。不得他轉。違者處罰。

滊車檢疫。　滊車（即火車）中。若有傳染病患者。則收容治療。若有死者。則引置他室。一時暫留。行消毒方法。與車室離隔。

船舶檢疫。　視海港及滊車之檢疫無異。所異者。在航行中。若有患者死者。則前檣揭以黃旗。

種痘。　出生後。滿一年、始行種痘。不善感時。一週年內。不妨屢種。若善感時。一週年內。試行三種。若天然痘流行之時。則不拘期定限。強制之規則。行種痘以衛生。是責諸幼年之監督者。

賣藥。　製藥及藥品之配伍。容易生誤。故營業者、及請賣者。胥領受鑑札。（即地方官廳之許可）證。

賣藥稅、定十分之一。

水道。　公共水道之布設。須受內務大臣之許可。國稅與地方稅皆免。凡工事、水質、水量、地方長官。有檢查脩理之責。若水質不潔。水量不足之時。務亟改良。並設汲水器（即街道設立之自來水管）消火栓、（即隨路所設之水管。以備救火用者。）

下水道。　下水道之築造。亦須受內務大臣之許可。市中土地所有者。使用者。占有者。有設計疏通管理之義務。若私人不率行。則公家吏員。宜支辨費用。率行其事。

汚物。　區域內。所積之汚物。凡土地所有者。使用者。占有者。皆有掃除之義務。若私人不行其義務。則公家吏員。宜支辨費用。履行莫怠。

獸疫。　牛馬羊豕犬。若罹獸疫。可疑之時。宜報知警察署。及市區町村長。凡斃死及撲殺之獸類。及汚染物等。皆當燒棄埋藏。若地方長官所定防衛區域。則當獸類出入物品運搬。咸令停止。並檢查健獸。以防其徵違者處罰。

醫師。　凡醫師、須受醫術開業試驗。要有內務大臣之開業證書。府縣官立醫學校、及外國醫學校、卒業者。須得外國人之開業證書。若於醫業相關。有不正行爲者。則監督官

廳、常有禁止停止之命、

藥劑師。　凡藥劑師、須受醫術試驗、得內務大臣之許狀、例定非藥劑師不能設藥局。

藥種商及製藥者。　藥種商及製藥者、須得地方官廳之許准鑑札、凡遇毒劇藥、啓其封緘、及零賣之事。則不能。

藥品取扱。　日本藥局方之藥品。其性狀品質。若非該局所定適合者。則不准販賣授與。若日本藥局方以外之物、則誌以外國藥局方名。若新定藥品。必經衛生試驗所檢查。而記其成績。方准試用。違者處罰。

阿片。　阿片製造者。須得地方長官之認可、由政府給付、交兌以金、醫家所用、定有制限。此外非但不准賣買授受。亦不准所有所持、違者重罰。

獸醫。　獸醫開業。須受農商務大臣之許證書。凡試驗合格者。大抵所立獸醫學校、農學校、及獸醫專修卒業者。

產婆。　產婆營業。滿二十歲以上之女子。務須產婆名簿上所登錄者。夫產婆者當

第五欵　農工商

農事行政者。不外乎保護農業行政之發達。及豫防耕作地、及農產物之災害。若商之目的。在乎營利。政府所施法律命令。在在得本衛商之意。工業則製造器具。供人日用。務當維持其秩序。防衛其侵害。

害蟲驅除。　田畝間常有毒蟲發生。爲五穀害。町村長。應設法驅除。務使之絕。

蠶種檢查。　蠶種製造者。非合格原種所產之生繭。則不用。檢查則分收繭後。及產卵後二期。不合格者則燒棄。無檢查印者。則不得賣買。

農會。　市町村農會。凡有耕地牧塲。及農業專門者。相組織而成。郡農會者。町村農會組織而成。農會所定會則。胥由地方長官許可。農會長爲一會之代表。豫算經費。及分賦收入方法。胥由會長議決。

牧畜。　牡馬則每年使用。非合格則不能使用。

耕地整理。　耕地整理。必有發起人。經農商務大臣之許可。招集會員。議定規約。及整理施行之法。舉整理委員。任施行之責。畢則報告於市町村長。整理費用。及夫役費。悉爲婦人分娩之時、諸醫師診治用機械而行外科手術者。初非投藥也。故若施行墮胎之法等類。則例有重罰幷停止其行業。

學校衞生。　公立學校中。往往置學校衞生醫。其資格大抵爲大學校、高等學校之醫學部、及特定府縣立之醫學校中所卒業者。且須領有醫術開業證書之人。當爲地方長官所囑託。

傳染病豫防。無論職員生徒。咸不准入校。若職員生徒之家族中有患傳染病者。爲醫師診察所知。亦不准入校。

清潔方法。計有三種如左。

(一)每日掃除。

(二)每逢長假之時。

(三)夏期休業之時。

學生身體之檢査。每年四月十月中施行。凡身體、體重、胸圍、肺量、脊柱、體格、視力、聽力、齒力、等皆須檢査。

地主所分任。市町村稅、徵收方法、

公用徵收。　凡收買他人之土地、作已之使用者、須得地方長官之許可、其測量檢查。或經內閣所認定。

就土地起業。則於物產相關之件。爲收用審查會所未經調查者。宜請其調查。若調查不公。則可訴之公廷。即行政訴訟法是也。

森林法。　森林、有爲公家所管領。有爲祠觀寺院所管領。有爲民間所管領。日語謂之公有林。社寺林。私有林。所有營林造林方法。皆爲主務大臣所指定。若開墾植林。必經府縣官廳之許可。亦須爲保安林所編入。若解除、則必請地方森林會之決議。及主務大臣之決定。否則處罰。

狩獵。　狩獵須得地方長官之證書。分甲乙兩種。甲則使用銃器。乙則不使用銃器。未滿十六歲。僅得乙種之證書。捕獲方法。及場地。設有一定制限期。甲種則十月十五日爲始。以一週年爲期。乙種則翌年四月十五日爲限。其保護鳥獸方法。別有定例。

鑛業。　鑛業人、以日本本國臣民爲限。試掘之初。非經鑛山監督署之許可。則不能。

採掘之時。非受農商務大臣之許可。則不能。農商務大臣所定工役規則。自宜遵守。然鑛業人所定使役、及救恤之規則。亦須經農商務大臣之許可。

鑛業警察。　保護鑛內之安寧。及生命衛生等事。

砂礦採取亦同。

遠洋漁業獎勵。　得享有遠洋漁業獎勵之資格者。惟日本本國臣民。且猶限以二條如左。

(一)帝國臣民所設之商事會社中、所有之船舶。又爲帝國船籍簿所登錄。而從事漁業者。

(二)其船舶。若滊船、則總噸數在五十噸以上。若帆船、則在三十噸以上。又不悖船舶章程。船中執事人員。五分之四以上。爲本國臣民者。

獸獵。　獵虎獵犬等類。皆須受農商務大臣之證書。區域有定。時期有常。獵具獵法。各有規則。違者處罰。

度量衡。　法量度衡之原器。爲農商務大臣所保藏。民間日用。悉照此原器製造。以昭劃一。凡脩復販賣皆須得農商務大臣之證狀。且納保證金。以昭鄭重。

貨幣。　以金貨爲本。輔以銀銅。金貨則無制限。銀貨則以十圓爲限。銅則以一圓爲限。凡銀券及金銀銅貨皆由日本銀行發行。若遇券面污染。銀質毀損不能通用之時。皆許兌換。不索他費。

取引所。　取引所。（若中國之行家者然。）非日本本國人民則不能設。亦不得爲會員及仲買人。（即中國俗語所謂居中人）取引規則分三類如左。

(一)直取引。

(二)延取引。

(三)定期取引。

相場爲公家所定相場者。即中國所謂市場是。若失信用。農商務大臣有會員除名市場解散、及取引所停止之權。

銀行。　凡營銀行事業者。資本金若干。須受大藏大臣之許可。每半年中所有財產目錄。及貸借對照表。務須報告。所謂特別銀行者。有若日本銀行、橫濱正金銀行、日本勸業銀行、農工銀行、臺灣銀行、拓殖銀行、貯蓄銀行、興業銀行、等是其中日本銀行、橫濱正金銀行、其股主、以日本人爲限。

組合　組合者。即中國之公所等類。是也。茶業組合、漁業組合、酒造組合、產牛馬組合。產業組合。重要物產同業組合。其組合之目的。在擴張賣買製造精良使人信用。定組合規約須經地方監督官廳之認可。凡同業之人在組合者。咸遵所定規約違者處罰。

發明、意匠、商標、　發明者。得享特許之利。若製造物品則享有使用販賣擴布之權。意匠（出新意以改良舊物者）及商標（即牌號）皆能享有專用權。特許則以十五年爲期。意匠專用則以十年爲期。商標專用則以二十年爲期。然非經特許局查定則不可。苟以查定爲不公。不妨請其再查。

第五款　交通

交通。　交通之道。固非國家行政之職務。而亦國家關係之事業。有若往來通信。有若航海水利。無不需國家之保護。分述之如左。

郵便。　郵便得歸政府管掌。無論何人信物。概不准私自送達。分郵便種類。視分量輕重定郵費多寡。凡書信與小包。不得合裝。未納郵費。以及郵費不足者。罰二倍。若受取人拒而不納。則還徵諸發信人。書留郵便物、小包郵便物價格表記郵便物。若亡失或毀損。皆可向官署賠償。

電信及電話。　電信電話。或家宅內設置。或店鋪內設置。或衙署內設置。或公衆通信之地設置。主務大臣。無有不允許者。

鐵道。　鐵道（即火車）私設株式會社。（株式即股票類）資本額數。及股主募集。務宜公告。而主務大臣。應有許准狀。發出軌路、大抵以三尺六寸爲率。車費每里取二十文以次遞增。政府所發之許准狀。大率以二十五年爲期。

河川　河川亦主務大臣所認定。地方官廳有管理之職。修理費用。悉爲府縣任之。不足則取資國庫。若砂防則修置設備。工事施行。地方官廳有維持之義務。一切費用與河川法同。

港灣　軍港者何。分全國之海岸海面而定者也。既曰軍港。係海軍險要之地。船舶出入。設有規則。人民皆宜遵守。違者處罰。

航路標識。一切費用。即分取於地方稅與市町村、稅。設置之處。皆須請遞信大臣許可。若變更及廢棄。皆須報明遞信大臣。

水先人即領導水路者也。非人人可當。亦定規則如左。

(一)日本本國臣民。

(二)試驗合格。

(三)名簿登錄。

水先人。須受海員裁判所之監視。

船舶船員。　日本船舶。定爲日本船籍所登記。又爲船舶原簿所登錄。務須得有船舶國籍證書。非有此書。不得高揚國旗。任便航海。

船舶應檢查者如左。

流船。

(一)遠洋航船。

(二)近海航船。

(三)沿海航船。
(四)平水航船。
帆船。
(一)遠洋航船。
(二)近海航船。

檢查日期。大率初航之時。及航行期限滿之時。及其他緊急必要之時。任檢査之責者。爲地方廳與船舶司檢所。

遵航海獎勵法。領政府獎勵金之船舶。凡遇公家有事。皆供使用。所有航海偹業生。分派各船實驗。即使三年航行期滿。凡此船舶。不得讓賣外人。

若受政府造船之獎勵。自不得不遵造船獎勵法。所有船舶。鋼製鐵製及種々製造物。悉依造船章程爲限。其船體及機關一定外。概不准以外國品攙雜。

衝突。　滊船航海中。或前面揭白燈。或右舷揭綠燈。或左舷揭紅燈。及霧中信號。霧中速力。其以避兩船衝突者。皆有定法。是爲船員之任意者重罰。

水難救護。　航海中。若遇遭難船舶。即宜報知最近市町村及警察署。難船所遺之物件。宜歸諸市町村長保管。或即納爲救護費用。若再不足則取給於國庫。漂流品。沈沒品。悉存諸市町村長處。以備失主之領歸。惟應酬拾得者之謝金。

船舶職員。　日本船舶之航路。及船舶之種類。悉依如左。

(一)船長。

(二)運轉士。

(三)機關長。

(四)機關士。

職員。須試驗合格。海員名簿所登錄。得有海技證書者。始可。船員。須受有管海官廳所頒之海員手帖。船長有指揮船員。命令船中一切之權。及負保護人命船舶貨物之任。對海員。有懲戒權。對船內。有警察權。

第六欵　教育

教育。　教育亦行政之一端。今世國家。住往行强制主義。務使國民無一不受普通教育者。夫道德教育。誠爲國民教育之基礎。而普通學。爲增進國民之智識技能。斷不容緩發達國民之精神。即擴充國家之公益。而非教育不爲功。而教育之眞詮。具詳於明治二十年所頒三詔勅。凡教育行政者。皆不可不準此爲基。

小學校。　小學校分尋常高等二種。二校並置一處。名爲尋常高等小學校。設置經費取給於市町村之自任者。是爲市町村私立學校。尋常小學校修業年限以四年爲期。高等小學校或二年。或四年爲期。教科圖書。非經文部省編纂檢定審查者。則不得用。准學童年齡。自六歲至十四歲爲率。皆有入學之義務。教授者本科正教員。專科正教員。及教員等。咸由府縣知事任命。而市町村長。及組合長。皆有管掌教育事務。及管理小學校之責。并置學務委員。以補助教育事務。

高等女學校。　北海道及各府縣。皆設有高等女學校。入學資格。往往在十二歲以上。在高等小學校畢業者。修學年限以四年爲期。校中設補習科。及技藝專修科。

中學校。　北海道及各府縣。無處不設立中學校。修業年限以五年爲期。專授普通學科者。是爲尋常中學校。

師範學校。　高等師範學校。及女子高等學校。北海道及各府縣。皆有分高等尋常二種。高等則歸文部省大臣管理。尋常則歸地方長官管理。所有學校規程。及學科程度。皆由學務局詳定。

高等學校。　高等學校所授。爲專門中之普通。豫備入大學校者也。是謂大學豫科。脩業期限。以三年爲度。入學資格。以中學校卒業生爲限。

大學校。　大學校中。分法、醫、工、農、理、文、六科。又設大學院。以待卒業生之研究者。各科皆置科長。又置總長以握其成。內設評議會。議學科之興革。講座之種類。及內部規則學位授與等事。又設教授會。議各分科大學之學科課程。學生試驗。學位授與資格等事。現在已建立者。有東京帝國大學校。及京都帝國大學校。海軍大學校。陸軍大學校。則分隸諸海陸軍省。故不及。

實業學校。　實業學校者。工業、農業、商船、實業補習之五種。所謂徒弟學校者。亦工業學校之種類也。脩業年限。工業則以三年爲期。農業學校二種。一則三年畢業。一則二年以內畢業。商船亦如之。實業補習學校則三年內畢業。徒弟學校以四年爲期。若私立實業學校。果經成蹟昭著。國家亦有補助金頒發。

醫學校　醫學校。分二種。修學年限。一則在四年以上。一則定三年。又有藥學校。亦分二種。一在三年以上。一以二年爲期。

私立學校。　私立學校。亦屬地方長官之監督。所有設立、廢置、及校長。咸皆受監督官廳之認可。私立幼稚園同。

第七欵　軍事

皇上既有統帥陸海軍之大權。然軍事行政。較之一切行政。初無二致。所施行。皆爲法律命令所規定。錄如左。

徵兵令。　徵兵令。爲憲法所認定。其兵役、及服役年限如左。

常備兵役。有現役豫備役之分。現役、陸軍則三年。海軍則一年。豫備役、陸軍則四年四月。海軍則三年。

後備兵役、常備兵役之終。再服役五年。

補充兵役、陸軍第一則七年四月。第二則一年四月。海軍則一年。

國民兵役分爲二等。第一、後備兵役、及第一補充兵役終役之人。第二。常備兵役、後備

兵役、補充兵役、終役之人。　三

服役所需人員。悉依抽籤法。廢疾不具者。則免役。

(一)身幹之不足。

(二)疾病、及病後之人。

(三)犯罪及訴問拘留中。

(四)就學中。

志願兵。年齡、在十七歲以上。具有學試。費用能自給者。及師範學校卒業生。已有教職者。許以服役六星期。

徵發令。　軍隊、無當事之時。所需軍費。咸徵諸地方人民。其權掌諸軍隊、及艦隊長官。

第八欵　財政

租稅。　租稅、分為二種。一國稅。二地方稅。

國稅。地租、所得稅、營業稅、登錄稅、酒稅、混成酒稅、葉煙草專賣稅、印紙稅、賣藥印紙稅、噸稅、關稅、保稅、倉庫、醬油稅、自家用醬油稅、等是也。各定稅章。照章納課。漏稅者罰。國稅徵收。應比其他公課爲先。

市町村之地租所得稅、營業稅、賣藥營業稅、先由市町村徵收。而後送諸國庫。其他國稅。應由收稅官吏徵收。若遇天災。將已收之稅金失去。應自請治給。

地方稅。即府縣稅、市町村稅者是。悉遵府縣制市町村制所定。徵收方法。亦因地而異。

府縣稅。大約如左。

(一)地租附加稅。

(二)營業稅。

(三)雜種稅。

(四)戶數割。

(五)家屋稅。

市町村稅。大約如左。

(一)附加稅。

四

(二)直接間接之特別稅。

附加稅頗有區別。就國稅中而論。地租。所得稅。營業稅。皆可附加者。就府縣稅中而論。地租割。戶數割。家屋稅。營業稅。雜種稅。皆可附加者。無論何時。莫不定有制限。不得超越府縣稅。應由市町村徵收。納諸府縣。若有滯納者。宜報知府縣。出納吏有督促之責。

會計　會計年度。自每年四月一日起。至翌年三月三十一日終。總豫算分經常臨時二部。其他再分數小款項。每年經費定額。種々支辦。皆有一定目的。不得濫用。其他會計規則。特別會計規則等。咸有定章。

第三節　行政訴訟及訴願

行政訴訟。　行政裁判所。全國惟一。是審判行政訴訟者也。其職員、大抵長官及評定官。錄其相當之資格如左。

(一)三十歲以上。

(二)五年以上。

(三)高等行政官或裁判官。

若行政官廳。動不由法。毀損人民之權利。例可訴之行政裁判所。爲之審判。照現在行法可訴之事件。錄如左。

(一)海關稅之外、若租稅、及賦課徵收相關之事。

(二)租稅滯納處分相關之事。

(三)營業准否之事。

(四)水利及土木相關之事。

(五)官民所有土地、區分查定相關之事。

(六)違法律命令、行政訴訟提起之事。

行政訴訟之手續。手續者。有經歷許多方法之意。若行政訴訟。先某、次某次某等類。凡作一事。亦必經許多方法。以此類推。第一出訴時期。第二訴狀及答辯書。第三審問。第四證據調査。第五對審判決。

訴願。　行政訴訟及訴願之差異。種種學說不同。今畧述歐州之制度。及學說之大凡。如左。

(甲)　制度。

七

第一法國。　攷法國國法。訴訟與訴願不同。訴訟爲特別機關之審判。本於權利之補救。訴願出於行政階級上之監督。本於利益之補救。

第二英國。　攷英國訴訟與訴願無區別。

第三德國。　德國今日之國法。訴訟與訴願。亦有別。蓋該國地方行政廳。行政裁判權。及訴願裁決權。兼而有之。雖同一行政廳。同一期限。同一手續。然二者常相分離。

第四澳國。　澳國定行政裁判之制度。非悉照訴願方法。則行政裁判所不受訴訟之件。

（乙）學說。

第一。　訴願者。對違反命令之行政者。以圖補救者也。

第二。　訴願者。要求片言裁決。

第三。　訴願者。對利益侵害。以圖補救方法。

第四。　訴願者。對不便之行政者。以圖補救方法。

第五。　訴願者。階級的救濟方法。

以上、畧陳歐洲各國訴願相關之制度。及學說之主要。按同一事件。同一理由、在地方上級行政廳。即爲訴願。在行政裁判所。即爲訴訟。究之實質上。訴訟與訴願。初無二致。均爲要求行政處分之取消或變更。所異者。僅在形式上爾。今試舉其例可訴願之事件者如左。

(一)租稅及賦課之徵收。
(二)租稅滯納處分。
(三)營業准否。
(四)水利及土木。
(五)官民所有地之區分。
(六)地方警察。
(七)照法律勅令、例應訴願之事件。

第三章　司法

第一節　裁判所構成法

裁判所。憑皇上之名。以行一切裁判。故司法權者。獨立不羈者也。裁判所之構成。亦爲法律所定。即裁判所搆成法是也。此法、計四編六章百四十四條。第一編、裁判所及檢事局。第二編、官吏。第三編、司法事務取扱（取扱即管理之意）。第四編、行政事務及監督。

通常裁判所。　通常裁判所、計有四。曰地方裁判所。曰控訴院。曰大審院。曰合議裁判所是也。裁判者、一民事、二刑事。所置所長。院置院長。指揮一切事務。監督一切行政。各裁判所。置檢事局。地方裁判所之檢事局。置檢事正。控訴院之檢事局。置檢事長。大審院之檢事局。置檢事總長。分定事務。均有指揮監督之責。各裁判所。又置書記官。司往復會計記錄。及其他法律上所定之事務。

各裁判所特別事項。分述之如左。

區裁判所。　區裁判所組織甚簡。判事一人。行裁判之事。其權限大約如左。

民事。

（一）百圓以下之事件。

（二）百圓以下之價額、建物相關之賃貸借。

（三）不動產之經界。

九

(四)占有。

(五)一年以下之雇傭契約。

(六)旅館、飲食店、運送人與客人相起之事件。

非訟事件。

(一)禁治產之後見人。後見人詳後篇 管財人之監督。

(二)總登記之事件。

刑事。

(一)警罪。

(二)本刑五十圓以下之罰金或二月以下之禁錮。

(三)百圓以下之罰金。

地方裁判所。　地方裁判所之組織。計三人。判事列席。行裁判之權。其權限。以民事論。則第一審、爲區裁判所及控訴院權限不屬之事件。第二審、爲對區裁判所判決不服之控訴。又對其他決定命令不公之控告。以刑事論。則第一審、爲區裁判所及大審院、特別裁

二

判權限不屬之事件。第二審、為對區裁判所判決不服之控訴。及其他決定命令不公之控告。

控訴院　控訴院之組織。計有五人。判事列席。行裁判之事。其權限如左。

(一)對地方裁判所第一審判之控訴。

(二)對區裁判所判決之控訴。即對地方裁判所判決之上告。

(三)對地方裁判所決定命令之抗告。

對皇族民事事件。是為東京控訴院所管轄。第一審、第二審、之裁判同。惟第二審。七人之判事列席為。

大審院。　大審院之組織。計七人。判事列席。行裁判之權則同。其權限述如左。

(一)對控訴院判決之上告。

(二)對控訴院決定命令之抗告。

其他、若刑法第二編第一章第二章所揭之重罪。又若皇族犯罪、禁錮、及其他無刑處置之事件。

判事、檢事、皆經二回試驗。第一回試驗及第者。則爲試補員。有一定修習之期。若帝國大學校畢業者。則第一回試驗應免。可即爲試補員。帝國法科大學校教授。或爲辯護士。或爲判檢事。皆可無試驗。

刑法之宣告。及其他懲戒處分。莫非判事之責。若反其意。則轉官、轉所、停職、免職、減俸、之事皆無。惟司法大臣。會議於控訴院、大審院。命其退職。

刑法之宣告。及其他懲戒處分。亦檢事之責。若反其意。雖無免職之事。而檢事要不能不上官之命令是從也。

裁判所之用語。日本國語是也。若不通之時。則假諸譯人。

判事之評議。務須公行。裁判過半數。方可決。

司法年度。自一月一日起。十二月三十一日止。其中七月十一日起。九月十日止。爲休暇之期。設休暇部。計五事如左。

(一)刑事。

(二)非訟事件。

(三)破產事件。
(四)判決執行。
(五)或一定民事事件。
五事之外。一切事務。概行停止。
司臣大法。有監督各裁判所、及檢事局之責。下級裁判所、及檢事局。均爲上級裁判所及檢事局長所管理、

第二節 刑法

刑法。 刑法者何。即定罪定刑之具律例是也。所謂犯罪者。法律上實有應得之罪。即冒刑罰之制裁是也。故犯罪之成立。有四要素。如左。
(一)明文。
(二)意思。
(三)所爲。
(四)無權利。

刑法第二條所云。凡法律正條上所不載者。無論如何。皆不得治罰。此第一之要素是也。意思則能辨是非。能識善惡。苟有惡行。先存惡意。所謂犯意。即第二之要素是也。若徒萌惡意。猶未能顯提其罪。必有舉動。爲之表彰。所謂所爲。即第三之要素是也。既露意思。又見所爲。而確非固有之權利。此即第四之要素是也。苟有其權利。是即職務上所應爲者。謂之正當防衛之行爲可也。

犯罪之種類。大凡分之以三。曰重罪。曰輕罪。曰違警罪是也。

刑罰者何。國家科有罪者。而使之苦痛是也。日本刑法。計死刑、無期徒刑、有期徒刑、無期流刑、有期流刑、重懲役、輕懲役、重禁獄、輕禁獄、重禁錮、輕禁錮、罰金、拘留科料、等是也。是謂之主刑。其中死刑、徒刑、流刑、懲役、禁獄、等。重罪是也。禁錮、罰金、等。輕罪是也。拘留科料、等。違警罪是也。其他附加刑。若剝奪公權、停止公權、禁治產、監視。罰金、沒收、等。即主刑之實効。豫防再犯之地。

法律上應罰之罪。刑法第二編以下所規定者。是也。凡區之以二大別。一曰公益罪。二曰私益罪。

對于皇室國事。而有利害者。爲第一種。對于身體及財產者。爲第二種。其餘皆列入違警罪。

第三節　民事訴訟

民事訴訟法。　民事訴訟法者何。因各人私權之侵犯。向國家所立之裁判所。求法律實行保護之方法是。其目的不過保護私權。其諸裁判所保護之手續法。名之曰民事訴訟法。現行民事訴訟法之原則。從左之主義也。

(一)雙方審訊主義。　凡聽訟者務得兩造之眞相。徒聽一方之言。不獨不能得事實之眞相。甚至是非顚倒。失裁判之公平。墜法律之威信。故必守雙方主義。

(二)自由判斷主義。　在刑事訴訟法上。必得嚴確之證據。在民事訴訟法。則反是。裁判官。領會辯論之趣旨。或據證調之結果。斟酌事實。決諸一心。此固爲民事訴訟法所確記。是自由判斷之一大原則也。蓋裁判官。既當裁判之任。無不可自信。亦無不可信人。苟必拘束證據。方得事實之眞相。亦非所能也。

(三)不干涉審理主義。　不告則不理。古今萬國之通理。裁判所亦然。必有訴訟。方有裁判。若刑事訴訟法。固不然。設有檢事舉發。但民事訴訟法。未嘗採此干涉之制。故法文云。

裁判所。於一切事物。苟無原告之申訴。斷無指定被告之權。民事訴訟法中固明明宣發此義也。

(四)直接審理主義。　本自由判斷主義。自不依間接之審理。蓋裁判官。非本於口頭辯論。不得睛之虛實。非直接審查。不得事實之眞相。故民事訴訟法云。判決之時。皆本於口頭辯論。自以判事臨席爲限。固明明以直接審理相尙也。

(五)口頭審理主義。　日本現行法未實施以前。曾以書面審理爲主義。縱使事項明白。究難得盧山眞面。且流弊滋多。自現行法實施以後。已全改爲口頭審理主義。事實之眞相易露。種種姦詐。不留餘地矣。故法文云。在裁判所中。非當事者之口頭辯論。則不許。

以上五個主義。爲現行民事訴訟法之綱領。其他證據及送達之事。非無別義。然茲不具論。

第三節　刑事訴訟

刑事訴訟　民事訴訟法。定民事訴訟之手續法。刑事訴訟。亦定刑事訴訟之手續法。其形式雖同。其性質各異。蓋事件之性質然也。

刑事訴訟者。爲刑法之實用。其目的務防人之陷於無辜之罪。且保人民之權利。名不相侵。

一七

夫刑法者。規定刑與罪之具。其用如兵。不得其道。則不僅能不維持公利。保護人權。且不至有罪者幸逃法網、無罪者反罹重譴不止。若因搜索家宅、差押物件。開拆書信等、自不得不須明白之保衛。省不爲規定。則良民之權利。損害良多矣。故現行刑事訴訟法主義。一例務欲完全刑法之目的。一則務尊人民之究。以保衛其權利。所謂共保公益私益之主旨是也。本法。計分八編三百三十四條、及附則五條。

第一編

(一)公訴。

證明犯罪、及適用刑罰之目的。

私訴、

明示犯罪者。損害賠償贓物返還之目的。

(二)公訴及私訴之消滅。

(三)時效。

(四)要償權之行使。

(五)期間之計算。
(六)書類作成方式。
(七)本治所及之區域。
第二編
(一)定區別裁判所之管轄。法定、指定、移轉、之三種。
(二)裁判所職員之除斥、忌避、回避。
第三編
(一)定搜査、告發、現行犯、之事。
(二)其起訴之手續。
(三)豫審。
第四編審査公判集取之證據。次其可否。對被告人負罪之有無。及規定判斷成立與未成立之手續。以上別以二種。一區裁判所。二地方裁判所。
第五編

(一)控訴。
(二)上告。
(三)定手續。

第六編逢再審之時。及例可請求之具有資格者俱記錄無遺。幷示以手續。

第七編

(一)刑之執行方法。
(二)復權請願。
(三)特赦申立。

第八編記即時判決。速行落着之手續。及其他違警罪。亦列入焉。

第四章 國際

第一節 國際法

國際法。 國際法者何。凡規定國與家之關係。總稱之曰國際法。大凡別以二種。如左。

國際公法。 國際公法者何。蓋今日世界萬國。既有交際。即各有權利義務。規定國與國權利義務關係之規則。是謂之國際公法。夫國家之版圖。地上地下。無論矣。假就公海論。海岸三里以內。謂之領海。視如陸地之延長是。

國家之要件。已詳記於第一編第一章。國際公法上。雖有種々之權利義務。其大概區別如左。

國家之權利。　國家之權利者何。(一)維持權。(二)自主權。(三)同等權。(四)相互尊重權。(五)交通權。其此五種。方成爲國。蓋防禦內外部之反抗。保持內外部之治安。其整理內政。無論國之大小、強弱、貧富。他國俱不容置喙。互相榮譽。互相尊重。兩兩對峙。凡貿易通信等之權利。均不得畸重畸輕。務須以防害他國之權利爲戒。力盡義務。彼干涉他人之治外法權。如今日歐州各國虐待支那。暗無天日者。駭出例外。誠不可以相提並論也。

外交機關。　外交上關係之機關者。一公使。二領事。

公使。　公使爲一國之代表。駐箚他邦。即處理外國關係之官吏是也。其種類有若全權大使、特命全權公使、辨理公使、代理公使等是也。公使自分非常尊貴。蓋其銜皐命而來者。敬其主以及其臣。故公使有治外法權。其効力所至。能及於家族、從僕、居住、家財等是

二

也。

領事。　領事、駐劄外國，保護居留人民之利益。領事種類，區之以二。(一)名譽領事。(二)普通領事。名譽領事，或擇外國臣民而囑託。普通領事，本國人民事。直奉朝命而往者。分總領事、領事、又有副領事。可代領事者也。

戰爭。　戰爭者。行國家之強力也。國與國之爭鬭。非人民與人民之交鬭。故當戰爭開始，務須宣戰。應遵戰時國際公法。戰時國際公法中。載海上私船。揭局外中立之旗章。不載敵國貨物者。或揭敵國旗章之船舶。搭載局外中立國之貨物。而非戰時禁制品者。俱不得拿捕。亦不准移供私船之用。陸上負傷者。若爲締盟之國。應照赤十字條約。所獲俘虜均不准虐待。當戰爭終局之時。媾和條約。對敵行爲。俱爲戰時國際公法所詳載。

局外中立。　局外中立者何。不關係戰爭者也。於交戰國。有不加偏頗行爲之義務。局外中立。務須宣言。即不宣言。無表示反對之意思。亦同。若口稱局外中立而行動反悖者。凡受其損害之國。其有請求賠償之權。

國際私法。　國際公法與私法之區別。即一國利害之相關。與個人利害之相關之

區別是也。譬如兩國之交涉。有若結婚等事。宜何國之法律是從。所定之法則。是爲國際私 七〇
法。亦隨事而定。隨人而定。述其大凡如左

人之能力。　照其人之本國法而定。

法律行爲之成立及効力。　憑當事者之意思而後定。照何國之法律。若意思有不明之時。則從行爲所在地之法律。

法律行爲之方式。　憑行爲之効力而後定。大抵照行爲所在地之方式爲準。

物權登記之權利。　憑物所在地之法。

婚姻及離婚。　照當事者及其夫之本國法。

相續及遺言。　照被相續人及遺言者之本國法。

訴訟手續。　照法廷地之法。

以上雖爲法例規定之原則。若依外國法之時。遂不問自國之公共秩序。及風俗善良。違背與否。恐亦不適於用也。

第二節　條約

約條。　約條者何。國際關係之約束也。即國家表示意思之形式。對外國合意之證據。條約爲國內所通信。必俟公布。既經公布。上下咸有遵從之義務。從來慣例締結條約之手續如左。

(一)約條之起草。　約條草案。非君主親筆。大抵君主。分各派委員會合集議。而後定稿。以呈君主。

(二)批准之事。　條約之章約既成。應請君主之批准。既經批准。一如法律之裁可。是爲成立。

(三)公布之事。　君主既發國內遵由之命。是爲公布。是爲使國民遵由之手續已終。若秘密條約。則由君主互相約束。並不公布也。

第四編　私法

第一章　民法

第一節　人及法人

人。　人者何。權利之主體。法律上一則曰人格。一則曰能力。是也。別以二種。一權利能力。即私權之享有。二行爲能力。即單能力。

(一)私權之享有。　私權者離公權而言。各衛其安寧幸福。及享有應有之權利。自生至終。莫不具此。若外國人爲法令條約所不禁者。亦得享有私權。

(二)能力。　人人有權利。即人人有能力。上既陳述之。然有時亦能力不備者。述如下。(一)未成年者。(二)禁治產者。(三)準禁治產者。(四)妻。　以上四類。既無能力。若遇有事。可囑託他人。但非同志亦爲法律所不許。是謂之法定代理人。人必有一定之住居。若離去住居。則財產諸事。應設管理人。若七年或三年。行方不明。應爲失踪之宣告。若時期滿畢。直視若死亡。

法人。　擬制權利之主體。法律上所謂自然人。亦自與以人格。惟法人有公法人、私法人之別。國家行政之區畫。是爲公法人。個人的團體。是爲私法人。法律上又別之曰。社團法人。曰財團法人。

(一)社團法人。　二人以上之相集。具有一定之目的。爲增進公益起見。經主務官廳之許可。即得法人之資格。若爲營利起見。經濟上蒙其利益。不悖乎商事會社設立之條件。

亦得法人之資格。

(二)財團法人　財產供一定目的之使用。是爲財產主體之創生。與社團法人同。亦須經主務官廳之許可。即得法人之資格。

無論社團法人財團法人。咸須依下述機關之管理。(一)理事。(二)監事。(三)總會。(四)主務官廳。若當法人規定之解散。即爲法人人格之解散。

第二節　物

物　所謂物者。不獨爲吾人所可指定者。凡足供我厚生利用。皆得謂之物。然民法上所稱爲物。固惟有體物是也。今將物之種類。別之如左。

(一)依物理的性質　(一)動產不動產　(二)可分物不可分物　(三)消費物不消費物等是也

(二)依法律的性質　(一)融通物不融通物　(二)特定物不特定物

(三)依關係的性質　(一)主物從物　(二)單成物組成物

動產與不動產。古來僅問其物之動與否。而定其名頗不明瞭。譬如土地中掘出之石類。能移置他處。焉得不謂之動產。故羅馬學者云。能完物之本質。而移置他處者。如牛馬書籍等。
是謂之動產。不能完物之本質而移置他處者。如土地家屋等。是謂之不動產。其說可採。
故日本民法所定。土地及定着物。謂之不動產。其餘皆謂之動產。良有以也。
消費物與不消費物之區別。亦視其物質之何如。一物也。經一回之使用。而即歸於無有。若
食物酒類薪炭油等。消費物等是也。一物也。斷不經一回之使用而消滅。而變更。若家屋器
具等。不消費物是也。
融通物者何。讓諸他人。爲法律所許。不融通物者何。爲一人獨有。不能讓諸他人。如土地屋
產等。皆得出賣。即融通物是也。如爵位、學位、及華族世襲之財產等。均非賣買貸借之件。即
不融通物是也。
一物也。種類品質數量等。早經約束者。無論何時。不得參差。是謂之指定物。一物也。種類品
質數量等。多寡不論。輕重不拘。謂之不指定物。譬如有米拾石。早約他人。是不可少。是特定
物也。又如有米一石。任意售兌。是不特定物也。
主物從物之區別甚顯。譬之家屋是主物。門窗戶檻則從物也。土地爲主物。樹木等是從物

也。時辰鐘爲主物。其鍊與鍵。即從物也。

可分物不可分物。單成物組成物無甚別義。茲不備解。

第三章　物權

物權　物權者何。法文曰。能使用。能對抗。

(一)能使用者何。謂人與物有直接之關係。不待他人媒介而然也。譬如余有一物。或改造。或破損。或贈與。悉任余之自由。非他人所能干涉。蓋余於此物。有直接之權利。此權利。即物權是也。

(二)能對抗者何。譬如此物。余欲破損。宜非他人所能禁。若有所阻。余得排斥其非。或則他人欲使用此物。則余能峻拒。此即所謂對抗者。此權亦物權是也。

以上二條。畧述物權之性質。若非對照債權之說明。仍不知二者性質之相與。物權不外乎主物權。從物權。今試分擧之如左。

(一)主物權。　(二)從物權。

(甲)占有權。　(甲)地役權。

(乙)所有權。
(丙)地上權
(丁)永小作權

(乙)留置權。
(丙)先取特權。
(丁)質權。
(戊)抵當權。

第四節　債權

債權　債權者對特定人。請求其行爲不行爲之權利也。債權發生之原因。計有四。(一)契約。(二)事務管理。(三)不當利得利。(四)不法行爲等是也。今分述契約之種類如左

(一)贈與。　(二)賣買。
(三)交換。　(四)消費貸借。
(五)使用貸借。　(六)賃貸借。
(七)雇傭　(八)請負。
(九)委任。　(十)寄託。
(十一)組合。　(十二)終身定期金。

(十三)和解。

事務管理。　此所謂管理者。非法律上應盡之義務。亦非必由本人之何等委託。不過持好意以相周旋。務擇於本人最利益之方法。庶不負管理之責。

不當得利。　非本於法律之許可而受他人之財產者。縱或爲人任勞服役。然增己之利益。以損人之利益。即謂之不當得利。

不法行爲。　故意侵害他人之權利。即謂之不法行爲。不僅財產土地等有形之侵害。即名譽自由等無形之侵害。亦須賠償。不獨相等之人爲然。即父之於子。後見人之於被後見人。工場長之於職工。即極至自己於使用之動物。莫不負損害賠償之責。此不可不注意者也。

第五節　親族

親族　法律上親族之種類如左

(一)六親等內之血族。

(二)配偶者。

(三)三親等內之姻族。

親族則上溯始祖。下窮末裔具有天然之血族者。謂之親族。故民法上。親族以六親等爲限。非具天然之血族者。謂之姻族。姻族關係尤薄。以三親等爲限。親族尤有直系旁系之分。直系則親、子、祖、孫、是也。旁系則兄弟、伯叔、父母、等是也。養子與養親自緣組(即組成養親養子之緣)之日始。同一血族之關係。繼父母與繼子。嫡母與庶子。亦同一之親族關係。

第一欵　戶主及家族

戶主。　戶主克自獨立。爲一家之主。有監督全眷之權。

得戶主之權者如下　(一)家督相續。(二)廢絕家再興。(三)分家。(四)贅婿。(五)一家創立。

失戶主權者如下。　(一)死亡。(二)國籍喪失。(三)失踪。(四)隱居。(隱居非指不求聞達言。指不理家事說。)(五)贅婿離婚。(六)廢家。

戶主應指定居所。對家族。有扶養之義務。隱居須六十歲以上。必經裁判所之許可。否則青年有爲之士。每有以厭世而湮沒矣。

家族。　家族即戶主之親族。同家之人。如其配偶等。家族不能及戶主之所爲。若家族而婚姻而養子。不可不承戶主之允諾。

第二款　婚姻

婚姻。　婚姻固法律所公認。男女兩性之結合。爲血統永遠之計。自宜相扶相助。苦樂與俱。彼一夫數妻。數夫一妻。未嘗不散見於東西各國歷史。但近世文化日隆。此制已癈。諸國幾乎絕迹。以一男一女。爲婚姻之本質。世傳婚姻之目的。沾々爲繼續血統之計。人咸以此說爲正鵠。遂不問年齡長幼。身體具否。一若早婚一日。即早綿血統於一日。究之生殖難望。而血統繼續之願。卒不能償。愚孰甚也。通覽近世文明諸國之法律。有早婚之禁。未嘗有遲婚之禁。是則婚姻者。豈僅僅血統繼續之故耶。攷日本民法之規定者。如左。

第一。　婚姻之成立。

國家由家族而成。家族由婚姻而成。故婚姻爲家族之根本。實爲國家之基礎。人事中所最宜尊重者也。一族之不和。累及天下之風紀秩序。而國家之衰頹。風俗之敗壞。皆因之。故國家於民間婚姻。最宜注意。務防其弊害。而使民人遵守焉。

(一)已身之承諾。　夫之身分。妻之身分。皆宜探訪明白。爲將來權利義務之關係。不可不承雙方之眞意承諾。昔時我國本(指日)婚姻之舊例。多不由已身承諾。由他人強制。其結果則閨門不和。怨恨環生。甚至輕身命於一擲。猶歷歷在吾人耳目。故今日眞意之承諾。爲法文所明示。誠爲至要之事。不待煩言。

(二)當事者之適齡。　婚姻爲男女身體發達所關。故兩造體格。務須相當。各國法律。皆有一定年齡。日本民法所載。男非十七。女非十五。懸爲厲禁。

(三)法律之制禁。　婚姻爲法律所禁者。計有二種。一不正相婚之制限。一親族相婚之制限。慮其傷風敗俗故也。

(四)父母之同意。　婚姻爲人生之大倫。利害所關。不僅夫婦之間。直及於一家親族。既爲已身之眞意承諾。尤不可不告諸父母。

以上四者。務宜具備。缺一即爲無効之婚姻。

第二。　婚姻之効力。

自婚姻成。而夫權始生。無論妻入於夫家。贅婿入於妻家。而夫婦有同居之義務。即有互相扶養之義務。妻若不經夫之許可。則不得法律行爲。

第三　夫婦財產制。

夫婦財產。若於未成婚前。未曾豫定契約。則從法定財產制可也。成婚後。種々費用。均爲夫所擔任。若妻爲戶主之時。則夫宜管理妻之財產。而妻爲擔任。若日用周旋之際。則妻視如夫之代理人是也。

第四　離婚。

輓近夫婦之間。風波爭鬪之端。日增月盛。而離婚之必要。蓋可徵信。人或曰。世傳離婚。有傷陰騭。豈知離婚者。正所以保全之也。何則。蓋既相猜忌。則必不能營共同之生活。與其彼此羈苦。何如早日相離之爲樂。故離婚者。誠不可不使其自由。蓋自由離婚者。即增進自由婚姻之道也。然自由婚姻者。非男女自由會合。實夫婦自由契約也。是則增益於財產之關係。生兒之教育。血統之繼續。實非淺鮮。

第三款　親子

親子　親子有實子養子之分

實子　有嫡出子私生子之分。嫡出子者。婚姻中懷胎所生之子。自婚姻成立之日起。二百日以後。又婚姻解消之日起。三百日以內所生之子。推定爲婚姻中懷胎之子。私生子者姦通所生子之謂也。苟爲父所認知。即命爲庶子。庶子可改爲嫡出子。視父母之婚姻以定也。

養子。　養子者以他人之子。爲己之子。有普通養子。遺言養子之別。普通養子者。無配偶者是。遺言養子者。贅婿是。婿而兼子者也。成年而爲養子。固宜父母之承諾。亦經本人之合意。若未成年者。惟父母代爲之允諾。自彼此允諾之議定。即取得嫡出子之身分。若經數月或數年之久。而庭闈乖戾。亦許離緣。惟不得不經兩造之會議。及裁判所之裁判。苟非有一定原因。亦無由起訴。若養子既爲戶主。尤不得離緣。

親權　親權者。對子之身分財產。有拒與之權。親權之行使。在家屬諸父。若父不在家。則屬諸母。親權之効力。左之三者是。

(一)監督及敎育權。

(二)懲戒權。

(三)財產管理權。

第四款 後見

後見 後見者何。親權之繼續也。蓋人當能力未備之時。自不能脩身齊家。而平常則必待父母之監督管護。若値父母早亡。或値他故。不能行其親權。亦不能任孤兒之自生自滅。而無人爲之經理。經理人謂之後見人。故曰後見人者。親權之繼續是也。但親權惟父母獨擅。而後見人爲父母以外之人。親權與後見。固自不同。親權則法律上之監督自寬。後見則法律上之監督更嚴。今述其差異之著者如左。

(一)後見人、不可不受後見監督人、及親族會之監督。

(二)後見人、管理被後見人之財產。不可不詳明記算。

(三)後見人、爲被後見人之故。逢重要之事。不可不經親族會之協議。

後見人之時。

(一)對未成年者親權不行之時。

(二)雖有親權無管理權之時

(三)受禁治產宣告之時。

後見人檢定之方法。計有三種。(一)指定後見人。(二)法定後見人。(三)選定後見人是也。

第六節　相續

第一欵　家督相續及遺產相續

相續。

相續二大義。一家督相續。是一遺產相續。是。家督相續者何。相續死者之家長權是也。遺產相續者何。相續家長之遺存財產也。故前者爲長子所獨擅。後者爲數子平等之分配。此相續之通義也。憶昔家族制之時。舉一家之財產。歸諸家長。後世社會之進化。舊制全廢。所遺財產。應分配各人。此遺產相續之一變也。

家督相續之事由如下。

(一)戶主之死亡、隱居、及國籍喪失。

(二)戶主婚姻、因養子取消、離家之時。

(三)贅婿、離緣之時。

家長權者。不獨繼承姓氏、系統、及貴族之稱號等。凡一家之財產。一家之事業。無一不相繼。

家督相續。有法定家督相續人。指定家督相續人。選定家督相續人、之別。法定家督相續人者。即法律上規定之人也。按系統之遠近。爲推繼之先後。先及親族。次及姻族。先及長男。次及嫡孫。此法定家督人之當然。既爲法定相續。苟非遵法律上之原因。則不得廢除。蓋此相續人。不獨權利之相續。且義務之相續。俱不得棄者也。

指定家督相續人者。不得法定家督相續人之時。則由被相續者之豫爲指定。

選定家督相續人者。不得指定家督相續人之時。則由被相續者之父母及親族會之選定。

如無論何等之相續人。皆不在。則相續財產。應歸諸國庫。縱其時。相續者。不獨財產一端。然國家斷無繼續其家長權之理。則此家亦卒歸廢絕而已矣。

第二欵　遺言

遺言。　遺言者何。死者意思表示之形式。法律上効力之所生也。遺言之方式。左之二種是。

(一)普通方式。

(二)特別方式。

普通方式。

普通方式。計有三種。

(一)自筆證書。

(二)公正證書。

(三)秘密證書。

自筆證書者。遺言者之親筆。公正證書者。憑公證人之口授。私密證書者。藏入封簡。有公證人之證明。

特別方式。

特別方式者。因地而異。計有四種。

(一)瀕死之時。

(二)交際隔絕之時。

(三)從軍之時。

(四)船艦中之時。

九

溺死之時。須有證人三人以上之會。交際隔絕之時。須警察官一人。及證人一人以上之會。從軍之時。須將校及證人二人以上之會軍艦中之時。須將校及證人二人以上之會。其他船舶中。須船長或事務長一人及證人二人以上之會。

遺言之執行。公正證書外。遺言之保管者。應請裁判所之檢印證。非相續人在場。不得啓封。違者處罰。

第二章　商法

第一節　商人

商人　凡行商坐賈。揭本人之名氏。以營業者。法律上皆謂之商人。交易物品。轉換貨殖。爲營利之媒介者。皆謂之商行爲。法律上有一定範圍。錄如左。

(一)絕對的商行爲。

(二)相對的商行爲。

(三)附屬的商行爲。

既爲商人。即有權利義務。其人即爲法人。具完全無缺之能力。但未成年者。禁治產者。準禁治產者。及妻之四人者。爲法律上所認爲不具能力。商法亦然。苟欲營業。若前二者。委諸法定代理人。未嘗不可。若準禁治產者。得保佐人之同意。妻得夫之許可。亦無相悖。彼沿道販賣。資本金未滿五百者。商法上所謂小商人。却不必盡遵商法上所定、商業登記、商號指定及商業賬簿、之嚴確也。

第二節　商事會社

商事會社。　會社之種類不同。計分四種如左。

(一)合名會社。
(二)合資會社。
(三)株式會社。
(四)株式合資會社。

第一、　合名會社。

合名會社者。既出金錢。又執社務。凡社中種々事業。爲出資數人者。通共分任。直有互保連帶之責。故曰。社員負無限之責任。合名會社。與其他會社相異之點。直在乎此會社既爲權利義務之主體。法律上即生種々關係。區其大別。直有內部外部之分。合名會社者。內部之關係爲主。定欵一事。悉依商法之規定。有時不依商法者。即依民法所規定。日本民法第三十七條社團法人（社團法人詳上文）之成立應作定欵條舉事項如左

（一）目的
（二）名稱
（三）事務所
（四）資產規定之事項
（五）理事進退相定之章程
（六）社員資格得失相定之章程（商法一百二十條）

右即定欵也所謂外部之關係者。即對第三位之人。夫既負權利義務之會社。元來有法人之位置。是則有須乎代表。夫代表者。必得總社員之同意。方可檢定。否則各社員盡爲會社之代表。因合名會社。爲出資數人者。有通共分任之責也。若社員既爲會社之代表。則會社中一切相關之營業。均有全權。假令會社內部之契約。設有一定制限。則對第三位之人。仍

不能收效也。

夫合名會社信用之成立。蓋以會社之資本。不啻社員之資產。若社員退社。於會社之關係。自然消滅。但於商法實際之便益。亦宜斟酌。可許社員退社之時。計有二種如下。(一)任意之退社。社員本期與會社相終始。一旦出於萬不得已。自應許其退社。(一)法律上之退社。即依法律之規定。有不得不退社之理由。畧述如左。

(一)欵額上事由之發生。

(二)總社員之同意。

(三)死亡。

(四)破產。

(五)禁治產。

(六)除名之時。

合名會社之社員。既負無限之責任。假令退社。則於會社之債務。放債者謂之權債。欠債者謂之債務。二年後。仍不得免其責也。

會社既有法人之位置。即如人有生死之時。人既有生。即不能無死。會社之解散。即法人之死亡。合名會社解散之事由。凡有七。述如左。

(一)存立時期之滿了。其他所定欵額之事由發生。
(二)會社之目的不能達。及其功効不能成。
(三)總社員之同意。
(四)會社之合併。
(五)社員併爲一人。
(六)會社之破產。
(七)裁判所之命令。

以上會社解散之時。即法人死亡之時。役員之資格。亦即隨時消滅。但會社既解散。則社員相互間之關係。及對第三位人之關係。則結局之處置要不可無其人。役員既不存在。處置之任。則設其人。是爲裁判所所選任。即爲會社之清算人是也。淸算者。了結會社之現務。取立會社之債權。辨濟會社之債務。及分配殘餘之財產等是也。

右清算了結。方爲會社。全然解散。但合名社員。具無限之責任。若會社之財產。賠償會社債務之不足。雖社員解散後。當以家產移補。方無負其責任。凡清算結了之登記後二年。及會社解散之登記後五年。經過滿了。纔爲時效消滅之始。

第二、合資會社。

合資會社者。數人共通之計算。各々出資。以營商業。此爲會社共同之點。以視合名會社亦無異也。所異者。彼以無限責任之社員爲限。此則無限責任社員及有限責任社員。二者缺一不可。此組織之異也。彼合名會社社員。出資之例。以金錢財產及勞務爲限。是爲無限責任之社員。所謂有限責任者。出資之例。不沾々以金錢財產爲限。此亦彼此間一差異之處也。

夫合資會社者。社員之責任。既分有限無限之二種。其組織不免複雜。然利益亦相伴而得。無限責任社員。幾立於會社主人之地。執行會社之業務。能操全權。若有限責任之社員。幾立於客位之地。得益無限。損害有限。資既不僅限於金錢財產。則增大會社之資本。彼此相俟。故較合名會社。資本更可擴張也。

合資會社內部之關係。即社員之權利義務。其權利義務之區別。即視社員責任之有限無限而分。無限責任社員。無論其有操執會社業務之權利義務。其支配人之進退。悉聽其意旨。有限責任社員。不能享此種權利。惟能閱覽諸帳簿等。及檢查財產狀況之權利而止。無限責任社員。未得其他社員之承諾。將所管之全分或一部。讓諸他人。則不能。有限責任社員。但得無限責任社員之一諾。即可讓諸他人。又無限責任社員。或以自己及他人之故。執行會社營業部類所屬之行爲。及同種之業務。而爲他處會社無限責任社員。皆不得。若有限責任社員。則反是。隨意得爲也。

社員退社之原因。以視合名會社無異。唯有限責任社員。即死亡。其相續人可代。即受禁治產之宣告。仍不失社員之資格。

會社解散之原因。亦與合名會社相同。惟應添入無限責任社員。與有限責任社員。全員退社。則會社亦自解散一條。但有限責任社員之全員。一方退社。仍可不解散。蓋無限責任社員之全員一致。改爲合名會社。則會社仍可繼續。是出於實際之便宜。亦特例之一也。

清算之式。全與合名會社同。故不贅述。

一五

第三、株式會社

株式會社者。其資本分爲株式。（株式即言股份。株式者株々分明之解也。）株式對會社之義務。僅々財產之責任耳。是則以視其他會社相異也。所募社員皆爲有限責任。既定株式。四方募集。株式之金額必均。數不得過五十圓以下。設立之際。應付全額。或以時地爲限。至少先付二十圓。株式有株劵以爲憑。此劵讓賣自由。惟一則須有退社之報告。一則須有入社之報告。亦甚易々。是則較合資會社。更可得鉅額之資本。營濶大之規模。此株式之方法。甚適於至大之事業焉。

設立株式會社之發起人。須有七人以上。其發起人。先作定欵。凡法律上必要之事項務須記錄。發起人既受株式之總數。會社即爲成立。若總數未到。不得不別爲株式之募集。若應者滿員。株金定額。已引受至四分以上者。即創立總會。其總會之終結。即爲會社之成立是也。

株式會社業務相關之機關。計三種。株式總會。取締役。及檢查役是也。

一、株主總會。　株主之集合。因之而成。分通常臨時二種。通常總會。每年一回。招集株主。演事業及計算之報告。且議決將來之社務。臨時總會。事起倉猝。一旦開會。決議臨時必要之事項。

二、取締役。　是則選任於株主中。取決於株式總會。不論會社內外。是爲代表。法令、定款、等事。及株式總會時議決範圍內之會社總務。皆得全權執行。其人員定三員以上。其稱呼有稱爲社長、有稱爲頭取。其責任無差。

三、監查役。　是亦選任於總會。其員數不定。其職務。總會提出之條規。書類之調查。及會社業務之財產之現狀。感得稽察。并有招集臨時總會之權。

會社之計算。取締役當通常總會以前。先將財產目錄。貸借對照表。事業報告書。損益計算書。預備金及利息利益分配之案件。調製既成。再由監查役調查。調查既畢。再由取締役公告於衆。

株式會社、解散之原因。以視合名會社解散原因之(一)(二)(四)(六)及(七)之外。須憑株式總會之議決。或値株主七人以下之合併。取締役自當清算人之職。清算之規則。視各會社規則。不甚懸異。

第四、　株式合資會社。

株式合資會社者何。如其名以釋之可也。即株式會社。及合資會社混一之謂。即合資會社有限責任之社員。換以株主之名。約而言之。株式合資會社者。無限責任社員。與株主組織而成者也。故無限責任社員。恰當會社之發起人。先作定款。記述必要之事項。招集株主。創立總會。俟總會之了結。方爲會社之成立。

株式合資會社之機關。亦分株主總會。無限責任社員。及監查役之三種。株主總會。僅爲株主集合之地。與無限責任社員不相關。無限責任社員。恰當株式會社之取締役。或全員。或若干員。執行會社之業務。即爲會社之代表。若監查役。則於有限責任社員中選舉。仍胥取決於株主總會。

右之外。有限責任社員相互間之關係。及無限責任社員與株主。及對第三位人之關係。無限責任社員之退社。以視合資會社規則之所定無異。其他準用株式會社規則之所定是也。

株式合資會社解散之原因。以視合資會社之解散相同。其無限責任之社員退社。則議決於株主。若改爲株式會社。爲此會社之繼續。例無不可。

會社之種類。大抵以上四種爲率。其他外國會社。原別成會社之一種也。但外國存立之會社。在日本開設支社。於日本商法上。應如何規定。當以最適當之法定之。其會社。以視日本之會社。必有相似者。則公告與登記。不得不與日本會社相同。否則不得公認此會社之成立。上所謂登記者。若中國所謂存案。然查日本民法第四十六條。登記中應記之事項如左。

(一)目的。
(二)名稱。
(三)事務所。
(四)設立許可之年月日。
(五)存立時期之年月日。
(六)資產之總額。
(七)出資之方法。
(八)理事之氏名及住所。

右即登記之式也。其他在日本設店營商。會社則設立於外國。此亦胥受同一之規定。無可免者也。

然而會社規則之所定。直於公共安寧關係甚大。故此與商法中他部相異。遵守不可不嚴。故定五圓以上五百圓以下、十圓以上千圓以下之罰則。是故會社法在私法中、則有一種特色也。

第三節　手形

第一欵　手形

手形者何。證券是也。定例以金錢之應付爲限。商業證券。有爲替手形。約束手形二種之分。

手形記式。有記名式。無記名式之別。記名式則於證券面上。記載姓名。或商號。無記名式。不但不記姓名商號。且有無論何人。持票授付之例。故手形者。直視若金錢一例。

手形融通之方法。利用之便宜。不獨無支付延遲之慮。且不似貨幣運送之種々需費。亦免天災盜難之危險。其便益不一而足。試舉實例。譬如上海省甲者欠北京乙者之金。甲者即欲借北京丙者之金以還乙者。若由乙者滙甲。更由甲者還乙。則京滬輾轉之滙費自不可免。若依爲替法。則甲爲振出人。出手形之人。謂之振出人。乙爲受取人。持手形取金。謂之受取人。丙爲支拂人。見本手形付錢者。謂之支

拂人。是則乙者得甲者一紙之手形。直可向丙者以領取。京滬雖隔。不啻門庭。一葉之手形。二
即二個法律關係之效也。

爲替手形。有一定之格式。券面之應記者如下。(一)爲替手形上所叅文字之式。(二)一定之金額。(三)支拂人之氏名及商號、(四)受取人之氏名及商號。(五)支拂專一之委托。(六)振出之年月日。(七)一定之滿期日。(八)支拂在於何地。

元來手形。是爲流通之證券。自可輾轉相讓。但手形用紙之式。計分二種。一種券面之後記載細則。日文謂之裏書。一種券面之後。一字不載。謂之白地裏書。若裏書中並不記載禁止讓人。則此券無人不可相讓。惟每次年月日。及每人姓名商號等。務必記載不遺。若白地裏書。規則又變。雖經數十回之讓換。不必載數十回之氏名。是又一層之簡便者也。

手形之支拂人。既受振出人之委托。應付照額。方不負此承諾。既於手形面上表明。此謂之手形之引受。故定期付之爲替手形。受取人自應於定期限內。向支拂人領取。若支拂人忽爲拒絕。不可不領拒絕證書。若論引受之方式。則支拂人記以引受之旨。又署以氏名。是爲引受之成立。

右引受支拂之外。又有參加引受、參加支拂之名。當作拒絕證書之時。有豫備支拂人。作他人之代。是謂之參加引受。元來支拂人。既受手形。始生支拂之義務。既不引受。不獨手形有流通澁滯之患。且損害振出人或裏書人之名譽。若設有豫備支拂人。則受取人有向其領取之權利。彼自有引受之義務。若未設豫備支拂人。有第三位人於手形有關係。一旦支拂。是亦謂之參加支拂。

所持人當支拂拒絕之時。對振出人或裏書相讓人。有請求償還之權。原數金額之請還。自不待言。請求之時。應添附拒絕證書。及償還計算書。

以上專述爲替手形。因約束手形大同小異故也。約束手形者。此方之與彼方甲者之與乙者。一定之年月。一定之金額。則隨所異者。不似爲替手形有振出人支拂人受取人之三者。但有振出人與受取人而已。振出人即支拂人。蓋既振出。早負支拂之義務矣。

第二欵　小切手

小切手。殆與爲替手形。不甚懸異。其性質實爲爲替手形之一種。唯其振出及滿期日。有一定制限。出小切手者其人。或資本之貯存。或信用之素著。故所持人呈示請給之時。隨時給付。今舉述其特質如左。

一、小切手振出人。對支拂人。須備資金信用二者之資格。是即寄託金之貯存。或交互劃算之兩便。或貸借之關係。否則無效。

二、小切手有一覽即付之例。當小切手呈示請給之時。應即付兌。至遲須在一星期內。凡小切手劵面上。應記者如下。(一)小切手劵面篆定之文字。(二)一定之金額。(三)支拂人之氏名。或商號。(四)受取人之氏名。及商號。(五)見劵即付之事。(六)專一給付之委託。(七)振出之年月日。及支拂在於何地。以上諸項。務記不遺。

現行法制大意終

新書告白

和文漢讀法

全一冊　定價洋兩角　郵費在內

此書最便讀日本文書籍寓東人士深知其益故特印行公世欲購者請函向本編發行所及上海大東門內王氏育材書塾北市拋毬塲掃葉山房書坊寄售處購取可也

東語正規

全一冊　定價一元　外埠加郵費一角

此書專爲初學日語者津逮其中分文言俗語長句短句精當便易由淺入深誠學日語者必要之書也寄售處橫濱山下町二百〇一番信箱二百〇二番福和號

國民報告白

本報宗旨以昌世界之公理振國民之精神爲第一要義半月一冊首社說次時論次叢談次紀事次來文次外論次譯編次答問現第二期已出欲有定閱者請函告日本東京小石川區白山御殿町一百十番國民報事務所掛號可也

日本學校章程一覽

此書搜譯日本官私各學校章程其中自大學校高等學校中學校以至小學校幼稚園旁及各種專門學校及師範學校女學校搜羅宏富詳簡得宜凡有教育之責及有志遊學日本者允宜家置一編也不日即可出書

每部價洋五角

政治小說 累卵東洋

全一冊　定價洋二角五分　郵費在內

此書爲日本有名學者大橋乙羽所著近由某君譯出書中皆言印度屈服之慘英國壓制之酷悲壯淋漓激昂慷慨讀之令人熱血坌湧獨立之心油然而起誠我中國前車之鑒也至文筆之婉轉流暢猶其餘事欲購者請函致本編發行所可也

開智錄

此書爲橫濱開智會之會報文筆明顯議論精新士商皆宜閱看誠開民智慧之書也每月兩期零售每冊一角五分定一月者二角五分外埠郵費另計價銀先付欲購者請向橫濱清議報館及清議報代派處購取

開智會告白

東來書莊

專售東西各種書籍地圖學堂用品向在蘇州胥門內廟堂巷今移至養育巷北女冠子橋堍特告白

近世名家手簡

是書均日本名人手筆搜羅廣博刷印精良有志書法者允宜家置一編誠案頭佳品也欲購者請函致本屋自當服寄不悞

東京日本橋區通三丁目

丸屋書屋告白

物競論全書出售告白

全部一冊

本編所載物競論現已將全書刻成單行本定西歷八月初出書精副閱者先覩爲快之意欲閱者請速衛致本編發行所及向代派處索購可也

新編 日本遊學指南告白

本書詳述遊學各種方法學費若干年限若干以及何等學校最便最速無不備載且所述一切均由留東同人實驗而得與懸空豫算不同有志東遊者允宜快讀一過也定西歷八月間出書

代售各書告白

○譯林 每月一冊每冊一角二分

○勵學彙編 每月一冊每冊一角五分

本編告白

本編出書以來承內外同志提携推廣無任銘感惟本編每月出書同人綿力向無存欵全仗收回書價以資接濟尚希各同志及各代派處早日將欵收齊見付俾得源源不絕是爲至禱本編第一期及第四期現已重印不日出書欲補購者請速函致本編發行所及各代派處可也

本編代派所

上海新北門外　中西書室
上海北市拋毬塲　廣學會
上海三馬路望平街　中外日報館
蘇州廟堂巷　東來書莊
蘇州元妙觀前東首　開智書室
杭州城内銀洞橋　譯林
無錫崇安寺　三等學堂
蕪湖寧淵觀南岸　晉康煤炭公司
江西馬王廟背後　賦梅山房主人
香港荷理活道　聚文閣
香港上環海旁　和昌隆
香港文武廟直街　文裕堂
新加坡衣箱街　天南新報館
東京神田區表神保町　東京堂
東京神田區今川小路二丁目一番地　博愛館
大坂川口三十二番　銘源號
神戸榮町三丁目　中外合衆保險公司
臺灣臺北府大稻埕六館街廿一番戸　良德行

明治三十四年八月二十日印刷
明治三十四年八月廿一日發行

東京芝區愛宕下町四丁目八番地
編輯兼發行者　坂崎斌

東京牛込區喜久井町二十番地
發行所　譯書彙編發行所

東京本鄉區丸山新町十九番地
仝　譯書彙編發行所

明治三十四年一月廿八日第三種郵便物認可
[illegible]明治三十四年七月廿一日發行

No. 7.

THE
YI SHU HUI PIEN.

A MONTHLY MAGAZINE OF TRANSLATED
POLITICAL WORKS.

OFFICE:

No. 19, Maruyama-Shimmachi Hongoku;

or

No. 20, Kikuicho Ushigomeku,

TOKIO JAPAN.

東京出來活版所印行

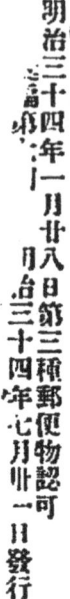

譯書彙編

一九〇一年第一卷第八期

（明治三十四年一月二十八日第三種郵便物認可）

（每月一次定期陰曆十五日發行）

光緒二十七年七月十五日
明治三十四年八月廿八日
發行

譯書彙編

第八期

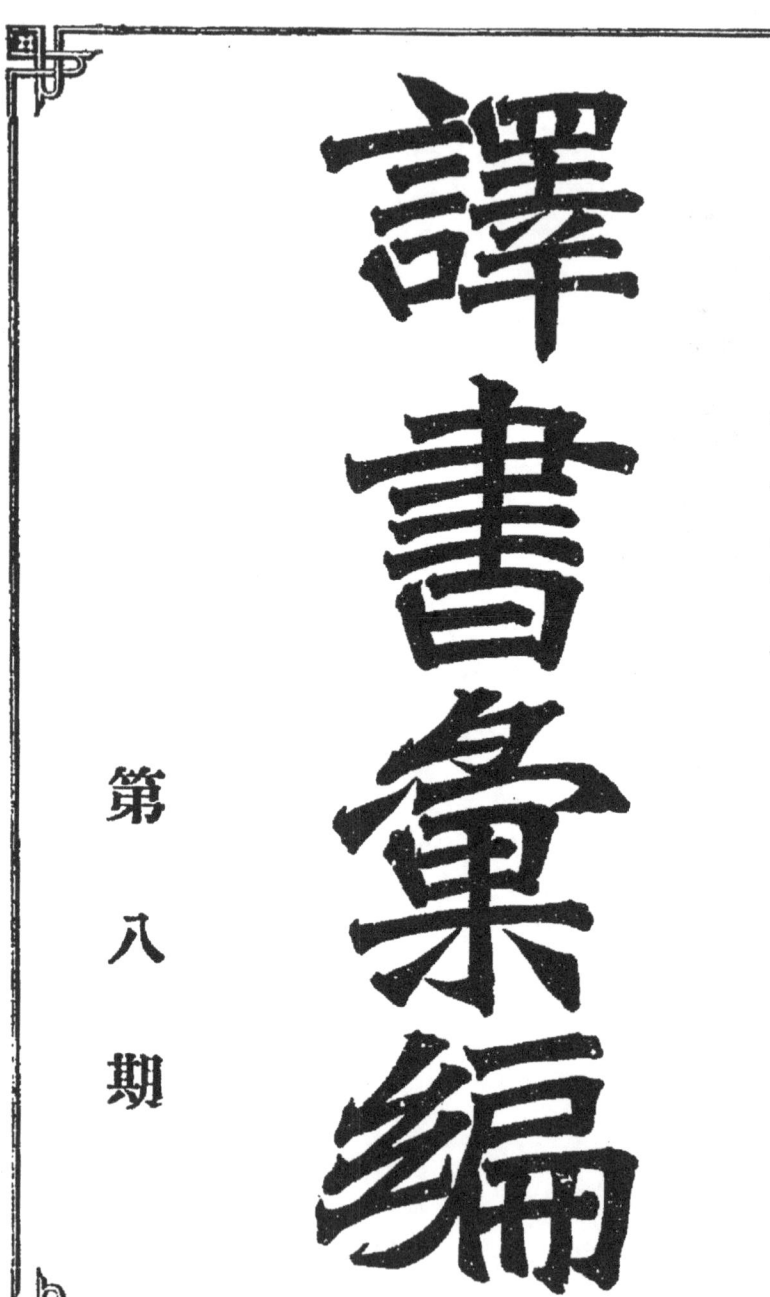

譯書彙編第八期

目錄

簡要章程

一是編所刊以政治一門爲主如政治法律理財歷史哲學各門每期所出或四類或五類間附雜錄

一政治諸書乃東西各邦強國之本原故本編亟先刊行此類至兵農工商各專門之書亦有譯出者以後當陸續擇要刊行

一是編之外尚須刊刻譯成全部之書目錄均附於後

一是編由同人捐貲創辦尚祈同志之士慨與資助當酌提贈書以酬高誼

定價

一月一冊洋兩角　半年六冊洋壹元壹角

全年十二冊洋兩元　內地酌加郵費

購閱畧則

一定閱本編可函向譯書彙編發行所掛號每期當按址寄送外埠可就近向各代派處購取

一價銀必須先付掛號後若不付銀及已送滿所付之價均一律停止不送外埠同

一定閱本編以半年起碼概不零售

一代派照定價提二成作爲酬勞

謹告閱報諸公

本編承內地諸君子來書。交相謬許。而東邦搢紳有道之士。亦謂開通民智。期諸此舉良固愈宜奮起者也。始因創辦之多疎。繼因印刷之緩慢。再因財力之困難。遂致前者屢屢過期。誠無以副內外屬望。同人等頗自引歎。今乘暑假餘暇。擬補足今年彙編應出之數。庶不致失按月遞出之信。而第一期及第四期。已散盡無存。邇來內地函索頗多。已囑印局再版。既欲補出。又欲重印。需欵實鉅。現計每月銷數已在一千份以外。而收回報費者未及十之一二。亦未收其他捐項。悉係籌墊。聞內地往往恐此編中止。故不定購常年。實則此事最可無慮者也。蓋日本自尋常中學校。至高等學校。及大學校學生莫不月出一報。以公佈同志。今吾邦人士之留學東土者。實繁有徒。月起一編。固學業中應有之事。亦綽乎餘裕。是編可保源源不絕。固敢為　閱報諸公訣。或以出數既多。而不能收回報費。則刊費無着。因而延期。亦勢所容有。此所切望　閱報諸公為之轉移也。

本編同人頓啓

簡啓

一日本同文求學最易苦無援引來者頗艱僻內地有欲來學者但備二百四十元即足一年學費房食之用來時同人可代爲招呼一切並可紹介入日本各種學校有志之士幸毋裹足 本編第一期及第二期內言每年一百八十元已足者專指學費房食而言並衣服零用未括在內故復擬算一並約之數於第三期內更正爲二百四十元近因內地有來信詢其前後不同者故特誌之

一日本書籍之多浩如烟海內地之人雖知其益苦無門徑何從購買同人既專探討頗能知其一二若有欲購閱各種專門書及一切有用之書者即祈函告同人當擧所知擇要以聞至購買之後必可效勞代寄照原書定價另加郵費可也

一中國乏才由無教育教育之難由於無書同人現編輯小學中學各種教科書然茲事體大海內名流有素留意此事者望賜函見教以匡不逮

信來請寄本編發行所

本編告白

一本編出書以來承內外同志提攜推廣無任銘感惟本編每月出書同人綿力向無存欵全仗收回書價以資接濟尚望各同志及各代派處早日將欵收齊見付俾得源源不絕是爲至禱

一本編所譯各書間有沿襲外國名目難於索解之處閱者儘可函致本編同人相與析義間難同人知力所及無不竭力以告閱者鑑之

已譯待刊書目錄

政治進化論	英國	斯賓塞爾著
社會平權論	同	
教育論	同	
政黨論	德國	伯倫知理著
今世國家論	法國	鮑羅著
理學沿革史	法國	阿勿雷脫著
歐洲文明史	法國	尼騷著
教育論	法國	盧騷著
平民政治	美國	勃拉司著
教治泛論	美國	威爾孫著
社會學	美國	吉精顏斯著
教育論	美國	如安諾著
東西洋教育史	日本	中野禮四郎著
美國民政	美國	莫里著
國際論	日本	陸實著
國法學	日本	有賀長雄著
文明論之概略	日本	福澤諭吉著

明治歷史	日本	坪谷善四郎著
外交通義	日本	長岡春一著
加藤講演集	日本	加藤弘之著
國際法論	法國	羅諾而著
自助論	英國	斯邁爾著
新聞學	日本	松本君平著
國家學原理	日本	高田早苗講述
近世二英雄傳	英國	格理飛司著
經濟學史	日本	井上辰次郎著
俄羅斯史	日本	山本利喜雄著
十九世紀	日本	博文館編
丈夫之本領	日本	鈴木天眼著
政教進化論	日本	加藤弘之著
近世海軍	日本	福本誠編
近世陸軍	日本	新橋榮次郎編
萬國國力比較	英國	默爾化著
國法學	日本	岸崎昌 中村孝 合著

閱報諸公鑒　本編自第五期為始增刷收條交各代派處經理凡賜閱諸君子以後或定閱全年或半年交費時可問代派處領取收條庶賬目出入得以羅羅清疏便於稽查也今將本編收單式樣登載如左

今收到

先生譯書彙編全年/半年費　元正　自　期起　至　期止

光緒　年　月　日

譯書彙編經理人收單

第　號

今收到

處全年/半年費　元正　自　期起　至　期止

光緒　年　月　日

譯書彙編收款存單

政治學提綱

日本鳥谷部銑太郎著

緒論

論國家古來之起原者。其說不一。或曰、神意使之然。或曰、強者之權力使之然。或曰、人民之結約使之然。或曰、人心之至理使之然。

主神意之說者曰。國家者、神意（即天意也）之所創設。故統治此國家者。亦名之曰神。一切制度規模。雖由人定。而至於重大之國事。則無不由神意爲之指授、主此說者、雖不免近於荒誕。然君主專制之政。其最初之思想。則靡不以此說爲之基礎、而藉此以愚民焉。

主強者權力之說者曰。組織國家之法。強者之權力。可以服從弱者。然後能成國家。故政府者。藉本國之兵力。能鞏固政府。然後成爲國家。主此說者。則以威禁主義爲之主。

主結約之說者。則以法人盧騷氏之說爲之主。其意則曰。人生自由之權、則由天賦。不得侵奪。然世界萌芽之時。即人生天賦之自由權。亦往往爲強者所侵奪。其後民智漸開。欲各保其自由。遂相約而作共同社會。名曰國家。主此說者、其思想雖略近於空渺。而其理之十分之五。確係爲後來共和政體之質點也。

二

主心理之說者。則胎息於英人矮利斯托路氏之格言而出者。其意則曰。人生者世界之動物也。近世之講國家學者。輾轉推闡。其理轉確明。其實國家者乃人心意象中之理境也。故有國家者即有政治。舍國家即不得謂之政治矣。

政治之要。在於達國家之目的。然而論國家之目的者。其說亦不一。或曰、國家之目的。在保護權利。不知僅以保護權利。爲國家之目的。則政治者僅在於所定法律範圍之內。以外如財政各事。及增進人民之利益幸福。擴充國家之教育。開發國民之智識。不與保護權利相關係者。即不得謂之政治之目的矣。或曰國家之宗旨。在於保全國民之安全幸福。主此說者。較之前說。其理雖稍長。然尚不足以盡國家之意也。若僅以保全國民之安全幸福爲主。則強大之國。一旦對孱弱之國。以保全國民之安全幸福爲口實。而欲干與其政治。則斯時孱弱之小國。亦可以慨然許之乎。然則如何而後可。曰政治之本旨。總觀其國之行政而已矣。

要之國家之眞正目的。從世俗而論。則在於國力之進步。國民能力之發達。何謂國力進步。

曰增加國家獨立之原力也。何謂國民能力之發達。曰使高國民生活之程度。及國民品位之程度也。故無論其國之政體若何。要其政體之目的。大旨必不外乎此。

第一章　國體及政體

第一節　總說

凡國家必有統治之機關。其機關之組織。及舉行之迹象。即名之曰政體。故政體者。因其機關之組織。及舉行之迹象。而不同者也。博觀歷史中各國之興衰治亂。其政體決無一定。亦無有至善至美歷百世而不弊者。昔希臘矮利斯托路氏、分政體為三種。曰君主政體。曰貴族政體。曰平民政體。更推政治之本質。將此三種政體。分為善惡兩性。其意以為無論何國。其最初之政體。一人之主權者在上。以強力舉行政治。立為政體。傳之子孫。久而久之。專制之弊生。專以壓抑人心為主。卒至於激而生變。叛亂相尋。其中有一二渠魁桀出者。復出而掌握政權。於是乎君主之政體。遂轉而為貴族政體矣。所謂貴族政體者。專以破君主專制之虐政者也。其初未嘗不為國民圖福利。及其後則舊法漸復。亦專行貴族專制之政。以害國民之自由。以妨社會之進步。與君主專制之政。毫不相異。於是乎革命家。遂驅平民而起革命。其結局遂倒貴族之政。而爲平民之政矣。然平民政體。歲月積久。亦不免流於壓制。以法律爲廢物。以公德爲敝屣。遂成一無政府之形。然而天心久亂則思治。人心久危則思安。社會久於濁亂混淆。亦不得不有回復之勢。於是乎平民之政體復變而爲君主之政體矣。曠觀歷史。其政體之變遷。由君主而貴族。由貴族而平民。一起一仆。循環無已也。

然而矮利斯托路氏之論政理。與近代政治歷史之相背者甚多。又吾人所不可不知者。第一近代之君主政體。如古代之用專制力至極點者亦甚少。除俄國支那土耳其數國外。大抵皆以憲法爲主。開設國會。與國民以參政之權。令國民之代表者（民舉之議員也）出而議法律。或令其監督行政。故易而言之曰。近代之君主政體。專依代議（即由議院議政名之曰代議）制度而存立發達者。亦無不可。其制度一切。大與古代君主不相同。所以如俄國支那土耳其等數國之專制政體。在今日已可稱爲各國例外之政體。將來亦不得不變。然則專制政體一變。仍如古代之專制之後。復有貴族政體起而代之乎。曰不然。何則古代之貴族政體。乃少數之貴族。相與組織而成國家。不過君主專制之後。易而爲貴族專制。自代議制度一興。其一般人民腦筋之思想。與昔日大不相同。兼之今日之世界。專制政體居十分之一。立憲政體居十分之七八。專制已敗。立憲已勝。故專制之後。必成立憲也無疑矣。然則民主之政體又若何、吾人謂矮利斯托路氏之論民主政體、亦與近代之所謂民主政體又不同、茲姑舉其質点及形體而言之、古代之民主政體。雖名爲人民選與參政之權、其實人民並未參政、即就人民選舉之執政官而論、亦何嘗爲人民代表、而爲人民議政、不過欲爲執政官時、藉人民選舉之力以謀之。及既得執政官。則又擅用其權、往往有不法非理之爲、并其執政之時。無論何人不能進而彈劾其非。至於近代之民主政體。則依代議政治。組織而成。其大統領。或內閣執政者。苟稍有過誤、代議院即可起而與之反對。又可以有不認之權。（立憲國政府有受議院之劾而政府全行辭職者）所以矮利斯托路氏之論政體分類法、可與近代歷史中事跡相反之處參觀之近代歷史政體祇有兩種。一名專制政體、一名立憲政體、一人主權在上、乾綱在握萬機獨斷、是之謂專制政體。設立憲法、以組織國家統治之機關、謂之立法、行政、司法、是之謂立憲政治。然而執專制政體者、祇有俄國、支那、土耳其等數國、以外文明諸國則概用立憲政體、此蓋大運人心。遞推遞嬗、自然而成之結局也、然無論其國之政體若何、要其斷斷不可少者、在於政府强大之權力、政府之權力不强大、則不論統治一國、其政府之權力、欲使之强大、古時則全恃兵力。至近代則全恃國民之精神。及國民之意想。協於一致。然後可以爲國家強大之原力也。反是者其國力決不能強大。幷不能統治一國機關。此近代文明諸國。有鑒於此。所以皆設憲法。而行代議之政治也。

然同一立憲政體。有因其政體之不同。而其統治機關之組織亦不同者。有民主國體。而中寓立憲政體者。有君主政體。而中寓立憲政體者。然而民主國體之中。有美與法之不同。君主國體之中。亦有英德與之不同。因之而其統治之機關。及主權之所在。亦不能以一定之理相論。吾人今姑就列國之國體及政體而考察之。

第二節　立憲君主國

第一項　德意志帝國

德意志雖曰帝國。其國體與日本不同。何也。日本帝國。乃單一國家。德意志帝國。則聯邦國也。一千八百七十年以前。德意志實由四王國、七大公國、四公國及七州、三自由都府等。分立而成。當時王國中。普魯士國。其王威廉及其相俾思麻克。素有大志。乘拿破崙三世有征略中部德意志諸州之心。遂與之開戰。卒陷巴黎。使法國爲城下盟。德意志諸州。乃互相同盟。爲德意志聯邦。推普王威廉爲大統領。尊曰皇帝。改德意志聯邦曰德意志帝國。其建國之由來如此。故雖曰帝國。其實不過一大聯邦國。其皇帝不過聯邦國之世襲大統領而已。其所以異於其他民主國之大統領者。民主國主權在人民。而德意志帝國。其主權在聯邦之王侯。及自由都府之聯合體是也。故德意志帝國。其統一決不能鞏固。近年國家主義。所以起於德意志者。亦以此而已。

德意志帝國之政體。由立憲而成。然其建國有一種特別之歷史。故其政府之組織。與統治機關之行動。亦與其他立憲君主國不同。皇帝之特權。固極重大。如憲法上皇帝有世襲君臨德意志臣民之權。召集德意志帝國議會及聯邦參議院之權。並停會開會之權。任免文武百官之權。統率陸海軍及宣戰媾和之權。凡立憲國君主通有之大權。無一不備。然德意志帝國之主權。就事實上言之。在聯邦諸洲之王侯。及三自由都府之聯合體。皇帝不過以普魯士國王。分有德意志帝國之主權而已。實際上代表德意志帝國之主權者。聯邦參議院是也。故吾人先就聯邦參議院之組織及其權能說明之。

德意志帝國之立法部。由聯邦參議院及代議院二者而成立。是爲德意志帝國之上下兩院。然聯邦參議院。由聯邦諸州及三自由都府之代表者組織而成。故以爲純然之立法部。猶非其本質。毋寧謂爲行使主權之機關。較得其當。蓋此非特有立法權。併行政權司法權而有之。如會計檢查院、高等法院、重要之官吏必由參議院指名選舉。皇帝布告開戰。必由參議院協贊。解散代議院。必由參議院同意之類。此皆行政權也。又如各州有不盡義務者。參議院得發執行狀以促之。各州有公法上之爭議者。參議院得爲各控訴所以判之之類。此皆司法權也。且即其立法權。較之代議院亦有無數之特權。如法律之効力必由參議院承諾。訂結條約有關乎憲法及其他法律者。必由參議院協贊之類是也。然則代議院者何。代議院者。乃純然之立法府。所以代表德意志人民。而監督帝國政府者也

聯邦參議院者。所以代表德意志各州。代議院者。所以代表德意志人民之全體。此所以均爲德意志帝國之上下兩院。而其本體作用大不同也。且聯邦參議院之立法權。非僅爲國家立法之協贊。代議院議決之法律案。亦必經其承諾。由是觀之。聯邦參議院者。實主權之主體。而代議院者。不過其客體而已。代議與內閣之關係。非若英國內閣由政黨之向背而交迭。所謂帝室內閣與政黨內閣不同。其大臣惟對乎皇帝有責任而已。代議院不信任內

閣。固得投票以攻擊之。然內閣大臣。無因此辭職之義務。代議院亦無强其辭職之權能何也。德意志內閣。固非代議院多數之代表也。

是故德意志內閣。其權力與專制君主國之內閣。殆無甚差別。其宰相爲皇帝之代理。尤有無上之權力。非但爲政府之統率。即於德意志各州之政府。亦有監督之權。然其內閣權力之强大。亦非無因。蓋聯邦參議院。爲德意志帝國主權之主體。而宰相實爲其議長故也。要之、德意志爲聯邦君主國。而其政體由立憲而成。其皇帝權力。雖視其他立憲君主。較爲强大。而實則德意志主權。不在皇帝一人。而在聯邦參議院。此德意志帝國之特質也。

第二項　英吉利王國

英國爲世襲君主統治之國。其名曰君主。與他國同。然實則英國民政發達最早。所謂立憲制度者。各國無不取法於英國。故英國政治之特色。在衆議院有最高至强之權力。而位於諸政治機關之上。英國君主。雖有召集國會與開會停會閉會之權。然均非出自獨斷。必由內閣大臣之奏請。故英國君主。於內閣大臣之奏請。無拒絕之事。此爲常例。內閣大臣由君主任命。固不待言。而實則內閣大臣之進退。一以衆議院之向背爲準。君主不得擅其黜陟

十

也。觀其任命大臣之法。可以概見。君主當任命大臣時。視衆議院最多數之政黨。遣勅使造其首領。命以組織內閣之任。其首領奉命。即與其重要黨員協議。編列大臣名簿。呈諸君主。君主遂一一任命之焉。

是故英國君主。不得謂統治之主體。不過君臨其臣民而已。其主權之所在。爲衆議院。此由其建國之起源。即已若是。當索遜王國未建以前。無數小國。分立各處。此等小國。皆有人民議會。以備國王諮詢。迨索遜王國既立。各國統一。由是人民議會。亦合爲王國州會。設立賢人會議。以爲王國議政之機關。以王室之重臣與國內之有識者爲議員。其權力極强大。非但得訾議國王之失政。且有廢立選擧國王之權。故國王不過擁虛位而已。其後那門侯威廉一世。自歐洲大陸。征服英國。沒收其土地。以頒有功將士。於是政體一變。復爲封建制度。然是時雖擴張君權。而賢人會議。尙仍舊例。以施其政。惟其性質組織則大變。當時之賢人會議。爲直隸國王之貴族議會。惟諸侯與僧侶。始得列席。而英國今日之政治機關。實由此議會發達而成者。不可以不知也。

今試就其發達之順序言之。此議會之議員。以委員數人。組織國王之常任顧問院。其後漸次發達。遂爲樞密院。樞密院復以委員數人。組織今日之所謂內閣者。此其發達之情狀也。又王約翰時代。貴族與人民。羣起以抗王之暴政。王不得已。乃發表大憲章。愛特華特一世時代。復發表權利法典。其後幾經變革。乃成今日國會有上下兩院。貴族列上院。而人民之代表者列下院。以參預國家立法之權焉。

下院即衆議院。英國衆議院之爲政治機關之主部。自王威廉三世。以有勢力之政黨組織內閣始。自是以往。英國內閣。必由國會議員組織而成。其閣員大抵由衆議院。占最多數之政黨中選拔。故就實際言之。衆議院爲英國統治之主體。立法行政之權。悉操諸衆議院。國王擁虛位而已。是以雖曰君主國。而主權則在人民代表之衆議院也。故民政之最發達者。英國是也。前世紀君主與國會爭權。而國會勝。近世紀則國會之權能。悉歸於衆議院。於是所謂貴族院者。不過就衆議院議決之案。爲盲從之一機關而已。使一旦貴族院與衆議院相反對。或其言動與衆議院相背馳。英國輿論。即大昌貴族院可廢之議。故貴族院者。不過有名無實之立法府。而監督指揮國政。位於諸政治機關之上。占有最高權者。衆議院而已。要之英國者。有君主國之名。而有民主國之實者也。

第三項　澳匈聯合帝國

澳匈憲法中。承認聯合帝國。由二國而成立。二國者。即澳太利與匈牙利是也。澳匈二國。本非統一之國家。不過歷史上及制度上。二國同屬於一王家之下。遂成爲聯合國而已。蓋人種之駁雜。無有甚於澳匈聯合國者。其最重要之人種。爲德意志人司拉武人與馬格野人三種。其他又有伊太利人猶太人。散處各地。惟此等人種。其言語、宗教風俗習慣不同。故非特於社會上時相衝突。政治上亦往往失其調和。而其中尤以馬格野及司拉武人爲最甚。馬格野屬於匈牙利。司拉武屬於鮑海密亞。此二人種。常有獨立一國之志。雖幾經失敗。終無所屈。其結果與國會爭軋。曾無已時。爲患非鮮焉。

匈牙利於十九世紀之初。謀離澳太利而獨立。舉事數次不成。一時仍爲澳所屈服。迨一千八百六十七年之時。復大舉起事。勢極猖獗。澳帝不得已。乃立澳匈共同憲法。承認匈牙利爲獨立國家。有政府議會。與澳國同。遂成澳匈聯合帝國。惟匈牙利王由澳帝兼之。有國家統治權、法律制定權、與不認可權。故匈尚不能全脫澳之羈絆。此近時馬格野人。所以銳意圖維。必使匈爲純粹之獨立國而後已。此其事實也。

二三

鮑海衛亞亦無自治權。不過爲澳太利之一州。僅保生存而已。然觀其人種之統系。決不能與澳相輯睦。故其後必與匈牙利同得自治權而止。此自然之勢也。

由是觀之。澳匈聯合國。由人種之駁雜。往往有分裂之勢。故國家之統一。不甚堅固。且匈牙利現有獨立之政府議會。立法行政司法三權。得自由行於國內。其去純然之獨立國。不過一間。而聯合帝國所特爲共同行動者。不過二種機關。今畧述如左。

第一、澳匈共同政府。　澳匈共同政府。由三省及帝國會計檢查院而成。澳匈皇帝由此機關之輔弼。以總攬兩國共同政務。三省者。其一、宮內兼外務省。其二、軍務省。其三、財務省是也。財務省者。掌編製兩國之共同豫算案。及定兩國之分擔額。而監督其徵收。與分配其收入。凡關乎行政事務者。歸掌理。軍務省者。掌兩國之共同常備軍事務。而常備軍之法律規則。由兩國立法部之協贊而公布之。宮內兼外務省者。掌聯邦國之外交事務。及監督帝室之庶務。

第二、共同代議機關。　澳匈共同政治之特色。即共同代議機關是也。所謂共同代議機關者。由二立法部而成。一屬澳太利。一屬匈牙利。二部各爲其本國立法部之委員會。議員各六十人。其三分之一。由本國之一院選舉。三分之二。則由下院選舉者也。二部各有審議共同豫算案。與監督共同行政之權。又凡共同法律案。各有發議之權。惟當執行職權時。必由二部之同意。二部各決議三次。而尚不得同意者。則開二部協議會。以投票之過半數。決其可否焉。

按澳匈聯合國。王位繼襲法。雖由一千八百六十七年之憲法。而國家統治之基礎以定。然就政治上觀之。匈牙利國。實則不在聯合皇帝統治之下。故有問聯合國之主權執在者。則毋寧曰。聯合國之主權。不在皇帝。而在共同政府。又不在共同代議機關。而澳匈兩國人民各有之也。

第四項　日本帝國

日本帝國。乃純然之君主國體。其主權由天皇總攬之。惟既立憲法。開國會。與君主專制不同。此不待言。其所以異於歐州立憲君主國者。歐州於國體政體。無所區別。日本則君主國體而君主政體。天皇於名實上。均爲國家之主權者。約言之。即君主者。國家之主體是也。此其與歐州立憲君主國不同者也。

五五、日本之爲君主國體。自古已然。惟其由專制政體。變爲立憲政體。此近時之事實也。而其政體之變革。由君主自行之。此亦與歐洲各國不同。歐州政體之變革。無不由流血革命者。其憲法大抵由人民强迫而後立。日本憲法。則純然欽定憲法。君主自定之而頒之人民者也。英國者。君主國也。然其憲法。不認君主爲主權者。德意志者。君主國也。然其皇帝。不但不得謂主權者。其權力乃較之法國大統領尤小。澳匈聯合國者。君主國也。然其皇帝不過名義上爲兩國之共同君主而已。此皆與日本不同者也。

日本憲法第四條云。天皇爲國之元首。總攬統治權。而依憲法之條規以行。歐洲君主國之憲法。但言君臨而不言統治。此爲通則。由是觀之。日本之君主。實兼君臨與統治。惟行之必依憲法而已。何以謂依憲法之條規以行。譬之憲法第五條云。天皇由帝國議會之協贊。以行立法權。夫立法權者。統治權作用之一。行之者爲天皇。而非帝國議會也。帝國議會者。不過協贊而已。然使不經其協贊。則立法權亦不能行。此所謂依憲法之條規以行也。此即立憲政體。所以異於專制政體也。

第三節　立憲民主國

第一項　北美合衆國

北美合衆國。爲民主最完全之國。其國家之組織。自一千七百八十七年。制定聯邦憲法始。當其獨立戰爭時。北美各州。已有由殖民地改爲合衆國之機運。戰事既已。各州之同盟大弛。背親信義。互有分離之勢。故使無鞏固之中央政府。則無以維持內部之秩序。於是一千七百八十七年。新憲法以立。新憲法者。折衷於英國之典章。及殖民地之舊例。編製而成者也。即如立法部由上下兩院而成立。亦其一端也。當制定憲法開聯邦會議時。分甲乙兩黨。甲黨欲聯邦國之立法部。平等代表各州。乙黨欲視各州之人口。以爲出代議士之數。各持意見。互不相容。於是遂有此折衷之制。而後兩黨始相調和。分立法部爲代議院及元老院。使元老院代表各州。而代議院視各州之人口。以出代議士焉。按兩院制度。雖取法於英國。然當時此制之善。康乃克加脫州立法部已早行之。康州之立法部。有上下兩院。上院所以代表州內之自治體。下院所以代表人民。蓋與代議元老兩院相仿佛也。

要之新憲法既立。而國民政府即由是而成。國民政府。於合衆國國家之組織。大有效力。然當時合衆國人民。頗有非新政府之建設者。以爲各州之上。加以中央政府。非獨立戰爭之目的。獨立之戰爭。在得各州之自由與個人之權利而已。此議既倡。於是各州大有分離之勢。然自南北戰爭。其結果遂足以遏其分離。而中央政府之權力。反由是擴張。蓋南北兩部。不樂受治於同一政治之下。故倡分離之論。而有南北戰爭。然此戰爭反有聯合之力。故戰爭既終。南北兩部。遂互相混合。而成共同之國家焉。

合衆國國家統治之法。視其中央政府之權能。足以知之。中央政府之權能維何。曰與外國締結條約之權。宣戰之權。監督合衆國兵馬之權。監造貨幣之權。辦理郵政之權。認許專利之權。處分違背國際法之權。凡此皆是也。其首長爲大統領。自其性質言之。由人民之公選。不過爲行政長官。而自其職權言之。則與英國之君主。殆無以異焉。蓋合衆國之大統領。爲海陸軍之大元帥。並統理外交事務。得元老院三分之二以上之贊成。即有與外國締結條約之權。又凡關乎中央政府之官吏。大統領有任免黜陟之權。非常之時。大統領得召集臨時議會。報告一切。凡重要之議案。大統領有請求議會議決之權。又兩院議決之法律案。必得大統領之署名。而大統領有時有拒絕之權。其權限如此。雖然合衆國之主權。果何在耶。謂主權在大統領。則大統領非合衆國之元首。不過爲統治之機關而已。謂主權在中央政府。則合衆國各州。皆有獨立之政府以自治。其管轄內之權力。毫不屬於中央政府。即謂由憲法所發之法律。爲合衆國最高之法律。然關乎各州之權利。曾不因之而制限。何也。各州者。非合衆國行政之區域。而實組織國家之要素也。然則謂主權在各州政府。而各州政府之組織與權力。皆基於各州之憲法。此憲法由人民之會議與投票而定。故各州政德。決非有最高之權力也。要之無論中央政府各州政府。無不受制於制定憲法者。制定憲法者爲誰。合衆國人民是也。是故主權之在人民。固不待言矣。

第二項　法蘭西共和國

法蘭西殆無一定國體。亦無一定政體。時而爲君主國。時而爲民主國。革命屢起。政體亦隨之屢變。不知底止。現今法國之憲法。乃一千八百七十五年國會所承認。而翌年實施之者也。先是拿破崙三世。與日耳曼啓釁。終爲所敗。於是巴黎立共和政府。而拿破崙之帝政遂敗。尋以與日耳曼締結條約。以普通選擧開設國會。後遂不廢。法國現今改正之憲法。即此國會所議定者也。

現今法國。爲共和國體。然其共和制度。與美國不同。蓋美國爲地方自治最發達之國。其中央政治。毫不干涉地方自治。法國則不然。名曰共和制度。不過以王政之精神。轉運民政之機關而已。按法國曾爲君主專制之國。其始封建制度爲其所破壞。而地方自治。亦爲王權所侵入中央集權之制。於是大盛至路易十四世時代。君主之權力最爲强大。路易十四至自稱曰。朕即家國。其專制可想見矣。其後大革命起。君主政體忽焉亡滅。然當時之革命黨。於舊政府之制度。不能爲根本上之改革。故雖昌言民主政治與共和主義。其實不過借人民代表者之名。以轉運其王政下之政治機關而已。故未幾而拿破崙一世之專制政治復起。

共和主義之實行。以擴張自治行政與。謀地方之發達爲第一義。然法國之立國。由中央集權與君主專制而發達。革命黨雖變其政治主義。而於行政機關之基礎。毫不能破壞之也。故當時新立之議會。其目的不在破壞中央集權之制度。唯使之有秩序與規則而已。而拿破崙一世。亦不外就此目的而實行之。試觀大革命之結果。不能導法國於代議政治之路。而拿破崙一世之專制政治。路易十八世之國王神權主義。拿破崙三世之帝政擴張制度。旋仆旋起。非其不務根本所由致耶。現今之共和政府。雖以國民爲基礎而成立。然就實際言之。中央集權之政治盛行。其政治機關。不過爲發達國家權力。因以轉運而已。
是故美國主權在人民。法國則惟議會爲完全之主權體。議會有修正憲法與選擧大統領之權。故現今之法國。非君主專制。而爲議院專制也。此其爲立憲民主國而與美國迥然不同者也。

第二章　統治權之作用

第一節　總論

凡統治機關之組織。由國體政體之區別而不同。而運用之者。則同是最高至强之統治權。有國家必有統治權。此定則也。國土者。統治權所及之區域。人民者。藉統治權之力。以保其身體財產者也。

統治權者。不可侵犯者也。故其對乎外國。爲領內權。又爲國防權。又爲對等權。而總稱之則曰國權。國權者。獨立不羈不受外國之干涉箝制者也。若外權得侵入國內。則其國不得謂完全之國家。非附屬國即保護國矣。若埃及若土耳其、若暹羅安南。皆此類也。又統治權者。不可分割者也。然其內容。分立法司法行政爲三權。各依其機關而行。此爲立憲制之通則。

今以次詳述也。

第二節　統治權之外延

統治權之發動於國外。是謂國權。國權之一。為領內權。國家者。獨立之團體也。故其國內決不能有外權存乎其中。一國之制度法律。毫無關乎他國之利害。施設變更得以自由。惟由特別之條約制限者。則為例外。如契約關稅等是也。又一國之領土。均屬乎一國統治之內。其居住人民。無內外人民之別。均不得不服從國內之法律。惟特別之權利義務。不在此限。如外人無服兵役之義務是也。除此等特例之外。在一國統治之內。惟一國之權力。而更無他國之權力也。此之謂領內權。

國權發動之二。為國防權。是為防衛己國獨立之權力。此權力之行使。毫不受他國之干涉。譬如為保全己國計。與敵國開戰。除好意為仲裁外。（仲裁者、中間人之意、局外國居間調和、謂之仲裁國、）決不許他國容喙。是為積極國防權。（積極者、猶言陽極、如電氣之正極。代數之正號也。）又各國並立。國際上之關係。不能無利害衝突之時。故為豫防未來之患計。或組織軍隊。或製造軍艦。或建築砲臺。皆出自己國之權力。初不受他國制限者也。是為消極國防權。（消極者、猶言陰極、如電之負極。代數之負號也。）

國權發動之三爲對等權。凡獨立之國家、家國上皆在對等之地位不容有所軒輊、國土有大小。國力有强弱。而權力則無等差。猶之人有知愚貧富。而權利則平等也。故强國不能以威加弱國。大國不能以力脅小國。以國家各有其對等權也。如條約各國。各有派遣使節以爲己國代表之權。及使外交官駐紥之權。其使節及外交官相見時。不可不用相當之禮。又各國軍艦。當海上相逢時。必互揚國旗以表敬意。此爲慣例。蓋國旗者。即國家之代表也。又獨立國有締結對等條約之權。及最親愛國利益均霑之權。凡此皆不外國家對等權之作用而已。

第二節　統治權之內容

第一項　三權分掌總論

統治權於國內之作用。分爲立法行政司法三項。此說倡自希臘矮利斯托路氏。（或作亞立斯度德爾）氏之言曰。凡政治不可不分爲三部、一議定公事之部。一施行政務之部。一處理裁判之部。政治之優劣。視此三部之整理得宜與否而已。矮氏之後。法人孟的斯鳩氏亦倡三權竝立之說。孟氏以爲立法、行政、司法、三權竝立。無偏輕偏重之弊。則政治可無混雜之虞。蓋孟氏之說。乃指英國政治而言。其實英國政治。非以三權竝立爲體也。何則。英國議院有立法權。而內閣員不啻爲議院之委員。故其有行政權。猶之議院有行政權也。最近之學說。以司法權爲隸屬於行政權。分統治權爲立法行法二大端。是亦未合於實際者也。按爲是說者。以爲立法權者定人民權利義務之法律。與經理國家之規則。行法權者。即實行此法律與規則也。然實則行之權亦掌立法之事。如制定徵兵令者。立法權也。而其施行之細則。則屬乎行法權是也。又發命令之權。爲行法權之一部。由是觀之。立法行法之區別。益無由明矣。今先就命令之關乎法律者。一言以明之。

法律與命令。自其形式上言之。劃然不同。法律者。必經議會之議決。命令異是。君主或大統領得自由發之。又行政官衙於委任權限以內。亦得自由發命令焉。此其不同者也。然自其實質上言之。則無是區別。如或謂法律者。規定國法之大體。命令者。規定國法之細則。然若者必爲大體。若者必爲細則。其界限未易定也。又或謂關乎人民權利義務之事。必以法律規定之。是亦一說。然其實命令之無關於人民權利義務者。曾不數見。譬如新俸稅徵收法。及保安警察令之類。皆有關乎人民之權利義務。而省令或府縣令得發之。此分證也。

且命令中最重大者。爲緊急命令。而行政權得由緊急命令。不得立法之手續。手續者、經歷一定方法之謂、如立法必先發案、次議決、次公布之類以規定立法事項。甚或變更法律。爲大抵立憲政體不由法律。不得變更法律。英法諸國。憲法上均明定之。日本憲法第三十七條亦云。法律必經帝國議會之協贊。然國家危急之際。得發緊急命令以代法律。而事後求議會之承諾焉。此立憲政體國屢行之事實也。

立法行法之範圍。其區別之權如此。故各國不得不互異。譬如甲國以法律定之之事。乙國則以行政命令定之之類是也。美國立法權最强大。歐州大陸諸國。以行政命令處分之事。美國大抵以法律規定之。故行政權之範圍極狹。如德國於地方自治體之權利。得由行政權之專斷。而增減變更之。美國議院。其年年精力所注。專在各州自治團體之立法事業。此其可見者也。

雖然。屬乎法律之事項。與屬乎行政之事項。必一一區別之。此實際上之所不能。唯學說上則分立法行法之權限。而立論如左。曰、立法權者。謂制定法律之權力。行政權者。謂執行法律。及於法律之範圍以內。而發命令之權力是也。由是觀之。古來學者所創三權鼎立之說其所謂司法行政者不能劃然區別何也曰司法權曰行政權皆不外執行法律之權力而已雖然自其大體言之司法權與行政權亦不能無形式與實質上之區別何謂形式上之區別司法權者由裁判所行之行政權者由行政官行之兩者不得相侵是也何謂實質上之區別司法權者於法律之條文不能有絲毫之苟且行政權者於法律之範圍以內得以任意施行又司法權者於社會上之利益幸福不相關係唯嚴行其法而已行政權者以利益爲目的而隨時得以便宜處分是也故司法行政二權就實際上之作用而言固各爲獨立之權力也今請一一分論之

第二項　立法權

立法權之爲何物與法律命令之區別上已詳述今單就立法之方法論之

凡立法之手續（解見前）各國不同然立憲政體國一切法律必經議院之議決此爲通則倘議院不議決則不得謂之法律此不待言其普通之方法有四第一法律案之起草第二法律案之議決第三決定案之裁可第四法律之分布今順次論之

立法第一之手續法律案之起草是也凡立憲國法律案之起草由政府及議院主之惟議

院得起草。並有議決之權。政府則唯起草後提出之於議院而已。日本憲法第三十八條云。兩院議院。各有提出法律案之權。與議決政府提出法律案之權。蓋法律案之起草。爲立法上最重大之事。使政府獨有此權。則議院僅得議決。不過爲政府之顧問府。失立法上大半之權力矣。故立憲國之議院。無不有法律案之起草權者。此也。英國法律案。大抵由政府起草。議院自行起草者。殆鮮其例。此英國內閣大臣本爲議院之委員。故政府起草。議院起草。初無以異也。

立法第二之手續。法律案之議決是也。議決之方法。各國慣例不同。日本憲法。關乎議決之事。其條規有二。一憲法第四十六條云。兩議院議員。非各有三分之一以上出席者。不得開議議決。二憲法第四十七條云。兩議院議事。各以過半數決定。若可否同數者。由議長決之。由是觀之。議決最要之欵。一、爲議員三分之一以上出席。二、爲以過半數決定。三、爲可否同數決於議長是也。而甲院議決。移於乙院。乙院議決。移於甲院。兩院各可決後。而後始得謂議決也。若兩院不能一致。兩院得各以委員若干名。開兩院協議會以調停之。若仍各執前議。不能相讓。則此案遂作廢焉。

立法第三之手續法律案之裁可是也裁可者君主或大統領於議院議決之法律案許以國璽而與法律以効力之謂也故議院之議決不能即爲法律使法律案成法律者實裁可之權力也立憲國於議院之議決大抵裁可此爲慣例惟既有裁可之權力不可無不裁可之權力不然則裁可者不過爲無益之手續矣日本憲法亦無不裁可之條惟議院法中有云法案經裁可者於次期以前公布之由是推之則未經裁可者不能公布可以知之矣

立法最後之手續法律之公布是也法律案由裁可而成法律然未經公布則國民無遵奉之義務也雖有法律而不能執行故執行之前不可不先公布而公布必由國務大臣之副署副署者所以使法律執行有効力也

第三項　行政權

行政權者謂執行法律及於法律之範圍以內爲保持公共之安寧與增進國家之幸福而種種施設之權力也凡在君主國此權力最強大立法司法二權往往有受其制者是以行政事務之種類最屬廣博然自議院有監督行政之權於是行政之範圍漸狹此亦勢所不免者也

行政事務。大別之有五種。一曰外務。二曰內務。三曰財務。四曰軍務。五曰法務是也。今以次述之。

第一、外務。　外務者。關乎外國之行政事務。受議院之檢束最少。即如英國爲議院萬能之國。獨至外務行政。則往往由內閣大臣專決之。議院有監督權。而不能有十分之効力也。日本憲法第十三條云。天皇有宣戰媾和及締結條約之權。而其下無再經議會協贊之條。蓋外務貴乎機密。又宜隨時應變。故必一一待議院之議決。此勢所不能也。今就外務重要之事列舉如下。(一)宣戰媾和。　(二)國際條約。　(三)公使領事之授受。　(四)外國居留臣民之保護是也。

宣戰媾和者。爲政務中最難之事。非聰明果斷之政略。不足以當之。故無論何國議院。大抵一任當局者之處置。以爲常例。惟當局者失議院信任之時。則議院亦得掣肘之。然議院固不能有議決宣戰媾和之權也。

國際條約有二種。第一種永久條約。第二種暫時條約是也。永久條約者。既經締結之後。即使其國政府交迭。政體變革。其効力仍在。如割讓土地及劃定疆界等條約是也。暫時條約者。如攻守同盟及通商條約之類。此等條約。若締盟國有革命之事。因而不能實行。或締盟國之間。互動干戈。則自然歸於消滅。又或締結時以一定之時日爲限。或指一定之事項而言。若時日已過。或事項已終。則亦即歸消滅。此不待言。蓋此等條約在君主國。大抵不待議會之協贊。惟通商條約不在其例。如普魯士憲法第四十八條云。通商條約必得議會之同意。始爲有効是也。

公使領事之派往外國。一以示國際之親密。一以示在外臣民之保護。此近代締盟國之慣例也。公使者。爲國家元首之代表。故各國皆有特別之禮遇。在治外法權之下。治外法權者、蓋謂不受他國法律之制限。如有罪必使其本國自治、他國不得而治之是也而不受他國法律之支配。支配者、即處治之意領事者。專以保護在外臣民爲任。如商業船舶之保護。及爲在外臣民增進各種利益是也。

第二、內務。　內務者。所以計畫社會之進步。及維持人民之安寧。國內之行政事務也。其事項頗多。其範圍極廣。如教育、宗教、警察、交通、商工、農業、衛生、出版、美術等類。皆屬乎內務行政者也。

第三、財務。　財務者。關乎國家歲出歲入之行政事務。其事項大別爲二。第一、掌各種收入之事務。如租稅、薪俸稅、國債利息。及國家事業之所得是也。第二照豫算案所定。掌全國之支出事務是也。

第四、軍務。　軍務者。所以保護己國之權利。及己國之安寧。關乎軍備之行政事務也。如徵集兵卒。編製軍隊。製造軍艦。及建築砲臺之類皆是也。

第五、法務。　法務者。關乎裁判所之行政事務。然與司法權之作用。截然不同。故玆所謂法務者。非指民事或刑事之判決而言。單言關乎司法機關之各種事務而已。

以上所列舉者。乃就行政之性質。其大別當如是。至於行政上之細別。各國不同。即如日本。凡教育、交通、農工商等。皆在內務管轄以外。而爲獨立之行政。亦一證也。

第四項　司法權

司法權者。純然執行法律之權力也。裁判所之行爲。即此權力之作用也。裁判所之行爲有二。第一、民事上之裁判。第二、刑事上之裁判是也。司法權者。此二種行爲之根源也。

第一、民事上之裁判。　民事裁判者。謂個人之私權。或有毀損爭議之時。則判決以保護之是也。個人之私權。法律上雖規定之。然使之實得享有。而互不相侵。則非保護之不可。保護之者。司法權也。然司法權所以保護私權。至公權則不在保護之例。公權者。個人對乎國家之權利。保護此權利者。屬乎行政裁判所。而非屬乎司法裁判所也。

第二、刑事上之裁判。　刑事裁判者處治犯法者之行爲也。法者。所以維持社會之安寧。故刑法及其法律。皆所以豫防罪惡者也。譬如謀亂之人。殺人之人。及侵奪他人所有權之人。皆有害於公安（即公共之安寧）故法律上均有明文嚴禁之。若有背此明文者。司法權即得據法律以罰之。此裁判所之行爲也。

由是觀之。司法權之作用。在民事及刑事裁判明矣。其裁判之爲獨立。毫不受行政權之牽制。此不待言。雖然。有二疑問焉。其一法律命令之當否。司法權有判決之權與否是也。其二、一私人與國家。有私法上爭議之時。司法權有裁判之權與否是也。由前之問。國法學者。大抵主狹義之說。曰、司法權當審查法律命令之時。惟問法律之具備形式與否。與命令之不越權限與否。至法律命令之實質。果合於憲法與否。非司法權所當預聞也。由後之問。則有二說。一說曰、私法上之爭議。國家與個人。無所區別。故司法權得裁判之。又一說曰。司法權者。乃國家統治權之一部。故無強制國家之權。是二說者。皆國法學者所採用者也。

第三章　立憲政治機關

第一節　總論

立憲政治機關。由立法、行政、司法三權分掌之。此爲通則。然立憲君主國。有皇帝或國王位乎其上。以統一三權。而總攬萬機。故自理論上言之。君主爲國家統治之最高機關。此不待論。惟各國國體不同。故君主之實權。亦隨國體之異。而有大小强弱之分。如英吉利雖爲君主國。而其權力反不及議院。故議院者。實英國統治之主體也。又如德意志雖爲君主國而其皇帝不過爲形式上之統治者。至主權之實際。則在聯邦參議院是也。惟日本異是。君主有最高之權力。立法、行政、司法、三權。悉由君主總攬之。故無論理論與實際。君主均爲國家之統治者。然君主必依憲法而統治。不依憲法。則統治權不能行。故自憲法上言之。君主者。亦國家之政治機關也。或曰。主權者乃國家之主體。有自存獨立之概。所謂政治機關者。不過主權者設置之。使分掌國家統治權之作用而已。故以君主爲政治機關。則君主非主權者矣。其言固是。雖然。其斷案則未免謬見也。

按、國家之主權。非由憲法而創定。憲法者由主權而制定者也。故憲法未定以前。即有主權者在。此不待言。然主權者既自作憲法。定政治機關之大則。則主權者亦即不能離此大則而獨立。此理有固然也。故自主權者之本體言之。專制國與立憲國。初無所區別。而自其作用言之則專制國與立憲國。大不相同。吾人以君主爲政治機關之一者。非就統治之實質而言。就其作用而言也。統治之實質。由國體而定。統治之作用。由政體而定者也。

日本憲法所謂欽定憲法是也。天皇者。制定憲法者也。故自國體上言之。君主獨立於憲法之上。而自政體上言之。則君主亦不得不依憲法。以施行其主權。譬如憲法爲天皇所制定。而改正之時。天皇亦不得不踐憲法之手續。（解見上）天皇欲改正憲法。必先提出之於議會。以待兩院之議決。而兩院於此。凡尋常法律。議員過半數出席即可議決。獨憲法改正案。非得三分有二之多數。不能議決。此所以示憲法之鄭重。雖君主亦不得而輕動之也。故就政治上而言。無論君主議院。均惟憲法是從。不能有專制之事。惟君主爲國家之最高機關。占政治機關之首部。萬機悉歸其總攬而已。要之以君主爲主權者之故。謂其非政治機關。猶之以議院爲人民代表者之故。亦謂其非政治機關。均不免形式論而已。

君主國有皇帝或國王。爲最高之政治機關。民主國亦有大統領。占政治機關最高之部。惟大統領必由人民選舉。或議院選舉。始得登位。不能存乎憲法以前。而爲憲法所創定之機關。此不待言。故其實體與作用。全與君主不同。大統領由人民之委任而後行。凡未經委任之事項。即在權限以外。此爲通則。且民主國之立法行政司法三權。各其由獨立之權力以行。大統領之職權。僅在行政之範圍以內。而不能及立法司法之界限也。何也。大統領固非主權者。不過形式上爲最高之政治機關而已。

立憲政治機關。大別之爲四。第一、君主及大統領。第二、政府。第三、議院。第四裁判所是也。

第二節。　君主及大統領

第一項　君主

立憲國之君主。可從兩面觀之。國體上之君主。就統治之本體而言。是爲一面。政體上之君主。就統治之作用而言。是又爲一面。專制政體與立憲政體之所以異者。在此而已。

第一、國體上之君主。　君主國以君主爲主權者。而爲國家統治之根源。是爲通則。日本憲法第一條云。日本帝國。世世由天皇統治。據此明文。日本之統治者爲天皇。於此可見。然此僅所以示統治權之本體。非所以示統治權之作用也。蓋就日本之國體言之。非就日本之政體言之也。惟明文中所當注意者。僅言由天皇統治。而不揭正統之何在。歐州各國憲法。無不載君主之正統者。是蓋由選立制變而爲世襲制。故就國體論之。不得謂純然之君主國也。日本則自建國以來。世世一系。故其正統與國俱存。無待贅言焉。

是故君主有二義。第一、君主有法人之性質。人有自然人與法人之別、自然人者、天生之人、法人者、法律所承認爲有人之資格者也、如團體等類皆有法人之性質者也、故歷久不死。第二、君主代表國家之尊嚴。故神聖不可侵。何謂歷久不死。歷代君主。皆得繼續其行爲。而君位無空虛之日是也。如皇帝崩御。皇太子不必待即位之禮。即爲君主。昔者哈諾瀨爾國王。欲破壞其父王之憲法。乃宣言曰。從前之憲法。[illegible]父王所發布。與朕無與。朕將別定新憲法焉。當時論者。羣以爲前王與今王。乃同一法人。不能分而爲二。於是哈王之說遂不行。此亦君主不死之理論所由來也。何謂神聖不可侵。是有二說。一說曰。君主神聖。故不爲惡。不爲惡故無責任。政治上之責任。悉在大臣而已。一說曰君主聖神。故位乎諸權力之上。他權力不得而侵害之。歐州諸國之例。姑不具論。就日本之憲法言之。所謂神聖不可侵者。乃指君主之本體而言。毫無政治上之意義。故與大臣責任之事。全無關係。惟位乎諸權力之上。而不爲他權力所侵。是說頗得眞意。蓋君主之過失。固無人得而審判之也。

第二、政體上之君主。　就君主國體而言。君主固兼統治權之本體與作用而有之。惟統治權之作用。復由政體之專制與立憲而不同。專制政體之君主。統治權之作用。毫無制限。立憲政體之君主。則必依憲法以行。故統治權之作用。即受憲法之制限。日本憲法第四條云。天皇爲國之元首。總攬統治權。而依憲法之條規以行。立憲君主之地位。於此可見。既曰總攬統治權。則兼有本體與作用可知。又曰依憲法之規條以行。則統治權之作用。受憲法之制限又可知。此意蓋謂統治權之作用。凡有背乎憲法者。不得謂正當之行爲也。請就日本憲法詳言之。

立法權者。君主固有之權力也。然憲法有云。天皇經帝國議會之協贊。以行其立法權。然則制定法律。不可不經議會之協贊。故未經協贊者。不得謂之法律明矣。行政權者。君主固有之權力也。然憲法有云。法律勅令及其他關乎國務之詔勅。必須國務大臣之副署。然則國務大臣所未副署者。即無執行之効力。効力之生。全在副署明矣。司法權者。亦君主固有之權力也。然憲法有云。司法權者。以天皇之名。裁判所據法律以行之。然則裁判所者。實司法權之機關。其行之之時。知有法律而不知有他。故即君主之命令。亦不能干涉裁判所之行爲明矣。由是觀之。君主者。兼統治權之本體與作用而有之。而統治權之作用。又必受憲法之制限。此立憲政體之大則也。

國家重要之事項。載之憲法。屬乎君主之親裁者。是謂權法上之大權。英國憲法。爲不成文之憲法。（不成文者、即習慣之謂、凡法律由習慣而成、不經制定之手續者、謂之不成文法、反是者謂之成文法、）故於君主親裁之事項。未易明認。其他各國。有成文憲法者。大抵明載而確定之。而大權執行之時。必須國務大臣之副署。此不待言。今就日本憲法。舉所謂大權者。一一詳述之。

(一)法律裁可之權。　凡法律必經議會之議決。此立憲國之通則也。法律案提出之權。有僅屬乎政府者。又有視法律案之性質。而異其提出之權者。獨至議決之權。苟爲立憲國。則無不不屬乎議會。據日本憲法。政府與議會。雖各有提出法律案之權。然不經議會議決。則終不得謂之法律。憲法第三十七條云。凡法律必經議會之協贊。即此謂也。雖然議會之議決。尚不能即有法律之效力。蓋議決者。不過制定法律之手續。至與法律以效力。則君主之大權也。憲法第六條云。天皇裁可法律。而公布執行之。所以示其大權也。故法律僅由議會議決其効力尚無自而生。効力之生實由君主之裁可也。蓋制定法律固必須議會之協贊。至與法律以効力而使臣民服從之命令權。則屬乎君主之大權也。是故裁可者實君主親裁之作用。國務大臣不過承旨副署而已。

（二）緊急勅令發布之權　緊急勅令者所以代法律者也。日本憲法第八條有云天皇因保護公共安寧及免除公共災害有緊急不得已之故。當帝國議會閉會之時得發緊急命令以代法律。故緊急命令有三要欵。保護公共安寧及免除公共災害而有緊急不得已之故一也。帝國議會閉會之時二也。非一般行政命令所得概括之事三也。（一般者、猶言尋常）其第一要欵乃事實問題。不能豫定。惟當是時由君主之親裁而已。其第二要欵除議會不成立之外。決不得發緊急勅令。所謂不成立者。指閉會中而言。若停會則不在此例。蓋停會者不過議事之一時中止。而議會固依然成立也。故不得因發緊急勅令而使議會停會。此不待言也。其第三要欵。謂一般行政命令所得概括之事。即不得發緊急勅令。蓋緊急勅令之所以異於行政命令者。在有法律同等之効力而已。故緊急勅令之發布。猶之法律之發布。出乎行政命令之範圍者也。以上三欵。有一不具。則不得發緊急勅令也。

七九

然緊急命令發布之後議會之承諾與否其權全在議會若議會不承諾則將來即失其効力日本憲法有云凡緊急勅令於次期議會開會時必提出之若議會不承諾則政府即以將來無效之故公布國中此條爲最要之規定使無此規定則緊急勅令得以自由增損法律矣惟緊急勅令由君主發布故議會即不承諾不能背爲違憲之命令不過此令將來之存廢有議決之權而已英國法律與勅令劃然區別無論何時不得以敕令代法律著爲定例若國家非常之時不已得有以敕令變更法律之舉則國務大臣不可爲引爲責任以求議會之解除所謂責任解除者自憲法上觀之若爲違憲之處分而自政畧上言之則承認其不得已之故而有不問之意也故英國憲法不以發布緊急勅令爲君主之大權此其與日本不同者也

(三)行政命令發布之權　行政命令者在乎法律之下故不得變更法律日本憲法第九條云天皇因執行法律或維持公共安寧與增進臣民幸福之故得發必要之命令惟不得變更法律玆所謂命令者所以補法律之缺與緊急勅令其性質全然不同緊急勅令者關乎立法之事前已詳言之若行政命令必與法律無礙始得自由發布若一旦有所衝突則即

不能有効力焉。

然行政命令之合法與否。其判定之權果何在。據普國憲法。以此權屬於議院。然其實往往由裁判官行之。白耳義澳太利等。均以此權屬於裁判官。憲法上著爲明文。日本憲法雖未規定此條。而就實際而言。則往往由行政裁判所行之也。

(四)官吏任免之權　官吏者。由國家之委任。擔當國事者也。故市町村自治體之員役。尚非純然之官吏。何也。此等員役之職務。固亦公共事務之一部。而未嘗受國家之委任也。官吏之職務。大別爲二。曰文官、武官是也。其等級亦有二。曰高等官、普通官是也。文官更分爲司法官、行政官。高等官更分爲敕任官、奏任官。又如國務大臣、及樞密顧問官等。名曰親任官。然要之亦官吏之一種而已。凡官吏之任免。屬乎敕令之範圍。法律不得而侵之。以其爲君主之大權也。任免之權。既屬君主。故俸給亦由君主定之。而行政各部之官制。亦均由敕令定之。惟裁判所、會計檢查院、國務大臣、樞密顧問官等類。其權限由憲法或其他法律所規定者。此爲組織官制之特例。雖敕令亦不得與之相衝突。日本憲法第十條云。天皇定行政各部之官制。及文武官之俸給。而任免之。惟憲法及其他法律所定之特例。各依其條款以行玆所謂行政各部者。指特例以外之各官衙。如內閣、各省、(猶言各部)及府縣廳之類是也。官制者。即分配政務之規則。制定各官衙之權限及其組織是也。官吏之任免與官制之制定其間頗不同。官制之制定。不得不認法律所定之特例。至任官則全屬勅令之範圍。非法律所得而侵之也。

任官爲君主之大權。然非重要之官職。君主得委之上司長官。或由國務大臣之奏薦而任命之。此爲常例。國務大臣者。所謂親任官也。故大抵由君主直接任命。然內閣之制度各異。因是任命之形式。亦各國不同。德國內閣。由官屬主義而組織。故國務大臣之任免。全由君主之意思。英國內閣。由政黨主義而組織。故國務大臣之任免。以議院之向背爲準。然議院無選任國務大臣之權。惟得決議其信任與否而已。由是觀之。英國大臣之任免。亦屬乎君主之大權。又況純然之君主國體乎。

(五)統率兵馬之權。　兵馬權之在君主。此君主國普通之制度也。君主爲六軍之大元帥。委任將軍。徵集軍隊。製造軍艦。建築砲臺等類。皆其大權也。故日本憲法第十一條云。天皇統帥海陸軍。第十二條又云。天皇定海陸之制及常備兵之額。英德各國。常備兵額由法律定之。故若議會不承諾其費、則不能徵集一兵。日本由勅令定之、故與英德各國、其本末之不同可知矣。

(六)宣戰媾和及締結條約之權。　和戰之事、以機密敏捷爲要務、故不能付之議會討議、此不待言。至締結條約、歐州諸國之制度有二、各種條約、必經議會之協贊。是爲一種、德意志白耳義澳大利等。均採用此制、條約締結之權、專在政府。是又爲一種、英國採用此制。惟執行條約之法律。不能無國會之承諾而已、日本締結條約之權。專在君主、不必議會之協贊。憲法上雖明定之。然有二疑問焉、假使條約之細則。有必經立法手續之故、將如何、假使執行條約。必須變更法律。與制定新法、又將如何。則答之曰締結條約、固爲君主之大權、然因執行條約之故、而有增損法律之舉、則不可不經立法之手續、何也若條約之細目。一律不待議會之協贊。而有行於國內之効力。則政府將濫用其權、不至侵入立法之區域、不止是故。執行條約之法律。若議會不承諾、則此條約即歸無効、當締結條約之時。不可不先得議會之協贊也。日本憲法。雖明定締結條約爲君主之大權、然非謂與立法之手續。全無關係、不過執行條約之勅令。君主有發布之權而已。

（七）宣告戒嚴之權。　戒嚴者。國家當非常之時。停止行政警察權與司法裁判權之一部或其全部是謂軍事處分。平時之警察權。雖屬於地方行政官。若與他國開戰之時。其接近敵人之所在。即爲戰地。在戒嚴之列。其地之行政官。非得軍隊指揮官之同意。不得擅發警察命。又軍隊指揮官有所請求之時。行政官不得拒絕之。若認定其地爲合圍之地。則宣告以後。無論警察權與司法裁判權。悉行停止。司法官與行政官。毫不得干涉之。其無城壘之地方。則以緊要之所爲戒嚴令施行之區域。此不待言戒嚴之要欵。如施行之時機。發布之區域。及宣告時必要之規則。必以法律定之。不得以勅令從事。惟宣告戒嚴之事。屬乎君主之大權而已。日本憲法第十四條云。天皇有宣告戒嚴之權。其戒嚴之要欵及其効力。以法律定之。於此可見。又施行戒嚴令所當注意者。此令所以處一時之危急。非永久之方法也。故危難既平。事局一定。則戒嚴令不可不即行解除。何也。戒嚴之宣告。固國家非常之時。所以行其非常之權也。

（八）授與榮典之權。　皇室爲名譽之淵源。故爵位勳章。均君主之所授與者也。然爵位勳章者。固非所以區別臣民。不過表彰其人之名譽而已。臣民各爲平等。爵位勳章。不能干涉其權利。此不待言也。

其他若議會之召集、與開會、閉會、停會、解散之權。以及大赦、特赦、減刑、開復之權。雖皆屬乎君主之大權內。然此均由憲法所規定。故若憲法改正之時。則其範圍亦因之伸縮焉。

第二項　大統領

大統領之所以異於君主者。其大要有三。大統領由選舉而即位。有一定之任期。一也。大統領無固有之統治權。其權力限於行政之範圍。二也。大統領於一切政治。均負其責任。三也。至其選舉法、及其資格職權。各國不同。今試舉美國與法國比較其異同焉。

(一)美國之大統領。　美國之大統領。由人民先選舉其選舉者。然後選舉之。即複選法是也。(一名間接選舉)選舉人之總額與聯邦國會上下兩院議員之數同。故選舉大統領之投票數與上下兩院之投票數同。可以推知之。其選舉之手續。各州人民當大統領滿任之前一年。先投票選舉大統領之人。其當選者。於十二月集會各州之首府。以行選舉大統領之投票。翌年二月。乃開聯邦共同會。以計算其票數。大畧如是。然就實際言之。大統領之選舉。不過於政黨會議。以投票決定其候補者而已。故政黨會議。實為選舉最要之機關。是不可以不知也。

大統領當選之人。須年在三十五歲以上。十五年以上住居於合衆國內者。其任期以四年爲限。其職權在統督合衆國陸海軍。主理外交事務。延見外國公使。與外國締結條約。惟須經元老院三分有二以上之贊成及任免聯邦政府之行政官吏是也。大統領與聯邦國會之關係。在報告合衆國之情狀。及現時當行之政策。提出之於國會。以求討議。又凡非常之時。大統領得召集一院或兩院。開臨時議會。又延會之期。如兩院意見不能一致。大統領得決定之。以命兩院之延會焉。

(二)法國之大統領。　法國之大統領。由國民會選擧。國民會者。元老院與代議院。共同議事。始用此名。其大目的有二。一修正憲法。一選擧大統領是也。惟選擧大統領時。國民會亦有受法律制限之條。即曾爲法國君主之家族。不得選擧爲大統領是也。大統領之任期以七年爲限。居法國行政部首長之職。有任免文武官之全權。無論何時。以一月爲期。得命兩院停會。臨時議會。及通常議會已經五月以後者。亦無論何時。得命之閉會。又代議院雖未滿期。經元老院之承諾。亦得命之解散。惟大統領雖有選任內閣大臣之權。大臣不得爲大統領之代表。而爲議會之代表。蓋大統領不過就議會迄多數之政黨。擇其領袖人物。任之爲大臣而已。又大統領之任免官吏。必須大臣之副署。故政府官吏。實際上爲大臣選任可知。至法國大統領與美國大統領之所異者法國大統領必超然在政黨之外。美國大統領、則必爲一黨之代表是也。

第三節　政府

第一項　國務大臣

政府者。掌行政權作用之統治機關也。議會者但協贊而不施政。但議決而不命令。但立法而不執行。而政府者。乃施政之所由出。有執行法律命令之職司者也。其組織雖各國不同。然其所謂政府之中樞。居代表者之任者。則大都稱曰國務大臣。蓋最高之行政官也。日本國務大臣。依內閣官制所定。參與國務全體之施行。並依各省官制所定。分擔行政各部之事務。然由憲法上言之。國務大臣者。乃天皇之輔弼官。其職權不過使政府之行爲有效力而已。故憲法第五十五條云。國務大臣者。在輔弼天皇而負其責任。凡法律勅令及其他關乎國務之詔勅。必須國務大臣之副署。輔弼云者。參與天皇大權之謂。副署云者。使法律勅令有効力之謂也。有輔弼而責任由是生。有副署而責任由是明。今先就副署及責任之關係詳述之焉。

凡副署之必要。（猶言不可缺之事）在保證法令之適法是也。適法云者。謂發布之法律勅令。於形式上及實質上。與憲法及現行法律。不相牴觸是也。使無副署。則無論法律與勅令。均不能有効力也。惟副署爲奉行君主之命令。故就名義上而言。無論何時。大臣不能有拒絕副署之事。若副署之法律命令形式上雖適法。而其所含事項有違法者。大臣不能藉口於天皇之命令。而自免其責任。何也。大臣者天皇之輔弼官也。大臣之責任有二。一對乎國務全體。一對乎分擔之行政事務是也。前者謂之聯帶責任。後者謂之單獨責任。此二者之界限。實際上雖未易區別。然大都各大臣連名副署者。屬乎聯帶責任之範圍。其不然者。爲副署一大臣之責任。此日本憲法之所認可者也。然單就國務大臣之地位言之大臣者。有輔弼國務全體之責。故不得不以聯帶責任爲通義。由是內閣之制以立焉。

第二項　內閣

內閣者。總決國務全體之樞機也。其組成之要素。爲國務大臣。據日本憲法。但言國務大臣。而不言內閣。然天皇得以制定官制之大權。設內閣制度。使國務大臣爲閣員。以總決國務全體。故國務大臣不能無聯帶責任。此不待言也。
然所謂聯帶責任者、果對乎何人而言、或以爲對乎君主、或以爲對乎議院、由前之說、大都採德國內閣之制、由後之說、大都採英國內閣之制、德派者曰、日本內閣者帝國內閣也、故大臣唯對乎君主有責任而已、英派者曰、立憲國之內閣不可不爲政黨內閣、故大臣不可不以議院之向背爲進退、吾人欲論定二說之是非、當先述英德二國內閣之制、庶足明二派之源委焉。

第一　德國內閣之制。　德國就實際上而言。無所謂內閣。藉曰有之。則總理大臣一人。即可謂之內閣、德國之總理大臣、爲憲法上唯一（有一無二之謂）之國務大臣、其他各省大臣、不過爲總理大臣之分體、而隸屬之而已、又德國之總理大臣、由皇帝任命、以皇帝之意思爲進退、故其責任對乎皇帝、而非對乎議會。惟總理大臣之於議會、不可不說明自己之政策、及報告政府之事項、然議會即有不信任之投票、無强總理大臣辭職之事。總理大臣非爲議會多數之代表。故亦不必職辭。何也。德國之總理大臣、固爲皇帝之代理者、而負其責任者也、若夫德國皇帝之外。其足以檢束總理大臣者、其唯聯邦參議院乎。是無他總理大臣有監

二九

督各州政府。及執行德意志帝國法律之職權。而總理大臣及各州政府有爭論之時。裁決之者。實爲聯邦參議院故也。然總理大臣。往往兼參議院議長。又爲普魯士議員。而有投票之權。故參議院最後之議決。仍不得不依總理大臣之投票。是故德國之總理大臣。謂爲政府之首腦無不可。且謂爲政府之全體亦無不可也。

第二英國內閣之制。　英國內閣。由國務大臣組織而成。其政治上之責任。爲對乎議會而言。此近代之慣例也。抑英國之大臣。事實上爲議會之委員。有編製兩院立法事項之職權。又有指導兩院議事之任務。故其於政治上權力之强大。此不待言。試更就其選任之法詳述之。英國大臣。必由兩院以內占有議席之政黨員中選任。其選任之時。英國君主視衆議院占有多數之政黨。召其首領。命以組織內閣之任。首領奉命後。即與其黨中有力者協議。定各大臣之位。製成名薄。呈諸君主。君主遂由此而任命總理大臣及各省大臣焉。

然英國衆議院議員。非經選舉人承諾。不能遽就官職。故議員若一旦受大臣之任命。形式上不得不辭議員之職。以求再選。然若不能當選。則又不得不辭大臣之職。何也。大臣有兼議員之必要故也。蓋內閣必以已黨之人占衆議院之多數。故大臣兼議員。則於伸其議員之權。較爲便利也。

內閣大臣。若於重要之提案。爲衆議院所否決。或衆議院有不信任內閣之議。則內閣大臣不得不總辭職。雖單屬一大臣之失政。而內閣大臣有聯帶責任。故仍不得不總辭職。而以內閣之任授之衆議院占有多數之反對黨。惟內閣自以衆議院之反對。不足爲國民輿論之代表。則可奏請解散。而行改選之制。當此之時。內閣得依然留職。以覘新議院之意向。若新議院仍爲反對黨占有多數。則內閣不得不告退。故解散衆議院。以一次爲限。此英國議院政治之慣例也。

由是觀之。英國內閣有四原則焉。(一)、必以國會議員組織。(二)、大臣必由衆議院占有多數之政黨員中選任。(三)、以聯帶責任行政。不得不依國會之意向爲進退。(四)、以總理大臣一人爲統率。閣員均不得不服從。有此四項。蓋純然一政黨內閣也。然雖國政黨內閣。而由法理上言之。英國之內閣大臣。仍爲君主之輔弼官。國家之統治。均以君主之名行之。惟君主於其行爲。無對乎議會之責任而已。蓋君主不爲惡。政府之有惡。皆由輔弼大臣之失計。故政府之敗政。大臣不得辭其責。此英國憲法之主義也。當政黨內閣尙未純然成立之時。國會牽以此主義彈劾大臣而審判之。其後國會之權力漸次發達。於是遂不得不以國會之向背。三一為內閣大臣之進退。彈劾之例。一變而為投票。最後乃至內閣之交迭。惟衆議院之投票為最有効力焉。是以英國內閣。法理上雖為君主內閣。而就事實上觀之。則固議院內閣。即所謂政黨內閣是也。

然英國政黨內閣之所以成。亦經幾多歲月。漸次發達而來。決非一朝一夕之故。當政黨內閣。未甚旺盛之時代。英國君主往往選拔其親近之若干人物。作為常任顧問。以行君主之大權。然常任顧問之數過多。故於輔弼君主。處置機務。其活動稍有不便。於是時國王亨利六世。更由常任顧問員中。選拔若干人物。搆成一樞密院。在樞密院之人。必使宣誓秘密、盡忠國王。於是常任顧問員之實權。移於樞密院。而樞密院遂為英國政治機關之主要。然樞密院中。更有一種委員會。此委員會不於樞密院會議室執行。而別於一小室會議。於是內閣之名以起。內閣之勢力。與時代共增長。遂與國會有密接之關係。而握英國政治上之實權焉。

據學者之說。英國內閣之發達。大要分為四期。第一期時代。所謂內閣者。不過一無定之小會議。君主由樞密院中選任若干委員。諮詢機務。而實際之施政。非得樞密院之承認。仍不能舉行此最初內閣之實狀也。第二期時代。政治上始認定內閣之名稱。然就法律上而言。尚不能代樞密院之地位。第三期時代。始與近代之內閣組織相近。此時代以前。雖非無代表一二三政黨之內閣。然由衆議院中最有勢力之政黨領袖組織內閣。實以此時代爲始。當時英王威廉三世。決意以衆議院中占有多數之民權黨　托以內閣之任。使成爲純然之政黨內閣。此於英國政治史上。實開一新紀元也。遂使內閣大臣列席國會。而顯然有對乎國會之責任。則第四期時代也。此時代之國會占一切政治機關之最高位。而衆議院復取國會之全權。以國民之名。指揮政務而監督之。內閣之成立。以衆議院之信任與否。而定交迭之標準。此現代英國內閣之實狀也。

以上所述英德兩國內閣。果以何者爲合乎憲政。此不得以一片理論判斷之。蓋英國內閣。乃自然發達。非由憲法而成立。又非由人力一朝一夕而使然。故現代之內閣組織。將來或以爲有害於英國憲政。則一變而採用德國內閣組織亦未可知。又現代之德國內閣。雖合乎現代國情。然安保他日無非常變局。一變而爲英國內閣耶。至日本內閣。憲法上爲帝國內閣。而其組織爲德國派。其合乎英國派者。此時勢問題。而非法理問題也。何也日本憲法。於內閣組織固無特別之規定也。

第三項　行政官府

一國之大臣。負國務全體之責任者。內閣員是也。充行政事務之分擔者。中央行政各部之長官是也。中央行政部之組織。各國雖大致畧同。然由各國之國情。不無差異之處。試就各國行政官府之組織及其權能。比較詳述之。

（甲）英國之行政官府

英國最有勢力而在最重要之地位者。大藏省是也。此省常例爲總理大臣兼攝。然總理大臣別有主任之職務。故不過有大藏長官之名譽職而已。實際上掌事務者。出納大臣是也。出納大臣者。監督國家之歲入歲出。每年編製豫算案。而提出之於議會。且有代表政府說明之於國會之職權。名省固得自製豫算。然不能不經出納大臣之檢閱。而其應修正之款項。出納大臣有自由修正之權。此不待言。按往時英國大藏省。乃由一種合議體組織而成。大藏長官、出納大臣、及三名之大藏次官、成一委員會。司理一切。其後委員會有名無實而大藏省之職權。全歸出納大臣之掌中。於是出納大臣。事實上遂爲大藏省之長官矣。

次於大藏省而在重要之地位者。有五大省。曰內務省。曰外務省。曰殖民省。曰陸軍省。曰印度事務省是也。此五大省。往時由國務大臣一人統一之。不過一單純之官府。次增設大臣二人。其後遂設大臣五人。而成五官府。即所謂五大省是也。

五大省之外。復有一省二局。一省者。海軍省是也。二局者商務局、及地方政務局是也。海軍省、由海軍大臣、及五名之海軍次官。作爲海軍會議員而監督之。商務局、由議長一名、及其他之官吏委員而成。官吏委員者。除大藏大臣及出納大臣之外。其他國務大臣及衆議院議長等。均包括在內。其職權頗廣大。凡關乎商務上之事務。皆得贊議。其他如監督鐵道、檢査船舶、執行港灣燈臺等之法律。裁定度量衡之制度。管理鑄造貨幣。監視全國郵便局。掌理全國統計。皆其職權中所有者也。地方政務局者。由總裁一人統轄之。凡公衆之衛生、救貧、及關乎地方政治之法律施行。均歸其監督。在日本即爲事務省所管之職權。故此局之地位。雖未及內務省。而其對乎地方政治之監督權。極爲重大。其關乎衛生事務之職權。尤爲廣大。如公衆衛生之規則。得以强迫命令執行之。又如地方衛生諸區議決之規則。有時得否認之之類是也。又地方諸機關有貸借之時。亦歸地方政務局調查。非有確實正當之理由。不能承認。故其職權殆與內務大臣不相上下也。

樞密院在近代殆無甚勢力。其所屬委員會。僅於行政事務有關係而已。而此等委員會。亦大都有獨立之官衙。其現時尚存於樞密院者。不過教務部、工藝部、農務部、等二三局部。但樞密院議長。仍以閣員參列內閣。則與日本一例也。

以上爲英國之中央行政官府。其他有所謂商務局之支部者。曰驛遞局。又有隸屬於大藏省。而實爲獨立官衙者。曰工務局。驛遞局之長官曰驛遞總監。其職權在監督郵便、電信、及貯金事務。工務局有局長。凡王家之宮殿、及公園等。與其他不屬於他省之國有建物。均歸其掌理焉。

（乙）普魯士之行政官府

凡欲究德意志之政治組織。當先考普魯士之行政制度何也。普魯士之行政諸官府。大都爲德意志帝國之代理省局。故普國政府。作爲德國政府之代理機關觀可也。

普國制度之特色。在由學者立案。憑學理以組織是也。此與英國制度。其性質所以全然不同。英國制度。乃漸次發達之結果。故無創立古來未有之法。及新設行政機關之事。現時所行之制度。不過祖宗以來自然發達者而已。反之普國制度。大抵為斯坦因所創設。或採斯坦因主義而制定者。此其不同之點。宜注意者也。

斯坦因之計畫。普國行政改革。在分中央政府為五省。曰外務省。曰內務省。曰司法省。曰財務省。曰軍務省。其後以五省職權過多。乃分內務省之一部設文部省。更分其一部設商工務省。及農務省。更分商工務省為商務省及工務省二省。故現今普國中央政府。共有九省。即外務省、內務省、文部省、商務省、農務省、工務省、司法省、財務省、軍務省是也。

雖然。當斯坦因之改革普國行政。設立諸省之時。普國議院制度。尚未成立。故不可無監督行政部之政治機關。於是斯坦因復興古代所謂國政評議會者。（創於一千六百九十六年）使行監督行政之職權。國政評議會者。與英國樞密院畧似。其議員由王族、及有議員資格之文武官吏、與特別召集之州吏。組織而成。斯坦因之所以復興此者。在使監督諸省大臣之行動。以保政務之統一。然此計畫終未及實行。故國政評議會現今僅存其形。其本體已全歸消滅。於政治上毫無勢力。猶之英國之樞密院。不過有名無實而已。

其後哈登盤更設所謂大臣會者。以為政務統一之機關。是即為普國內閣。組織之者。各省大臣是也。其應有職權。第一、評議行政官府之一切事件。第二討議一般法律案及憲法修正案。第三、調停諸省之紛議。第四、調查各大臣所主務省之報告。第五、監督地方官廳。第六定議緊急事件之處分是也。

諸省之外。復有一獨立官衙。謂之會計檢查院。其職權在檢查政府歲出入之決算。及國債與關乎國家財產之處分事項。蓋於國家之財政有司法上監督之權者也。此院由院長、及若干之檢查官組織而成。院長由大臣會之指命國王選任之。檢查官由院長之指命國王任命之。而大臣會議長副署之焉。此院特立於大臣會之外。有直接對乎國王之責任。日本之會計檢查院。即取法乎此者也。

(丙) 法國之行政官府

法國之中央行政部。分為十一省。曰司法省。曰外務省。曰內務省。曰大藏省。曰陸軍省。曰海軍及殖民省。曰工部省。曰農務省。曰商務省。曰文部省。曰遞信省是也。司法省固所以監督國家司法事務。然非必掌國家司法之全部。何也。軍務上之法律。由陸軍省施行。海上法律。

由海軍及殖民省施行。行政法由內務省施行。其職權之分配。極爲嚴正故也。是以司法省無軍法及行政之職權。特於民法刑法及商法之施行。擔任其一切事務而已。外務省擔任外交之一切事務。內務省於不屬他省管轄之內政。有執行之職權。大藏省擔任國家歲出入之財政。陸軍省擔任軍事上之職務。海軍及殖民省擔任海軍軍政。及關乎殖民地之政務。工部省擔任道路、鐵道、國有鑛山及船舶、港灣、燈臺等事務。農務省監督林政、灌漑、牧畜等事務及規定家畜衞生規則。與其他農務上種種之保護監督。商務省擔任內外商業之行政事務。即規定取引所（即行家之類）商業會議所、生命保險會社、貯蓄銀行等之法令。監視賣買市場。發給特許商標（猶言牌號）規定海關稅則。獎勵造船航海與保護之之方法。以及編製統計表等是也。文部省監督高等普通之教育。及宗教、美術、劇場、音樂等事務。遞信省監督郵便電信、事業。此其大較也。

法國之中央行政部。由以上十一省組織而成。然法國中央行政部之異於他國者何在。在機關之行動。由二種會議主導之是也。二種會議者何。一般之行政。有大臣會主導之。各省之政務。有各省委員會主導之是也。然大臣會與內閣異其職權。內閣者。運用國家全體政器之機關。大臣會者。不過有行政上之職權而已。故二者雖由同一之人組織而成。而不可同一視之也。內閣者。在大統領與國會之間。若二者之連鎖然。故以大臣爲內閣員觀之。大臣有時若位乎大統領之上。大臣會議者。純然一行政會議。故以大臣爲大臣會員觀之。大臣實從屬大統領者也。蓋大臣會之設。爲行政上統一計。或大統領死去辭職之時。代大統領行其職權。法國憲法上之機關也。各省委員會者。其主務大臣爲助理已職。計於省中之局長部長中。擇其所信任者組織之。立於其省各局課之間。以分配各種事務。而進言於主務大臣。且於其省應提出於國會之議案。有準備之職權焉。

以上所述。各國行政官府大畧如是。至日本中央行政官府。其組織如何。試備述之。日本共設九省。曰外務省。曰內務省。曰大藏省。曰陸軍省。曰海軍省。曰司法省。曰文部省。曰農商務省。曰遞信省。諸省各由國務大臣爲主任大臣。外務省掌外交政務。及關乎通商、航海、移民等事務。內務省掌地方行政及警察、監獄、土木、衛生、社寺、戶籍、賑恤、救濟等事務。兼有監督各府縣廳及北海道廳之權。大藏省掌政府之財政及會計、出納、租稅、國債、貨幣、預金（存放銀金之請）之保管物、銀行等事務。兼有監督府縣郡市町村及公共組合（如會社之類）等財務之權。陸軍省掌陸軍之軍政。海軍省掌海軍之軍政。司法省掌一般之司法行政事務。兼有監督各裁判所、及檢事局之權。文部省掌學問教育事務。農商務省掌農工、商、水產、林地、鑛山、發明意匠商標、及關乎地質等事務。遞信省掌鐵道、郵便、電信、船舶、航路、郵便爲替（爲替者匯劃銀錢之謂）及郵便貯金（存放銀錢於郵便局之謂）等事務。各省大臣由其職權或特別之委任。凡關乎主任事務者。得發省令以行之。又得下訓令於警視總監、北海道廳及府縣知事等。又若警視總監、北海道廳、及府縣知事等之命令處分或有違背成規危害公益侵犯權限等事。各省得停止及更正之。其他如法律案及豫算決定案。外國條約及重要之國際事件。官制、規則、及法律施行之勅令。各省主管權限之爭議。天皇發下及帝國議會轉遞之人民請願書。豫算外之支出。勅任官及地方官之任免進退等類。必經內閣會議。各省大臣不能專決。又即使各省之主任事務。其關乎高等行政。而關繫重大者。均不得不由閣議決定焉。

各省之外。其可認爲行政官府者。有曰會計檢查院。法制局。警視總監。但法制局隸屬內閣。警視總監隸屬內務省。均不得謂獨立官府。惟會計檢查院直隸天皇。其對乎國務大臣。有特立之地位。凡政府之總決算。各官廳官立諸營造之收支及官有物等之決算。受政府補助金或有特約保證之團體。及公私立諸營造等收支之決算。由法律勅令特屬於會計檢查院檢查之決算等類。均有檢查確定之權。其他尚有三項(一)總決算及各省報告書之金額。與各出納官吏所提出計算書之金額。果符合與否。(二)歲入之徵收歲出之使用官有物之所得、估賣、讓與、及利用等。與豫算之規定及法律勅令。果無誤與否。(三)豫算超過或豫算外之支出。果爲議會所承諾與否。以上三項。均有編製報告書之職權焉。

第四項　樞密顧問府

英國之樞密院。其始爲最高行政府。其後因政治之變遷。漸失其實權。迄今遂爲有名無實之廢衙。前既詳言之矣。日本之樞密顧問。乃憲法上之一機關。與國務大臣相對立。審議重要之國務。以備天皇之諮詢。(憲法第五十六條)樞密院即由樞密顧問組織而成。以議長一人副議長一人顧問官二十五人爲定員。然樞密院非行政官府。故於一切施政。不能干涉。唯關乎立法行政之事。充天皇之最高顧問府而已。

樞密院於天皇諮詢之外。不能妄以意見上奏。此與帝國議會之有上奏權。其性質全異。又樞密院與內閣及各省大臣。雖有公務上之交涉。然與其他官廳或帝國議會或一般臣民。

無往復文書。與其他交涉之職權。又樞密院於帝國議會、或官廳、或臣民等之請願書。及其他之通信。無受領之職權。總之樞密院對乎第三者。不能有發行何等命令之職權。不過於左定之事項。待諮詢而會議之。以意見上奏而已。

(一)皇室典範中屬其權限以內之事項。

(二)憲法之條項。或附屬於憲法之法律勅令。一切草案及疑義。

(三)憲法第十四條戒嚴之宣告。第八條及第七十條之勅令。及其他規定罰則之勅令。

(四)列國交涉之條約及約束。

(五)樞密院之官制。及關乎改正樞密院事務規定之事項。

(六)上記諸項之外。臨時諮詢之事項。

要之樞密院者。非行使統治權之官府。又非以自己發議之權。干涉施政之職。且故其議決。不能有立法之手續。而國家法律之効力。毫不爲之增減。此不待言也。

第五項　政務官及事務官

行政官分爲政務官及事務官二級。此蓋由對乎議會之關係。而始區別者也。凡出席於議會。直接爲政府之代表。或於其省局之事務。受委任而有答辨之責者。是謂政務官。隸屬於政務官。而久於其事務、與議會無關係者、是謂事務官、然此區別、惟英國最爲明顯、其他諸立憲國、大抵以官僚主義組織政府。故不必有政務官及事務官之區別、雖事實上間或有之。然未有若英國之顯然者。何也、官僚主義之政府、政務官大都由事務官累進而爲之、英國則事務官均終身其任。決不能爲政務官。而政務官則必爲出席於議會者、故議員若有任事務官者。即宜辭議員之職。循以爲例。其所以有此區別者。無他。政務官者、由議會之不信任。不得不辭其職、而事務官者。服一定之常務。以不失其職爲旨。故唯對乎長官有職務上之責任。至其對乎政務、無直接之責任也、是以事務官與政務官。其任命法亦自不同、事務官者。試驗其學術技藝而任命之。政務官者。必由議員中任命之也。

英國之政務官。其始以國務大臣爲限、其後憲法發達、政務官亦漸次增加。遂設政務次官。其進退與政務官同、蓋英國憲法、貴族不能出席於衆議院、以爲慣例、歷代之內閣大臣、貴族往往占其大半。此等貴族大臣、不能出席於衆議院。說明政務。或答辨質問、故代此等貴族大臣。衆議院中不可無政府之代表、此政務次官之所以必要也。

以內閣員配置兩院。英國近代政治家中。非無知其不便者。然此究爲勢所不得已。何也。英國有力之政治家大都出於貴族院故也。

英王橋其三世之第一內閣。以十四人組織。其中有議席於衆議院者。僅有一人。其他十三人悉貴族院議員也。一千七百八十三年。彼得之第一內閣。以衆議院議員爲內閣員者。僅彼得一人。一千八百四年彼得之第二內閣。除彼得之外。衆議院議員。亦僅一人。一千八百九年之保羅寧代而內閣。以貴族六人。平民四人爲大臣。一千八百十二年之邈日保羅內閣。以貴族十人。平民二人爲大臣。一千八百五十九年派麥司登之第二內閣。其始內閣員中。十人爲衆議院議員。其他五人爲貴族院議員。其後自一千八百六十三年至一千八百六十五年。內閣之八席。爲貴族院所占。衆議院所占者。不過七席而已。其時軍務省、外務省、殖民省、及海軍省長官。均爲貴族。無出席於衆議院之資格。故代表此等重要省務者。非其省長官。政務次官之任也。一千八百六十六年之蠶皮內閣。其閣員中七人爲貴族。八人衆議院議員。當時首相、太法官、殖民大臣、樞密院議長、內璽官、耶克司貪總裁及驛遞總監、屬於貴族院。內務、外務、軍務及印度事務大臣、大藏總裁、海軍省委員長、商務局員及救貧局長、屬於衆議院。此配置法。以及司來里之主義爲本。先是一千八百六十四年、及氏唱言曰。陸海軍二省長官及國務大臣之大半。不可不有議席於衆議院云云。氏更定之於憲法。國務大臣五人中。以四人爲限。許出席於衆議院。而大法官、樞密院議長、內璽官、許由貴族中選任。使貴族院中亦得相當之政府代表。於是一千八百七十四年之及司來里內閣。減閣員之數爲十二人。以同數之政務官。列席於上下兩院。其主張之主義。竟得實行。迨氏以伯爵列於貴族。乃以愛爾蘭事務總裁。列於內閣。而出席於衆議院。以維持閣員之權衡焉。爾後此配置法。雖稍有變動。要之半數以上之內閣員。大都屬於貴族。故重要之政務。衆議院中爲政府之代表者。實爲政務次官也。

然英國政務官。其對乎國會之關係如何。英國政務官對乎國會之職務有三。第一、開院式敕諭及奉答之職務。第二、法律案之提出及指導議事之職務。第三、質問及答辨之職務是也。

第一、開院式敕諭及奉答之職務。　英國政務官對乎國會第一之職務。在擬議會各會期之敕諭是也。按英國國王往時往往自臨議會演說召集之理由。如及姆司一世楷耳司一世均然。其後査耳司二世以勅書記述其希望感情。朗讀之以代演說。其後此勅書遂成定例。不問其爲何人立案。惟認爲政務官主義之發表。議會得自由評論之。亦成慣例。迨至近代。議會之勅諭。非由總理大臣立案。即由總理大臣之命令。他人代爲立案。案成提出之於內閣會議。決定後復俟君主之裁可焉。

勅諭中陳述前議會閉會後之重大事件。及重要議案政務官欲付於議會審議之方式。然無論如何重大政府據議會制定之條例而行者。勅諭中不復明示。又議院奉答勅諭。不能不先討論。故議院不能自由討論之事件。勅諭中亦不明示。至勅諭奉答文必先付討議。實始於勞盤脫皮而之內閣時也。

奉答文之討議。大都在會議之始。此爲通例。其發議者例由新議員中撰擇。蓋勅諭中均國家重要之事件。使議會演說之經驗稍淺者當之。此所以開拓新進人才之進路也。而反對黨往往提出奉答文之修正案。藉此亦足以占內閣之得信任與否也。

日本於開院式舉行之日。天皇親臨朗讀勅諭。循以爲例。勅諭中示前會期以後之內外形勢及當會期應提出之重要議案。與英國之勅諭同一方式。惟奉答文兩院各由議長立案。

每期用同一之文字。不必經議院之討議。此與英國典例不同者也。

第二、法律案　提出及指導議事之職務。　英國憲法上慣例。政務官於增進國家幸福社會利益等議案。有提出於議會之責任。即重大之議案。不可不由政務官提出之謂也。不但有提出之責任而已。又有使之通過之責任。此政務官所以為議會之首領。而得强大之勢力於議會也。

在野議員。固亦有提出問題之自由。然常例重大問題。必由議會先使政府審査。議會不得有逕自審査之事。此非議會之推諉。凡此等問題。非規摸確立。不能達其目的故也。勞盤脫皮而氏、以在野議員提出議案於議會。為其正當之權利。而議案之起草。必委之政務官。始為便利云云。是無他。政務官之對乎國家。有直接之責任故也。

是故重要立法之事。大都由政務官之發案。上下兩院之議事。大都待政務官之指導。而後進行。故議會於審議政務官提出之議案。往往居會期之大半。而在野議員提出之議案。非得政務官之贊助。亦往往不能通過。此政務官所以儼然為兩院之首領。而為議會之後見人也。附見上夫如是故政務官不但於議會之立案、提出、通過等事。有憲法上之責任。議會凡百之事務。亦無不由其監督而指揮之。當一千六百九十二年、威廉三世建設第一議院制內閣時。一政務官歎曰。衆議院議員無一人知衆議員翌日之事務者。但豫期之於議會。以爲某事可爲。某事不可爲。此亦過信之甚矣云云。近代議會之智識閱歷。漸次增長。此等弊害。亦因之大減。然政務官尙爲指導議事之主動力。此不待言也。如有政務官得衆議院多數之信任。則其所認爲愚策。及凡不適時宜之議案。有使之不能採用之勢力是也。

一千八百四十八年、衆議員委員會報告政府曰。指導衆議院事務者。不可不由政府。若政府更加意於法律之立案。於會期之初提出之。計其宜否。以議案分配之於兩院。則議事得其順序。而於議案之進行。亦較容易。且政府既如此盡力。則獨立之議員。亦必贊成於公務之執行。必能正確迅速云云。又一千八百六十一年、衆議院委員會報告曰。在野議員得自由提出法律案。並有討議之機會。此不待言。然修正案之提出。則政務官之職務也。且政務官於衆議院信任之時。其所提出之議案。議會應使有先議之機會云云。此主義與日本議院法。大畧相同。日本議院法第二十六條云。凡議事日程。以政府提出之議案爲首。惟有其

原件缺失

第二節　立憲君主國

第一項　德意志帝國

德意志雖稱帝國。與日本帝國政体則大不同。何則。日本帝國。則政府在上。郡縣在下。純然一國家之制也。至志德意帝國。則聯邦國也。一千八百七十年前。德國分爲王國四。大公國七。公國四。及七州三自由都府。其時法之拿破崙三世。意欲征略德意志中部諸州。而德意志王國中有名普魯斯者。適上有英君。下有賢相。其君名威廉。其相名卑思麥克。乘此機會。與法國開戰。卒破巴里。爲城下之盟。其後德意志諸州。結同盟條約。乃成德意志聯邦國。奉普魯斯王威廉。爲皇帝。遂稱德意志帝國。

德意志帝國建國之由來如斯。故雖名爲帝國。其實不過一大聯邦國。其皇統雖名爲萬世一系。其實不過爲聯邦國世襲之大統領。其與民主國之大統領不同者。民主國之主權在民。德意志帝國之主權在聯邦王侯。及自由都府之聯合体。故雖名爲帝國。決不能鞏固至億萬世也。

德意志帝國之政体。用立憲之制。然其建國之歷史。與各國不同。故其建立政府。及統治機

八

關之出入。均與立憲君主國不同。何則。皇帝之權。本屬至尊無對。照憲法而論。則皇帝之子孫。必亘萬世而爲君。凡國家之議會。及聯邦參議院之召集開會停會等。皇帝均有大權。凡文武百官。皇帝則有任免之權。凡陸軍海軍。皇帝有統率之權。凡宣戰講和。皇帝有決議之權。乃德意志帝國之主權。則不在皇帝。而在聯邦諸州之王侯。及三自由都府之聯合体。其皇帝祇爲普魯斯王。不過分德意志帝國之主權而已。其實能代表德意志帝國之主權者。則在聯邦參議院。而不在皇帝。故不得不先論其聯邦參議院。及其權力。

德意志帝國之立法部。則分聯邦參議院及代議院兩院。參議院者。猶日本帝國之貴族院。代議院者。猶衆議院也。此即德意志帝國之上下兩院。然德意志帝國之聯邦參議院。則由德意志聯邦諸州。及三自由都府代表者。集合而成。故與純乎一國之立法部。大不相同。即稱之爲德意志帝國主權發表之機關。亦無不可。蓋德意志帝國之立法部。不僅有立法權并有行政司法兩權。何則。譬之如會計檢查院。或高等法院之著名官吏。必須由參議院選舉。或如皇帝宣布開戰。必須由參議院協贊。或如解散代議院。必須由參議院同意。此皆參議院而寓行政之權者也。又如德意志帝國中。某州有未經遵辦之事。參議院可以行文該州。使之遵辦。又如各州於公法上互有爭端。參議院則爲控訴院。可以裁判一切。此皆參議院而寓司法之權者也。且即就立法而論。比之代議院。其權特重。凡一切法律。欲令全國奉行。必須參議院許諾。則參議院有許諾之權。又德意志帝國憲法。及以外諸法律。或有變動。則參議院有協賛之權。此參議院之所以異於代議院也。至於代議院則何如。曰、代議院者。純乎德意志帝國之立法府。代表德意志人民而監督帝國之政府者也。

聯邦參議院。代表德意志之各州者也。代議院者。又代表德意志之上下人民者也。此即德意志帝國之上下兩院也。而其本体之作用。則有與各國大不同者。且聯邦參議院立法之權。不僅協賛國家立法之事。幷有許諾代議院議定法律案之權。故論其實。則聯邦參議院。爲德國主權之主。代議院爲主權之客。若論代議院之與內閣關係。則德國之內閣。與英國不同。英之內閣。依政黨之向背而更迭者也。謂之政黨內閣。德則謂之帝室內閣也。其大臣惟對皇帝有責任。代議院見大臣有不能勝任者。可以投票劾之。然內閣大臣。決不因代議院之投票而辭職。代議院亦決不能强內閣之辭職。此德國之所以異於英國也。

德國之內閣。其實權殆與專制君主國之內閣相類。其首相則爲皇帝之代理者。其權至尊無對。不僅統率政府。并有監督各州政府之權。此非內閣之妄自尊大也。蓋帝國主權之木在聯邦議院。其中議員代表普魯斯國者為最多。故德國皇帝不過兼普魯斯王而已。至皇帝所選之首相即聯邦衆議院之議長也。

要之。德意志聯邦君主國係立憲政体。其皇帝之權。較之以外之立憲君主國更大。蓋其國主權不在皇帝一人。而在代表各州之聯邦衆議院。此即德國之所以異於各國也。

第二項　英吉利國

英吉利為世襲君主統治之國。故其國與以外之各君主國。毫無所異。然英國為民政最早發達之國。如立憲制度即謂之各國均取法於英國。亦無不可。至英國政治之特色。則衆議院於政治機關上。握最高至強之權力。然衆議院雖有權。至於國會之召集、開會、停會、閉會等。英君主仍未嘗無權。故與尋常立憲君主國無異。然英國君主雖有權。仍非出於親裁。乃由內閣大臣之奏請而定。要之英君主無論何事。均不能拒絕內閣大臣之奏請。至其內閣大臣。論其名義。雖為君主所任命。而論其實。則內閣大臣。專以衆議院之向背為進退。而非君主所能任意黜陟者也。至其大臣任用之法。則英主命衆議院中最大政黨之首領。使之建立內閣。其首領一面奉英主勅命。一面即與有力之同黨協議。而製一大臣位置名簿。奉呈君主。君主閱畢。即將名簿上各人任爲大臣。

故英國君主者。非統治之主體。不過君臨臣民而已。其主權實在衆議院。自建國以來已然矣。今試上溯英國建國之初。於索遜王國未立以前。尚有幾多王國。分處各地。各小國皆有民間議會。議論政務。以備王之顧問。至索遜王國建立以後。從來分立之各王國皆合而爲一。民間之各議會。亦皆化而爲王國之州會矣。當時又爲議王國之政務。別有一賢士議會。專議王國政務。僧王室之重臣。或國內之有識者爲之議員。其會中議員之權力甚大。不僅匡正國王政事。凡國王之廢立選擧各權皆會中掌之。故英之國王。不過有其名而已。後至諾路邁侯一世來征英時。沒收英倫土地。以分與有功將士。變政体爲封建制度。大爲之擴張君權。仍設賢士會議。力從古例。以施政治。而賢士會議之宗旨爲之一變矣。蓋當時之賢士會議。即國王直轄之貴族大議會也。僅有諸侯及教徒等。出而議論其事。至今日英國之政治機關。蓋亦由當日之大議會而出者也。

其後大議會遂成爲上下兩院之國會。其議員中別選少數委員。以設立顧問院。備國王顧

一三

間。其後漁間院。又逐漸變換、成爲樞密院、更將樞密院中少數委員。以成今日之所謂內閣。又諸路適時之大議會、一世紀中、無甚變革、後至衛帝之時。貴族與人民均出於一途、以反抗王政。遂逼王定大憲章。布之全國。後至愛德吽時代。又令定權利法典。頒布全國。其後又因憲法屢次紛爭。大議會之宗旨大爲變革。然後成今日之上下兩院也。其上下兩院。一名貴族。一名平民。貴族者。出於上院。平民者出於下院。爲人民代表而參與國家立法之權者也。

新書告白

和文漢讀法

全一冊　定價洋兩角　郵費在內

此書最便讀日本文書籍寓東人士深知其益故特印行公世欲購者請函向本編發行所及上海大東門內王氏育材書塾北市拋毬場掃葉山房書坊寄售處購取可也

東語正規

全一冊　定價一元　外埠加郵費一角

此書專為初學日語者津逮其中分文言俗語長句短句精當便易由淺入深誠學日語者必要之書也寄售處橫濱山下町二百〇一番借箱二百〇二番爾利號

國民報告白

本報宗旨以昌世界之公理振國民之精神為第一要義半月一冊首社說次時論次叢談次紀事次來文次外論次譯編次答問現第二期已出欲有定閱者請函告日本東京小石川區白山御殿町一百十番國民報事務所掛號可也

日本學校章程一覽

此書搜譯日本官私各學校章程其中自大學校高等學校中學校以至小學校幼稚園旁及各種專門學校及師範學校女學校搜羅宏富詳簡得宜凡有教育之責及有志遊學日本者允宜家置一編也不日即可出書

每部價洋五角

政治小說　累卵東洋

全一冊　定價洋二角五分　郵費在內

此書為日本有名學者大橋乙羽所著近出某君譯出書中皆言印度屈服之慘英國壓制之酷悲壯淋漓激昂慷慨讀之令人熱血坌湧獨立之心油然而起誠我中國前車之鑒也至文筆之婉轉流暢猶其餘事欲購者請函致本編發行所可也

國家學原理出書

全一冊 定價大洋三角 郵費在內

是書爲日本法學博士高田早苗君著現已出書欲購者請函致本編發行所自當按址奉寄貲須先惠特此敬白

新刻譚壯飛先生仁學全書出售

洋紙精裝定價五角郵費在內不折不扣

是書成於丁戌之間時先生服官金陵常至海上得博覽泰西格致學法律學政治學社會學哲學神學數學計學以及聲光化電各種專門名家之書薈萃精英成此鴻寶其腦電忽騰九天忽墊九淵可謂思想自由之極洵中國二千年以來未有之碩學也鄙人三年以來但聞此書之名惜其秘而不傳今復得之友人之手焚香誦之如讀龍威秘書若蘇子所謂不厭百回讀者其中新理雖西方學子多有未經發明急付棗梨以餉同志異日更當以西字譯之俾文明國見此應知吾國之大有爲也

四合主人謹白

女子教育論

現已出書每部定價三角郵費在內

廣告部

新出 亞細亞東部輿圖

定價洋一元五角 郵稅一角

是書爲河合利喜太郎氏所撰復經那珂通世氏校正東亞形勢瞭如指掌紙張潔白繪刻精良欲購者請即函致本館可也

東京神田區今川小路二丁目一番地

博愛館主人告白

波蘭衰亡戰史出書

全一冊 定價洋二角五分

是書爲日本澀江保君所著現已譯成中文刊印成書欲購者函告本編發行所自當按址奉寄資須先付特此謹白

東來書莊

專售東西各種書籍地圖學堂用品向在蘇州胥門內廟堂巷今移至發育巷北女冠子橋堍特告白

近世名家手簡

是書均日本名人手筆搜羅廣博刷印精良有志書法者允宜家置一編誠案頭佳品也欲講者請函致本屋自當照寄不悞

東京神田區表神保町二番地

中西書屋告白

物競論全書出售告白

全部一冊

本編所載物競論現已將全書刻成單行本定西歷八月初出書藉副閱者先覩爲快之意欲閱者請速衛致本編發行所及向代派處索購可也

新編 日本遊學指南告白

本書詳述遊學各種方法學費若干年限若干以及何等學校最便最速無不備載且所述一切均由留東同人實驗而得與懸空豫算不同有志東遊者允宜快讀一過也現已出書

代售各書告白

○譯林 每月一冊每冊一角二分

○勵學彙編 每月一冊每冊一角五分

本編告白

本編出書以來承內外同志提攜推廣無任銘感惟本編每月出書同人綿力向無存欵全仗收回書價以資接濟尙希各同志及各代派處早日將欵收齊見付俾得源源不絕是爲至禱本編第一期及第四期現已重印不日出書欲補購者請速函致本編發行所及各代派處可也

本編代派所

上海新北門外	中西書室
上海北市抛球場	廣學會
上海三馬路望平街	中外日報館
蘇州府堂巷	東來書莊
蘇州元妙觀前東首	開智書室
杭州城内銀洞橋	譯林
無錫崇安寺	三等學堂
焦湖縴潤觀前岸	晉康煤炭公司
江西馬王廟背後	賦梅山房主人
香港荷理活道	聚文閣
香港上環海旁	和昌隆
香港文武廟直街	文裕堂
新加坡衣箱街	天南新報館
東京神田區表神保町	東京堂
東京神田區今川小路二丁目一番地	博愛館
大坂川口三十二番	鎰源號
神戶榮町三丁目	中外合衆保險公司
臺灣臺北府大稻程六館街廿一番戶	良德行

明治三十四年十月十二日印刷
明治三十四年十月十三日發行

編輯兼發行者 東京芝區愛宕下町三丁目四番地 坂崎斌

發行所 東京牛込區若久井町二十番地 譯書彙編發行所

仝 東京本鄉區丸山新町十九番地 譯書彙編發行所

明治三十四年一月廿八日第三種郵便物認可
譯書彙編第八期　明治三十四年八月廿八日發行

No. 8.

THE YI SHU HUI PIEN.

A MONTHLY MAGAZINE OF TRANSLATED POLITICAL WORKS.

OFFICE:

No. 19, *Maruyama-Shimmachi Hongoku;*

or

No. 20, *Kikuicho Ushigomeku,*

TOKIO JAPAN.

東京並木活版所印行

譯書彙編

一九〇一年第一卷第九期

（明治三十四年二月二十八日第三種郵便物認可）

（每月一次定期陰曆十五日發行）

光緒二十七年八月十五日
明治三十四年九月廿七日 發行

譯書彙編

第九期

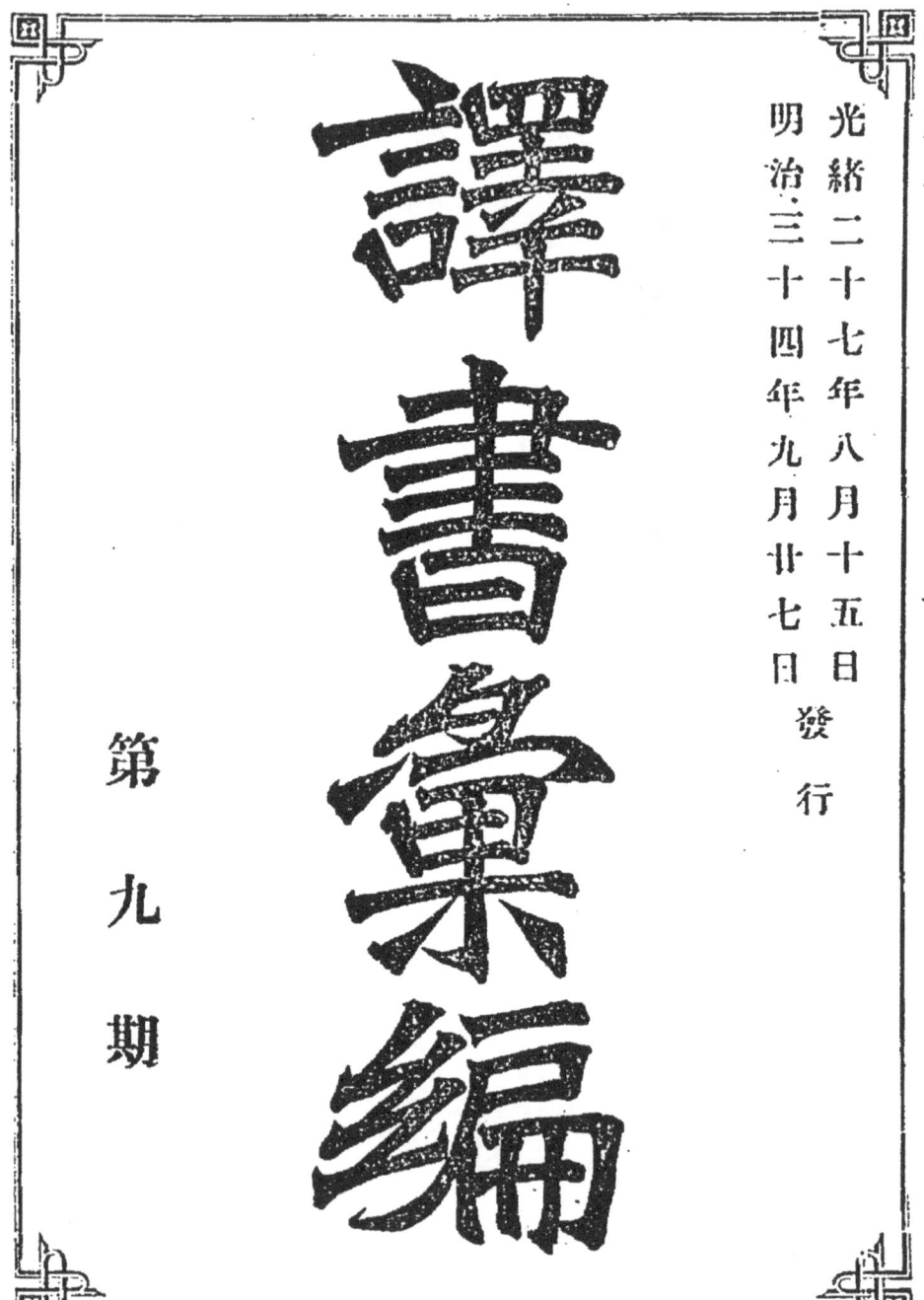

譯書彙編第九期

目錄

簡要章程

一是編所刊以政治一門爲主如政治法律理財歷史哲學各門每期所出或四類或五類間附雜錄
一政治諸書乃東西各邦强國之本原故本編亟先刊行此類至兵農工商各專門之書亦有譯出者以後當陸續擇要刊行
一是編之外尚須刊刻譯成全部之書目錄均附於後
一是編由同人捐貲創辦尚祈同志之士慨與資助當酌量贈書以酬高誼

定價

一月一冊洋兩角 半年六冊洋壹元壹角
全年十二冊洋兩元 內地酌加郵費

購閱畧則

一定閱本編可函向譯書彙編社掛號每期當按址寄送外埠可就近向各代派處購取
一價銀必須先付掛號後若不付銀及已送滿所付之價均一律停止不送外埠同
一定閱本編以半年起碼概不零售
一代派照定價提二成作爲酬勞

譯書彙編社告白

本編發行所現已歸併一處此後各處來往信件請專寄日本東京本鄉區丸山福山町十五番地譯書彙編社爲荷

再內地以上海育材書塾爲總代派所並告

再各處有由郵局匯銀洋至本社者請認定日本東京本鄉區駒込郵便支局是爲至禱

簡啓

一日本同文求學最易苦無援引來者頗艱窘內地有欲來學者但備二百四十元即足一年學費房食之用來時同人可代爲招呼一切並可紹介入日本各種學校有志之士幸毋裹足

一日本書籍之多浩如烟海內地之人雖知其益苦無門徑何從購買同人既事探討頗能知其一二若有欲購閱各種專門書及一切有用之書者即祈函告同人當舉所知擇要以聞至購買之後必可效勞代寄照原書定價另加郵費可也

一中國乏才由無教育教育之難由於無書同人現編輯小學中學各種教科書然茲事體大海內名流有素留意此事者望賜函見教以匡不逮

來信請寄譯書彙編社

本編告白

一本編出書以來承內外同志提攜推廣無任銘感惟本編每月出書同人綿力向無存款全仗收回書價以資接濟尚望各同志及各代派處早日將款收齊見付俾得源源不絕是爲至禱

一本編所譯各書間有沿襲外國名目難於索解之處閱者儘可函致本編同人相與析義問難同人知力所及無不竭力以告閱者鑑之

譯書彙編社發行書目（已刊）

本社同人編輯　**和文漢讀法**　全一冊　定價大洋二角

憂亞子增廣　**再版和文漢讀法**　全一冊　定價大洋三角

日本大橋乙羽原著　再版增廣　**東語正規**　全一冊　定價大洋一元

日本加藤弘之原著　政治小說　**累卵東洋**　全一冊　定價大洋二角

物競論　全一冊　定價大洋四角

日本遊學指南　全一冊　定價大洋二角

日本澁江保原著　**波蘭衰亡戰史**　第一冊（全書二冊）定價大洋二角五分

日本高田早苗原著　**國家學原理**　全一冊　定價大洋三角

日本成瀨仁藏原著　**女子教育論**　全一冊　定價大洋四角

本社同人編輯　**日本制度提要**　全一冊　定價大洋五角

和文奇字解　全一冊　定價大洋一元

名學　全一冊　定價大洋四角

本社同人編輯　**政學入門**　全一冊　定價大洋二角五分

巖涯生編輯　**歐米政體通覽**　全一冊　定價大洋二角

日本岸崎昌、中村孝原著　**國法學**　全一冊　定價大洋五角

日本井上毅原著　各國　**國民公私權考**　全一冊　定價大洋一角

已譯待刊書目錄

政治進化論	英國	斯賓塞爾著
社會平權論	同上	同上
教育論	同上	同上
政黨論	德國	伯倫知理著
今世國家論	法國	鮑羅著
理學沿革史	法國	阿勿雷脫著
歐洲文明史	法國	尼騷著
教育論	法國	盧騷著
平民政治	美國	勃拉司著
政治泛論	美國	威爾孫著
社會學	美國	吉精顔斯著
教育論	美國	如安諾著
東西洋教育史	日本	中野禮四郎著
美國民政	美國	莫里著
國際論	日本	陸實著
國法學	日本	有賀長雄著
文明論之概略	日本	福澤諭吉著

明治歷史	日本	坪谷善四郎著
外交通義	日本	長岡春一著
加藤講演集	日本	加藤弘之著
國際法論	法國	羅諾而著
自助論	英國	斯邁爾著
新聞學	日本	松本君平著
經濟學史	日本	井上辰次郎著
俄羅斯史	日本	山本利喜雄著
十九世紀	日本	博文館編
丈夫之本領	日本	鈴木天眼著
政教進化論	日本	加藤弘之著
近世海軍	日本	福本誠編
近世陸軍	日本	新橋榮次郎編
萬國國力比較	英國	默爾化著
歐米各國政治地理	日本	今村有隣著

凡例

一是書係日本貴族院議員男爵加藤弘之所著加藤之學宗尙德國爲日本雜誌以敎講求德學者之山斗故是書所論以德國有名史學家海爾威爾之說爲主而其外當世碩學如葛姆潑老伊耶陵失弗勒斯賓率爾之說亦取焉

一是書所言皆生存競爭優勝劣敗之理其義富其詞危務使人發憤自强以圖進取此其本旨也

一各國法理學其門類千差萬別此書不過德國學派中之一種而他說之闕此者固亦不乏之學者苟非取其各派一一參觀正未易窺其奧窔幸勿執一而論致易蠡測之譏

一是書原名曰强者之權利之競爭詞大拖沓後改曰强權論或謂不如物競論之雅卒改今名

一是書原文有二本一爲日文一爲德文皆出于加藤之手此則由日文詳出

一凡西文之中每句必有點每讀必有鈎漢文則不然今書中斷句處皆用單圈以便讀者一目了然

一日本文字往往有冗長復沓一言之不足而長言之者今皆刪去又有時前後倒置語句變更特使之不失本意而止閱者諒之

一是編因匆促付梓尙欠修飾雖譯者遇日本中所常用之字已力避不用然其中見笑于大方者應復不少尙望海內宏達糾而正之爲幸

譯者自誌

物競論目錄

物競論

日本 加藤 弘

總論

天壤間所以有人類者。由于吾人之祖若宗居于天演界中。日與他物相競爭。爭焉而獨勝。遂翹然特出于動物之上。而名之曰人。若推原其始。則吾人之所長者不過能言語而已。能步立而已。乃藉此區區之所長者。漸次進步。浸假而與他種之動物相隔益遠。遂忘其所以而傲然自稱曰萬物之靈。一若他種動物。天特生之以供吾人之制馭也者。是不思之甚者也。吾人既有今日。遂竭吾之力。凡有利于吾者。則取之以爲吾用。凡有害于吾者。則去之以避其害。此人之常情也。然吾人之力。每隨開化之程度。而有優劣之差。故趨利避害之方。亦因之而有工拙之異。故善用吾力者。不第擧地球上之萬物而制馭之。且並擧天球上之所有者以供吾用。故古者覘星辰以卜吉凶。其後因日月之運行以推步曆日者有之。或覘星辰以定航路者亦有之。今且有所謂星學者。則直以星辰爲考求學問之具矣。

宇宙之內。有天則焉。擧凡天下之物。皆爲此天則所管轄。而不能出其範圍。即人類亦然。但以人類而較之他種動物。則更能考求所謂天則以利用萬物。太洛爾曰。考求天則以利用萬物。野蠻之民則絕不知之。半開之民則稍知之。文明之民則大成之。又皮賽曰。凡人類皆能。脫其本然之狀態。而文明之民更能漸次進步。以求其樂利。伐者。此文明人之所長也。

雖然吾人人類之才力似猶未臻完善。蓋就今日而論。即在未開之民。而鳥獸之害人者已絕跡無聞焉。然文明之民以顯微鏡發見微生物之害。不過數十年以前之事。即至今日尚汲汲焉日求其所以去之之法。誠可怪也。然今日考求之餘。已有成效。倘行之不怠。則從此以往。微生物之驅除撲滅。應亦不難。此可豫料者也。

凡物之有利于人者。人則利用之。有害于人者。則務去之以爲快。然則人類所汲汲者。唯利己之是謀。是猛獸之中所最猛惡者。莫人類若也。奧斯來特謂吾人日求利己。實有益于進化。其言曰。萬物由生存而競爭。由競爭而生存。一弱肉強食之世界也。人類于生存競爭之世界已占全勝。然猶制馭其劣弱之動物。悍然不顧。何不爲之少謀利益。而若獅若鳥若鼠等。皆不認其生存之權利。于是乎至巧至狡之人類。乃足以征服萬物。而獨立地球之上。號稱伯王。故動物之利于我者。我則許其生存。動物之害于我者。我則恣其屠殺。唯同爲人類。

勢均力敵者方以平等相視耳

故人類者征服劣弱之動物以遂一已之進步者也。配魯太曰。凡大地之上。以優者強者而征服其弱者劣者。此進步之所由來也。蓋唯以至優至強之人類。而征服各種劣弱之動物。故能遂其進步而稱謂萬物之靈。譬之砧與槌。人類者槌也。所以槌萬物者也。各種之動物猶砧也。不過供人之敲撲而已。

人類于動物界之生存競爭。旣占全勝。然人類界之生存競爭。則更爲劇烈。蓋人類中文明之民。其所求者固不獨如動物界之飲食居處男女之欲而已。苟文明愈進。則所求愈奢。亦一定之理。故吾人而欲漸次進步。由貧以進于富。由弱以進于強。由愚以進于智。則不能無所求者勢也。

所求者旣奢。故人與人相接之際。無論爲一人。爲一家。爲一族。爲一黨。爲一國。爲一種。每一日之中。莫不有所求。即莫不有所爭。爭焉而強者勝。則弱者敗。優者勝。則劣者敗。此自然之勢也。失弗勒曰。人類之生存競爭。不特爲生存而起。更爲進步而起。或更爲公益而起。而生存競爭之後。則優勝劣敗。始遂其所謂進步。蓋彼亦以配魯太之言爲適用于人類者也。

四

萬物界之生存競爭。有內外二種。人類界之生存競爭亦然。萬物界之動物植物。互相競爭。即外競爭也。動物植物體內之各分子各機關又互相競爭。即內競爭也。人類亦然。國與國之互相競爭。即外競爭也。國內之各人各家各族各黨又互相競爭。即內競爭也。是人類之競爭。猶動植物之競爭。故國家與動植物相類。亦生物之一種也。而人類者。國家之分子也。故今之講群學者。常曰管轄尋常生物之天則。即管轄國家之天則也。然海論羅非之謂國家與生物。不可同日而語。國家者。無論爲君主。爲民主。莫不以各人之利益爲宗旨。生物則不然。不以利于其分子爲宗旨。故國家而不以各人之利益爲宗旨。則其國必受病。生物則雖以其分子之利益爲宗旨。其生物之受病如故。則國家之宗旨與生物之宗旨。有如冰炭。學者每以國家爲一種生物。亦何所見而云然乎。且集各人而成國家。集分子而爲動植物。其理全屬相反。分子者。以生生之理相集而成。國家則非其倫也。海氏之說如此。然實不足取。蓋不論何種生物。唯求其有利于全體及各種分子。國家亦然。唯求有利于國家之全體。及爲國家分子之國人。則全體與分子。固不可偏廢。特有時損各人之利以求全體之利者亦有之。然偏重全體而不顧各人。則國家或流于專恣。偏重各人而不顧全體。則民人或流於放蕩。故當以全體分子而受其益爲宗旨。不可畸重畸輕。苟明此理。則國家與生物固無所異也。

人類中之生存競爭。亦分二種。曰戰鬥之競爭。曰平和之競爭。而平和之競爭。又分爲二。曰知覺之競爭。曰不知覺之競爭。蓋平和之競爭。較戰鬥之競爭爲多。而不知覺之競爭。又較知覺之競爭爲多。吾人于一日之中。不知不識。于一己之勢力。一己之自由。一己之聲名。一己之權利。一己之職業。一己之財產。一己之知識。一己之信仰。一己之宗旨。凡有利于己者。莫不互相競爭。是即爲平和之競爭。即爲不知覺之競爭。而所謂有利于己者。或隱或見。或微或著。其狀雖千差萬別。然孜孜焉汲汲焉。唯戰勝他人。以利一己之是務。彼仁人君子。輒以損己利人爲脩身之要務。然亦歸于空言而已。蓋即若輩亦不知不覺馳驅于競爭場中。以謀一己之利益。此一定之天則。即仁人君子。亦不能出其範圍也。

失那勃論競爭之不可以已。其言甚精。被謂古今來聖賢所論之道德。亦未嘗以不競爭爲是。況人定之法律乎。蓋無論爲道德。爲法律。非特聽人以競爭。且誘人以競爭。即耶氏亦不以平和爲善。而以競爭爲尚。其他若宗教改革家。大政事家。有名學者。或發明新學者。莫不

六

勸人以競爭誠以進步者。必由優勝劣敗而生。而欲決勝敗。不能無競爭。亦一定之理也。故耶氏勸人以殺身成仁。固不以徒手坐食爲術。而以奮發興起。馳騁于競爭場中爲要務。然則耶氏之仁。以博施濟衆爲主者。亦非欲人之不競爭。特競爭之有害于當世者。則惡之耳。若其有益于當世。則固耶氏之所願也。

如上所云。吾人之所求既奢。則競爭以起。而競爭愈烈。則進步愈速。然競爭之最衆最盛者。莫如權力之競爭。吾人求而有所得。則權力爲所得之因。吾人既得其所求。則權力即所求之果。人類之中。無論各人各家各族各黨各國各種。于一日之中。其不競爭者蓋鮮。或爲知覺之競爭。或爲不知覺之競爭。而此所謂競爭。不特于權力大有關係。即于資生上亦大有關係也。

所謂權力之競爭。凡强者之權利。必獲全勝。固無待言。但强者之權利。即不外乎權力。所謂權力之競爭。所謂强者權利之競爭。其義一也。何則。强者之權利。必足以制勝于强者權利之競爭。蓋謀生存而欲競爭。由競爭而獲生存者。其力皆足以制其競爭者也。

凡吾人之權利自由。皆由于强者權利之競爭而進步者也。歐洲各國人民之權利自由。至近日大爲進步。蓋强者之權利競爭。實使之然。彼法理學者。輙曰。權利自由。皆由天賦。誠謬論也。權力之競爭。即强者權利之競爭。固無待言。且權力者。即以一身言之。固隨世運之進步以爲進步。然決非公理公義所使然。皆强者之權利所使然也。

第一章　天競之權利

天賦人權之說。謂吾人權利。全由天授。是說也。法國學者路索倡之。且自革命以來。已載之憲法。蓋謂吾人舉吾身而唯所欲爲。爲天所賦之權利。吾人參預國家之政事。亦爲天所賦之權利。此說本屬非是。近日學者。闢此說者甚多。但闢之者輙謂參預國事。非由天賦。至若舉吾身而唯所欲爲。則亦以天賦之說爲是。誠如是。是不過于天賦之說稍加制限而已。余所不取也。

于天賦之說稍加制限者。每以吾人生存之權利。爲最先之天賦人權。而至尊無比。不可侵犯。夫吾人之生命。出于天賦。固無待言。然因此而謂至尊無比不可侵犯之生存權利。皆爲天所賦與。是不可解者也。吾人有天賦之生命。動物亦有天賦之生命。吾人生命之危險。與動物生命之危險。殆無所異。吾人迫于飢渴。或爲人殺傷。而失其生命。動物亦迫于飢渴。或爲人殺傷。而失其生命。兩者之間。寧有差別乎。是吾人與動物。均在悲憫救助之列。若謂吾人有賦與之生存權利。而動物則否。有是理耶。然吾人之于動物。每得以束之縛之斲之烹之。舉動物之生存權利而唯吾所欲爲者。此其故何也。則强弱之別。有以致之也。然則權利者。無所謂天賦不天賦。但有强者之權利而已。但所謂强者之權利。其實不得爲權利。即不外乎權力。海爾威爾曰。出于天然者。止有一權利。然實非權利。皆權力也。故權利者非出于天然。特國家認吾之生命爲權利而保護之耳。此吾人之生命與動物生命所由分也。故吾人之生存。非天賦之權利。乃人爲之權利也。

哲學家或曰。吾人既有生存之權利。則萬無殺戮之理。故國家設立死刑。以殺人爲事。實有害于吾人生存之權利。職是之故。彼哲學士每欲廢止死刑。以禁錮流放等刑代之。此師丕翕及拉恩罷之所倡也。然如若輩之說。則吾人之行止。吾人之交際。不可謂非天賦之權利。乃禁錮之流放之。非侵其天賦之權利而何。是自相矛盾者也。哲學者又曰。吾人生存之權利。雖爲天賦。然以保護一人之權利。而有害于衆人之公益。則萬無是理。故死刑之廢止。礙難施行。此伯倫知理之所倡也。蓋彼亦以天賦之權利爲不可侵犯。然既以死刑爲是。則天賦權利。萬無不侵犯之理。亦自相矛盾者也。

此輩哲學家之謬見固不足論。然此輩言論。亦不知不識。自足以發見眞理。何則。彼皆以刑罰爲公正合于天意。併以刑罰爲保護全國公益之要具。而所謂生存之權利。行爲自由交際自由之權利。彼所目爲天賦之權利者。蓋亦以全國公益之故。不得已而毀損之矣。

又有哲學家。更執一理。謂死刑宜廢。如加爾奈理以害人生命爲道德所不許。又如拉因謂吾人之意。有時不能自主。有不得已而爲之者。決非出于本心。故雖犯重罪。若害其生命。則爲悖理。然余謂此輩之說。亦無足深辯。要不過學者之空談而已。夫國家之設刑罰所以維全國之公益。若于全國之公益而死刑在所不必需。則固以廢之爲是。若于全國之公益而死刑在所不可少。則萬無廢之之理。師脫老司有言曰。學者動言廢死刑。是于全國之公益而度外置之也。不察今日之情勢。而高談無補。不亦謬乎。又皮袞曰。吾人因自衛其身。而有競爭。若所爲。而有利于當世。則爲道德法律所許。若所爲。而有害于當世。則爲道德法律所不許。而國家刑罰之宗旨。實本于此。蓋各人有自衛之權利。乃理所當然。國家之刑罰權。亦恐有害于其國。而防衛之耳。其所論如此。至謂文明之世。死刑猶在所必需與否。則暫置不論。固非本書之所講求也。

或謂貧民受公衆之救助。亦爲生存之天賦權利。如奧夫內耳謂吾人有不受殺戮之天賦權利。更有不受飢餓之天賦權利。拉恩罷亦主是說。果爾則公衆之救助貧民。爲應盡之責任。亦謂之天賦之責任可乎。蓋在甲既有應享之權利。則在乙必有應盡之責任。亦其勢然矣。其實爲人所救助者。固非天所與之權利。救助人者。亦非天所命之責任。況救助貧民即謂之國法中之責任。且猶不可。不過當不得已之際。爲爲政者權宜之策而已。

學者于生存權利之外。更有以各種權利。爲出于天賦者。如人類平等不可侵犯之權利。行爲及交際自由之權利。各守宗旨不受妨礙之權利。自由言論自由思想之權利。謀生自由之權利。皆以爲受之于天。豈知以上所列權利。皆出于人爲。斷非出于天授。猶之生存權利。爲國法中所許。遂爲吾所得之權利。前言人類與動物絕無權利之等差。故權利者。人類之所創造也。

然學者輒謂人類有天賦之權利。而動物則無。謂人類有自由平等之權利。而動物則無。人類與動物其相去之遠如是。其故果安在哉。是吾人所當講求者也。

據學者之說。則以人類爲帝天。且智德兼備。與他種動物逈異。故天特賦以至尊無上不可侵犯之權利。噫、此猶沿人爲萬物之靈之謬說。其言誠不足取也。

今試觀野蠻之民。人相食者有之。男女無別者有之。又野蠻風俗有一夫而娶數妻者。爲夫者得賣買其妻。唯所欲爲。更有一婦而嫁數夫者。一家之內兄弟數人共取一妻。更有殺兒以爲常。弑父母以爲常者。有三四以上之數不能算者。有言語甚簡高大長濶等字無分別者。有并牧畜農業而未知之者。若是者、豈亦所謂智德兼備之人類乎。將亦尊之爲帝天乎。

雖然學者或以文明之民爲人類。而野蠻之民則擯之于人類之外。是未可知也。不知考諸生理學心理學人類學。則此類蠻民本係人類。究與動物有異。文明人種之所以文明者。亦由進步而然。故能智德兼備。以異于他種動物。乃進步之後。忘其所以。一若既爲人類均爲智德兼備。而一律尊之曰靈物。不亦謬乎。故學者以人類爲智德兼備。遂有此天賦之權利。則無是理也。

又有學者。倡天賦人權之說。與前所論稍異。其說曰。天賦人權。由于天性。人類者。不問爲文明。爲野蠻。莫不有本然之性質。其性質較他種動物更爲高尚。故目謂人類之性質。所謂天賦人權者。蓋與此高尚之性質相合。故通常動物。苟不備此高尚之性質。即不能有天賦之權利。此說較前說稍勝。然亦出于謬見。不可以不辨也。

人類不論爲文明爲野蠻。皆有高尚之性質勝于動物。此言誠然。然人類亦哺乳動物之一種。則謂人類與他種哺乳動物性質相同亦可。且人類亦脊椎動物（動物之脊有脊骨者謂之脊椎動物如牛馬魚鳥等是也若蚯蚓蛞蝓其體柔軟便不得謂之脊椎動物）之一種。則謂人類與他種脊椎動物性質相同亦可。不寧唯是。人類亦通常動物之一種。則謂人類與他種通常動物性質相同亦可。人類并爲通常生物之一種。則謂人類與他種通常生物若動植物等性質相同亦無不可。由此觀之。則必定天賦權利之有無于人類與動物之間。是無理之甚者也。

前論苟不謬。則學者曷不云哺乳動物有天賦之哺乳動物權利乎。曷不云脊椎動物有天賦之脊椎動物權利乎。曷不云通常動物有天賦之通常動物權利乎。苟謂天賦權利唯能言語能步立者有之。而他種動物則不得而與聞焉。天下有是理乎。

然學者必曰。哺乳動物脊椎動物中。以人類爲最高。而此外較劣。故不能舉哺乳動物脊椎動物而同有天賦之權利。若通常之動物生物則更無論矣。然吾謂同爲人類。而人種亦有强弱優劣之差。弱者劣者與强者優者相去甚遠。幾與通常之動物相等。則同爲人類。尚有優劣之懸隔。而所謂人類。亦非專指優者而言。然則學者但擇最優之種類。并擇其中優劣之殊相去最少者。而目爲有天賦之權利。則人類中以歐洲人種爲最優。將擇歐洲人種而目爲歐洲人種之天賦權利乎。蓋歐洲人種中。雖有民種民族之不同。即歐洲相同之民種民族。固亦有貧富貴賤之不同。而不能無强弱高下之差。然大地之上。求其强弱高下之差相去最少者。固未有如歐人者也。

然爲此言者。究屬無理。人類天賦之權利。要不過空談而已。何則人類以天演而權力漸次失均。此一定之天則。故不第萬物界而已。即在人類界。亦不過强者之權利而已。無所謂天賦也。且所謂强者之權利。其實不得謂之權利。要不外乎權力。由此觀之。天賦之權利。如夢幻如泡影。一遇强者之權利。則忽焉消滅。歸于無何有之鄉。譬之月光。借日以爲明。苟日光光驟烈。則月光漸滅。一定之理也。

第二章　强者之權利

凡有生之物。皆由天演而來。天演者。因各種生物。有所相異之處。演焉而漸致大異。遂互相懸隔學生之子。其受于天者。既稍有不同。而在胚胎之中。又漸次變化。及誕生以後。漸至長大。所感于外者既異。故所稟于內者亦異。此當然之理也。

生物之所稟者既異。則强弱優劣因之而生。且强者之權利競爭。亦因之而起、于是優强者勝而劣弱者敗。此無所逃于天地者也。人類亦然。本不得爲萬物之靈。故與各種生物同爲天則所管轄。而所稟者既有優劣强弱之不同。遂有强者權利之競爭。既有競爭。遂有勝敗。人類界之與生物界。固毫無所異者也。

權利競爭優勝劣敗之理。古之人有言之者。希臘碩學白魯脫而曰。開闢之始。凡上至神明。下及禽獸所通行之天則。不外乎以强勝弱。至近世則德國二大詩聖葛意得失來爾亦以優勝劣敗爲不變之天則。試誦其詩而可知矣。

近世哲學者。以强者之權利爲一定之天則者。以師秘諾薩爲嚆矢。其言曰。萬物之所以生于天壤間者。天爲之也。故不論何物。苟獲有權力而實行其權力。即應有之權利也。吾人瞑觀萬物界。一若暴戾邪僻之事。時有所聞。是蓋由吾人智識之狹隘。故所見如是。慧觀者則知天壤之間。自有一定之序。秩然不亂。大魚呑小魚。强獸搏弱獸。一若天然之權利。人類亦然。凡由一已之嗜欲。一已之良知。而有所爲者。即以爲天然之權利。故强者恃其力以役弱者。弱者恃其術以避强者。皆所謂天然之權利也。

伯倫知理固不以師氏之論爲譏譖。然頗有所取其言曰。師氏以吾人之權利爲原于自然之力。頗能得權利之眞旨。葛姆濮老亦曰。師氏以權利與權力爲一體。於師氏諸說中要以此說爲最精。

其他哲學士。倡强權之說者。正復不少。有黑勒爾者。謂國家之起原。決非出于民約。不過出于優者强者征服其劣弱者而已。故其言曰。凡在萬物界及人類界。苟所謂權力及凡適用于此權力者。一旦相集。則以甲制乙。以乙從甲。此其常也。

今日哲學者。羣學者。法理學者。漸悟天賦人權說之非。頗主强權之說。如林弗爾持。失弗勒拉因伊耶陵。櫰師得。葛姆濮老。海爾威爾斯託勒克等是也。

失弗勒曰。凡各人各家各族各黨各國民之間。各謀利益而競爭以起爭焉。而優者强者得以制其勝。故優者愈優。强者愈强。若夫自由平等之說。則生于權力相等者之間。苟權力不相等。則不能互相自由互相平等。苟人人自由平等。則有礙于人類之進步。蓋生存競爭出于權力之互有等差。故優强者勝。劣弱者敗。而人類之進步。蒸蒸日上。不可遏抑。此必然之勢也。且人類與動物等。皆由天演而來。而生初之所稟。本不相同。故謂人人皆自由平等。不合于天則者也。

伊耶陵曰。凡吾人所有之權利。莫不發源于權力。故究其本原。均不免于强暴。特在文明之國。則不見有强暴之跡而已。由此觀之。則權利者。皆吾人之祖若宗。與他物競爭。竭畢生之力以得之者也。今乃目之爲天賦。非不思之甚者乎。又曰。强以力制弱。動物界則然。强與弱並存。人類界則然。但溯人類之本源。則與動物之生存無異。特人類由質而文。能漸次進步而已。又謂吾人之權利。蓋由古人之優强者。肆意擴張其權力。後漸悟妄用權力。亦有不利于己。故不得已而自限其權力。遂有今日之所謂權利。然則權利與權力。本非冰炭不相容者所可比。而所謂權利者。固由權力而出焉者也。皮袞之說。蓋與此略同。

葛姆發老之說。雖不用强權等語。然所論者。皆强權之理。其言曰。優强者掌握權力。以征服其劣弱者。是國法所由起也。然則權利。非固有之物。固有之物。特權力而已。故不論統治何國。有不由權力而成立者。未之有也。不論何種法律。何種權利。有不由國權之保護而成立者。未之有也。試徵之古今萬國之歷史。此理固無可疑也。又曰。古今來民種民族。其數至繁。其所以合而爲一。以謀進步者何也。蓋由優强者掌握權力以壓制之故也。

葛氏之論權利曰。今之學者。輒謂限制各人之自由以維持各人之利益者謂之權利。吾謂無論何國。未有若斯之權利者也。試觀各國史乘。當未有記載以前。不論何國。凡所謂權利者。莫不由一人之威權。制馭他人之自由而始。初未聞限制各人自由。以維持各人之利益者也。乃今之學者。猶守此迂腐之說。不亦謬乎。

葛氏又曰。權力各有優劣。而勝敗形焉。故一則制人。一則受制于人。而所謂權利者。始出是而生。故權利者。必出于權力之有强弱優劣可知也。如父之于子也。夫之于婦也。皆有命令之權。資本家之于貧民也。初不問分以財產。故各種權利。皆生于不平等。則以權利爲人人所有。一律平等。天下有是理乎。且權利者由國家之成立而始。而所謂國家者。全出于不平等。蓋出于以少制多而成立者也。然則由國家成立而生權利之不平等。亦當然之理也。

海爾威爾木强權之說。著開化史。其論曰。上古之世。草昧未開。相尙以力。而不平等生焉。于是强者制人。弱者制于人。其通例也。故上古之世。强者以弱者爲奴隸。使之服役。即婦人之制于男子。亦由强弱使然。試觀今日之野蠻。亦猶是也。且吾人之天性。好逸而惡勞。與動物無異。唯出于不得已之故。始舍逸而就勞。于是强者肆其權力以役弱者。使之不敢不勞。此奴隷之所由來也。蓋强者以權力制弱者。所謂强者之權利也。是出于天則之自然者也。

海氏又曰。今日之國民。其不知權利者蓋鮮。上古之世則不然。然則吾人本無所謂權利。權利者由人類之進步而生焉者也。其始既無所謂權利。則所謂天賦之說者。義之所不許也。吾人生初之所有。實非權利。所謂權利者。實强者之權利而已。師秘諾薩以大魚吞小魚。强獸搏弱獸。爲天然之權利。非虛言也。蓋苟無權力。則國家之法制條理無由而起。然則權力者法制之源也。學者苟得余所著開化史而讀之。則于强者之權利所以通行于古今萬國之理。思過半矣。且可知自古至今所以促人類之進步者。固不外生存競爭之力有以致之也。

又曰、群也者。皆由强者之權利而成立者也。其秩序之所由起。其道德之所由生。皆由衆人相聚。以强大之力施之各人。蓋即由以强者之權利。施之各人也。一族一黨所特有之權利。蓋由一族一黨自有勝人者在。而一旦失其所特有之權利。則由他人漸强。而占其强者之權利故耳。乃知生存競爭有益于公權之進步非淺鮮也。

又曰、以合衆國之南北戰爭言之。則最重自由。莫甚于合衆國。南部自願分離。固以許之爲是。乃北部不許、以權力壓南部。而使之不能分離、是背于自由之公理者也。夫歐洲君主之國。倘其國中一部、有自願分離者。則謂之叛亂亦宜。若夫合衆國。則固以自由之權利、互相聯合。苟其中一部。因不得已事故。而不願與他人相合。固出于彼之自由。然北部卒不聽其分離者。非以強制弱而何。然苟熟思之。則此論猶淺。蓋強者之權利。本不易之天則。即如美國之專以自由仁義道德爲尚者。亦不能出此範圍。本無足怪也。

學夫內爾謂強者之權利。有關于道德之進步者。其言曰。道德者爲人類所必需。而漸次進步者也。其宗旨在人類之公利。而常利于人類中之強者。

其他若拉因及斯託勒克亦言強權之利。然諸學者中。余所最敬服者。要以海爾威爾及葛姆潑老爲最。是書所論。以本于兩人者爲多。然兩人之意。亦有未盡然者。間亦竊附己意。以改正之。

凡人類界不論爲文明爲野蠻。而強者之權利。必行于其間。其理與動物界無異。故強者之權利。誠有如海爾威爾所云。爲出于一定不變之天則者。然求其形跡。則又以文明野蠻之異。而不得不異。野蠻人所謂強者之權利。爲強暴之權力。文明人所謂強者之權利。爲高尙之權力。學者以強者之權利。爲但指強暴之權力而言。是大謬也。蓋強暴之權力。與高尙之權力。其所以相異者。在迹象而不在性質。固非截然相異者也。乃伯倫知理則云強者之權利。不過強暴之權力。即斯賓塞爾亦蹈此習。彼謂強者之權利。奏効于野蠻之世。故即至今日。猶有以此權利爲合于公理者云云。則斯氏之意亦可見矣。

君之于民也。苟在權限之中。則君有君之特權。父之于子。夫之于妻。亦有應享之權利。此在文明之國亦然。所謂高尙之權力也。然此所謂高尙之權力。與野蠻之世。君主于百姓所行之專制。貴族于平民所作之威福。及主之于奴。父之于子。夫之于妻。所作所爲種種之非理。均不外乎強者之權利。蓋以權力有高尙強暴之殊。而因曰若者爲強者之權利。若者非強者之權利。則無是理矣。強者之權利高尙亦可。強暴亦可。其所以區別。固由其國之文明野蠻以爲區別也。

且也若者爲君主分內之權力。若者爲君主擅恣之權力。苟欲于兩者之間。嚴定分界。蓋亦難能之事。何則。野蠻之國。其君主之權力固不免擅恣。然所謂擅恣之權力。爲其國之道德風俗成例所許。而人民唯唯聽命。不敢與之抗。則擅恣之權力。即一變而爲分內之權力矣。又文明之國。其君主之權力。固出于分內。然亦有强人民服從而不敢異議者。則謂之擅恣亦無不可。故謂君主擅恣之權力。以野蠻之國爲多。君主分內之權力。以文明之國爲多。則可。謂擅恣者專屬于野蠻。謂分內者專屬于文明。則不可也。

强者之權利。其所由生者何也。野蠻未開之國。苟一人而軀幹强大。爲衆所懾服。或老者閱歷較深。爲衆所推重。則强者之權利生焉。若半開化之國。苟智勇出衆。或富雄一方者。則强者之權利亦生焉。故教主武將貴族地主等。往往統攝其衆。而占有特權。若文明之國。則材智門第及富豪。亦頗有勢力。然則强者之權利。即由此三者而生焉者也。

第三章　論强權與自由權同并與實權相關之理

前章所論。不第以强暴之權力爲强者之權利。更以高尙之權力亦目爲强者之權利。玆所論者。則謂强者之權利。與自由權相同。蓋所謂自由權者。無論何人。均不受他人之侵犯。而可行則行。可止則止。悉聽自由。則所謂强者之權利。正與此無異。乃世之學者。以自由權與强者之權利。一若兩不相容。有如冰炭。蓋彼之意。以爲自由權出于公正。而强者之權利出于強弱。是大謬也。豈知曰權力。曰權勢。曰強者之權利。曰自由權。其意本屬相同。譬之君主之權力。貴族之特權。固稱爲強者之權利。然亦可稱爲自由權。又人民之自由權。固可稱爲自由權。然亦可稱爲強者之權利。蓋兩者之權勢。若觀其迹。果固有差等。而察其性質。絕無異同。但此等字沿用已久。其意各異。固亦不妨。康德及海格爾以君主之專制權。貴族之特權。及人民之自由權。皆統而名之曰自由權。其言曰。吾人之自由。因文明之進步。乃漸由少數之手。而移于多數之手。蓋古者不過君主一人有自由權。後世不過貴者數人有自由權。及近世則凡爲人民者。皆有自由權。又里勃衛曰。凡行爲之自由。不獨吾人。即動物亦何嘗不欲自由。故喜專制之君主。與倡自由之人民。皆欲自由者也。特其所異者。一則所欲者出于私。一則所欲者出於公。故其求自由則同。而其所以求自由之心則不同。觀二人之言。則知自由權與強者之權利。固未嘗有所異也。

難者曰。以君主貴族之權力而稱之曰自由權。固無不可。然以人民之自由權爲強者之權利。則頗難解。蓋以人民爲強者。則所謂弱者果安在哉。應之曰。今日文明之國所稱爲立憲國者。其君主即所謂弱者。何則。近世之人民。其文明日進。其智慧日開。遂次第擴張其自由權。而君主之權力。乃日以減削。人民之自由。乃變爲公許。由此觀之。則人民得强者之權利。而君主之權既爲人所制限。即謂之弱者亦無不可。特就君民之大體觀之。則今日之君主。其勢猶强。而人民之勢猶弱。蓋君主尚有統馭人民之權力。而人民尚有服從君主之責任故也。

故今日文明開化如歐洲各國。若就其君民之關係言之。則兩者各有權力。互相衝突。故互相平均。蓋强與强兩相對待。即謂之無所强弱亦無不可。其他若貴族與平民之關係。男子與女子之關係。則較之君民之關係。初無少異。蓋今日之平民。已不受貴族之壓制。而貴族之特權漸次減少。故人民得占其權利。今日之女子。已不在男子權力之下。而男子之特權亦漸次限制。故女子得占其權利。然則貴族之于平民。男子之于女子。非復前日之强。而兩者之間。蓋有兩强相峙之勢。第就一二邦而言。則貴族男子猶處于强。平民女子猶處于弱。尚未可一概論也。

觀以上所論。則不獨人民對君主所有之自由權。可稱爲强者之權利。即以平民女子對貴族男子所有之自由權。而稱爲强者之權利。亦無不可。果爾。則自由權與强者之權利。其意相同。可無疑也。

雖然强者之權利。與實權相關之理。不可以不知也。凡强者之權利。由天演而得。蓋出于自然之權力。非由國家之制度法律而生焉者也。雖然此强者之權利。苟一旦爲弱者所默許。則亦一變而爲國家制度法律中所有之權利。即所謂實權也。而所謂弱者之默許。蓋由弱者無力以抵抗之。非眞許之也。

君主之于人民。貴族之于平民。主人之于奴隸。男子之于女子。其所有强者之權利。即出于自然之權力。然以此權力壓其弱者。弱者不能抵抗。遂不得已而認之爲權利。此自然之權力所由變爲實有之權利也。又人民對君主所有之權利。亦與此無異。近時歐洲各國之人民。其文明漸進。其智慧漸開。遂得占有其自由權。然推原其始。其發生亦出于自然特其力。漸次强大。君主雖欲禁遏之而不得。遂不得已而認爲人民之自由權。此人民之實權所由來也。

凡權利者。由法律所定。遂得以某權利授之某人。然受此權利者。苟無强者之權利。則其人之權力。有所不足。雖授之以權利。而或爲他事所制。或爲習俗所限。其所謂權利者。卒歸于無有。且即無此種阻力。而其力苟不足消受。則權利亦有名而無實。乃知已無實力。唯賴政府之惠。我以權利而卒能實行其權利者。古今來所未有也。由是觀之。政府與人民以權利。不過于制度法律上公許人民强者之權利而已。平民之于貴族。男子之于女子亦然。其始亦不過强者之權利。其後受之者不能抵抗。遂不得已而認爲法律制度上所應有之權利。則權利之爲物。固非政府之所惠與亦明矣。

故以余觀之。一人則占有强者之權利。一人則欲壓其權利。然壓之無可壓。遂不得已而認爲實有之權利。此權利所由生也。苟權利而不由此生。皆有名無實者也。

近日文明之國。凡被治者之于治人者。平民之于貴族。女子之于男子。其權力皆漸次擴張。漸次强大。于是兩者之間。遂致互相衝突。蓋所謂兩强相對者也。唯各不相讓。故其勢趨于平均。而兩者皆有權利。即皆有責任。此今日文明各國公權私權所由起。而全國之民。所由各得其所也。

學者輒以權利之性。爲出于良善。是大誤也。凡權利者。即如上所言。由强者之權利爲法律制度所公許。然此所謂公許。亦非由强者之權利。其性出于良善之故。即所謂受之者不能抵抗。遂有不得不許之勢。然則公許不公許。于其性之良善與否。無所關涉。強者之權利而出于良善也。固公許之強者之權利。而出于凶暴也。亦有出于不得已而公許之者。既經公許。則亦儼然爲法律制度上之權利矣。

然古來碩學大家。往往誤解權利。終以權利之性爲屬于良善。其所以致此謬見者。蓋亦有故。蓋彼以權利與權力爲兩不相容。一若天下之至良至善者。莫如權利。而至惡至暴者莫如權力。一則尊而致之九天之上。一則鄙而擲之九淵之下。故動輒陷于謬誤而不自知。近日學者猶沿此習。每謂權利之性善。而出于人之天性。所以保吾人之自由者也。權力之性惡。而以強爲貴。所以侵吾人之自由者也。是說也。蓋謂強暴之權力。非出于人之天性。豈知吾人之天性。既無權力之存。則亦安得而施行之。則此論之謬。固不待辯矣。

或謂權利與權力。其性之不同。有如溫熱之相異。如伯倫知理是也。其言曰。主權力之說者。與吾人所謂自由權正兩不相容。使權力之說行。則世界者。一主人與奴隸之世界也。又安有所謂自由。安有所謂平等。故主是說者。其所謂自由之民。不過指被赦之奴隸而始得自由者耳。故其所論者。非高尚之權利。乃強暴之權力也。路索有言曰。君主之勢雖強。斷不能變强暴之權力。而爲公正之權利。臣民雖弱。斷不能變非理之服從。而爲應盡之責任。然則强暴之權力。不能十分鞏固。亦必然之勢。故權力之不能盛行者。其勢然也。路氏此言。誠不易之論云云。余謂伯氏之說甚不可解。蓋君主强暴之權力。其所以變而爲權利。決非以權力出于公正之故。蓋出于不得已。而爲臣民所默許。然則君主强暴之權力。臣民固欲抵抗之。無如力有所不足。乃不得不認爲權利。遂變爲制度法律上所應有之權利。如達霍墨國。其君主之權力頗爲暴戾。第爲臣民所默許。遂變爲公正之權利。腆然居之而不疑。卽其例也。

由習俗相沿之故。而强者之權利。爲弱者所認許。往往不論邪正。不問公私。均以爲制度法律上所應有之權利。但此所謂强者之權利。苟與猛獸之擇肥而噬者。毫無所異。則其國不能一日安。亦終必亡而已矣。苟如是則雖經臣民之認許。要不得爲公正之權利也。又强者之權利。當兩强相峙之際。苟兩者之間。均不能取勝。則兩者互相認許。均定爲法律制度上所應有之權利。亦往往然也。

達霍墨國王之權力。于臣民之性命財產。可任一己之意以與奪之。又沙倭及烏撒柏拉之國王。其權力足以令國中之婦女爲一已所私有。此自文明人觀之。則頗爲野蠻。然在其國亦爲臣民所許。而鮮有爭之者。是亦法律制度上所應有之權利也。故此所謂君權。與立憲國之君權。同爲分內之權力。至其公私邪正之別。則暫置不論。而其于權力之果屬于分內與否。固無所關涉者也。又尊男輕女之國。以一夫而娶數妻。亦爲人所共許。而爲婦人者。初不得而抵抗之。是亦所謂應有之權利也。又使役奴隸之國。以奴隸爲私有之物。亦何嘗非應有之權利。蓋爲人所共許。即奴隸亦自認之而不敢爭也。古者印度之貴族。有強大之權利。較之今日英國之貴族。幾有霄壤之別。然兩者之權利。皆經民人所公許。而爲應有之權利。則固無所異也。

故權利者。有強暴之權利。有高尚之權利。即有已進步之權利。有未進步之權利。二者固不無異同。然不能因此異同。而一則謂之權利。一則謂之非權利。且兩者之間。苟欲清劃其界限。則固有所不能也。

有名之法理家名法蘭茲者。嘗以權力爲國權之基礎。而謂權利則由國家之創立而生。其言頗爲近理。然彼不知權利實由強者之權利而生。一若分強者之權利與權利爲二。其言曰。權利者。非國家之基礎。乃施行國權之準繩。且由權力而始有生機。然權利初不因此而輕。反因此而重。且權力雖與權利以生機。然權力實在權利之下。要之二者互有關係。缺一不可。譬之身心相關。皆所以保其生。不可離也。權利權力之于國家亦然。所以保國家之生者也。然二者之關係。往往不得其宜。而禍及國家。是可歎也。

法理學家。猶勒勃衛頗主進化之說。然分權力與權利爲二。其言曰。權力出于實際。而權利出于空想。故權力者。實際之權利。而權利者。理想之權力也。但兩者之間有時互相分離。實際之權力。絕不含理想之權利。理想之權利。絕不含實際之權力。若是者。權力陷于暴戾。而權利失其實力。然一經公許。則兩者得合而爲一。蓋權力爲法律所公許。始爲得中。而名曰權利。權利爲法律所公許。始得實力。而歸于有用。其言如此。則彼以權力必經公許而始稱爲權利。與余之說相同。第彼謂權利既經公許。遂得爲權力。則余所不解也。

又曰。凡一國之中。權力由權利而生。故謂先有權利而權力從之。亦無不可。然邦國與邦國之關係。則先有權力而後權利生焉。此一定之理也。特此非由文明之未啓而生。蓋出于當然之理云云。余謂彼所論邦國之關係。誠爲合理。至謂一國之中。權力由權利而生。乃一定之理。則亦余所不解也。

斯喞格爾以生理學解權利之意。其言曰。凡脊椎動物。由母體之卵而生。實非由卵而生。蓋有致之生者。則父體之精蟲是也。而兩者互相結合。遂成物體。權利之生也亦然。權利者非由一人之權力而生。我有權力。彼亦有權力。兩者相合。乃不得不互相限制。唯權力互相限制而兩權利之萌芽生焉。然此所謂權利之萌芽。尚未十分生長。不得謂之眞權利。必待吾人有合羣之思想。始有所謂眞權利也。

斯氏之說。雖不能全謂之非。然余不以爲然。蓋在文明之國。彼我之間。互有權力。而此權力因互相限制。遂變兩者之權力爲權利。此論誠然。然此特就文明之國兩强相峙之情形而言。若野蠻之國。便不可一概而論。蓋野蠻之國。即前所云。强者恣其權力。弱者不敢抗抵。遂認强大之權力爲適當之權利。而弱者殆無所謂權利。不過有責任而已。是不得云兩權力互相限制。遂生權利亦明矣。然則斯氏之言。固不能以文明之國而概其餘也。

伊耶陵亦謂權力互相限制。而以公正者爲權利。其言曰。凡人類之競爭。强者肆其力以壓弱者。亦未必爲强者之利。强者乃恍然大悟。遂自限其權力。使强者與弱者並存于天地之間。于是強暴之權力。漸變而爲公正。遂名之曰權利。故權利者。與權力本無所異。唯去其強暴趨于公正而已。余謂此說亦謬。然亦不待余之辨駁。蓋余屢言權力之強大而不能抵抗者。一旦爲人所公許。遂變而爲適當之權利。至其果出于公正與否。固非所問也。

以上諸大家之說。皆畧爲辨駁。然世之學者。輙謂權利與責任必相輔而行。其言曰。有權利者必有責任。如君主有統治臣民之權利。又必有保護臣民之責任。臣民有享受國法保護之權利。又必有服從國法之責任。人民有行動自由之權利。又必有不侵他人自由之責任。此言誠然。然以余觀之。亦文明之國則然。若野蠻之國。則權利與責任亦未必相輔而行。如君主有制馭臣民之權利。非皆有保護臣民之責任。又尊男卑女之國。夫之于妻。不獨其妻犯姦罪而爲夫者有罰之之權利。且不論何事。皆可離婚。爲夫者有若是之權利。然不聞一婦之外。有不許納妾之責任。故曰權利與責任未必相輔而行也。

然甲有權利。則爲乙者必有敬重此權利之責任。此不論文明。不論野蠻。皆莫不然。何則甲之權力。既爲人所公許而成爲權利。則因此公許。而爲乙者敬重之之責任。乃由此而生。若謂乙無責任。而但有甲之權利。則無是理也。

第四章　論人類界強權之競爭

凡人類中百般之生存競爭。以強者權利之競爭爲最多而最盛。且此所謂競爭。不獨增長吾人之權利自由。且爲吾人人類進步所必需。此其意已於總論中詳之。且強者之權利。不但與權力相同。即與自由權亦同。又古今學者。往往以強者之權利爲強暴之權力。而不知高尚之權力。亦不外乎強者之權利。故不論其國爲文明爲野蠻。而強者之權利。在所必行。又強者之權利。苟非動物之互相吞噬者。則吾力所不能抗者。必認爲法律制度上所實有之權利。故強者之權利所以變爲實有之權利者。出於人之所默許。非其性有善惡邪正之別。其所以然之故。皆已於前章論之

惟強者之權利。至無可抵抗之際。乃不得已而認爲法律制度上所實有之權利。故在強弱俱存之勢。則強者之權利必爲弱者所認許。在兩強相對之勢。則兩者之權利。互相衝突。遂互相平均。卒至互相認許。各有權力。此兩者之權力所以同爲法律制度上所實有之權利也。

凡生物界中強者之權利。苟弱者不能抵抗。往往流爲強暴。人類界亦然。特人界類中兩強

相對。必有互相抵抗之力。故兩者之權力。勢不能流爲强暴。而止見其高尚。文明之國其權力之離于强暴而趨於高尚者。罔不由此。由是觀之。則在文明之國。吾人權力之所以高尚者。均出於兩者之權力互相衝突。互相平均。而後有今日。乃學者往往以高尚之權利爲出於人性之天賦。不亦謬乎。且也不獨法理之進步而已。即道德之進步。亦本於强者之權利。觀其後數章自明。

由以上所論。則凡强者之權利。其所以無可抵抗而認爲實有之權利。與其所以變爲實有之權利而無關於性質之善惡邪正。其理已顯而易見。且于兩强相對。互相衝突。互相平均。互相認許之理。亦不辯自明。况由此理推之。則知昔之弱者爲强者所制。而弱者漸次進步。變爲强者。乃以其力抗昔之强者。而昔之强者。乃不得不變其强暴之權力。而進於高尚之域。又昔之弱者。今雖執有權力。然亦不得流爲强暴。是亦進於高尚之域也。

但高尚之權利。固由兩强之衝突而起。然兩强之間。若利害各異。但求損人以自利者。則兩者究不能成爲高尚之權利。唯兩者之間各謀其生存。而汲汲焉以求互保其平和者。方足與言高尚耳。

族類與族類之間。如治人者之與被治者。貴族之與平民。自由民之與奴隸。男子之與女子。其間所有强權之競爭。較之各人與各人之競爭。更爲顯切著明。且關於一國之利害。更爲重大。蓋各人之勢力甚微。而族類之勢力則甚强。葛姆潑者有言曰。講心理學者。每盛稱各人一己之思索力。其實一己何嘗有思索力。彼所謂一己之思索。決非冥心孤索。亦視其感于外者何如。而思索焉云耳。故各人之思索。不出於一身。而出於當世事物所不容已之故云云。此其意蓋謂一群之中。有一群之思想風俗。有一群之時勢輿論。政教道德。皆足以深入人心。占有勢力。故吾人一舉一動。均爲此勢力所範圍。而此種勢力。多出於優强之族類。（在未經開化之國則不過治人者貴族男子等）則可知强大之族類。不特足以制各人。即劣弱之族類。（在未經開化之國則係被治者平民女子等）其不爲所制者幾希矣。

溯之往古。其所謂强者之權利。蓋不免鄰於强暴。然其實草昧未開之世。即謂未嘗有强者之權利。亦無不可。蓋當其時治人者與被治者。貴族與平民。自由民與奴隸等之階級。尚未顯然分別。而男女夫婦之道。亦未完備。故强者之權利。猶在所難行。必待是類之等差。漸次興起。乃有所謂權利。但等差雖分。仍不外乎强者之權利。何則。强者與弱者相分離而能制之故也、然等差既分。則強者之權利漸次進步、而治人者貴族自由民男子等之權力。得次第壓制其被治者平民奴隸女子。特在開化之國。則昔之弱者。亦變而爲強者。且與昔之強者。互相對抗。以減縮其權力。蓋壓制之權力。亦可暫而不可久也。

強者權利之進步。每以人種之相異而有廣狹之不同。地球之上。除歐洲人種外。凡優強之族類往往占有權利。而其他則否。故優強者之權力。猶爲劣弱者所認許。而爲法律制度上所實有之權利。歐人則不然。其弱者蓋已漸進於強。幾有兩強相對之勢。所謂互相衝突。互相平均而互相認許者也。但今日之歐洲人種。其各人相互之權力。猶未十分平均而不免畸重畸輕之弊。蓋強弱之等差。無論爲人類界。爲萬物界。苟欲其消滅淨盡。固亦有所不能也。

雖然歐洲人種與他人種之間。其強者權利之進步。所以有廣狹之不同者何也。此無他。各人種性質之不同。有以致之也。夫各人有各人之性質。各人種有各人種之性質。而所謂性質。則分爲二種。一則曰固有之性質。是稟于天者也。一則曰承受之性質。是感于外者也。凡吾人之強弱優劣智愚賢不肖。莫不由此二者而生。彼歐洲人種於此二者實優于他人種。

故強者權利之進步與萬般進化之事同而遠出他種之上以視彼之強弱高下大相懸殊者固不可同日語矣昔葛雷伞著開化史論歐洲人種有敢爲進取之氣故其性屬陽而其他人種則懦弱退縮故其性屬陰其言曰歐洲人種者其獨立自由之元氣抱敢爲進取之氣象而探討物理獨擅其長者也

唯其敢爲進取故不受他人之壓制而弱者變爲強者遂成兩強相對之勢此強者之權利所由普及也唯其懦弱退縮故甘心屈服甘心受人壓制習爲固然而不以爲恥此強者之權利所由偏枯也蓋在敢爲進取之人種凡強暴之權力皆不得行乎其間如日耳曼人種號稱獨優其敢爲進取之氣象尤爲他種所莫及故強大之族類其權力不能過強而以和平出之此人種之所以可貴也

雖然國家當創造之始彼強大之族類其權力每不免強暴此亦當然之勢蓋當時苟無此權力則國家不能成立故強暴之權力亦有未可厚非者此其理當于後篇詳論之然在懦弱退縮甘心壓制之人種其強大之族類苟肆行無忌而無以限之則以強暴之權力視爲應有之權利而多行不義其國不可以長久此亦一定之理也彼敢爲進取之人種

則强大族類之權力。在下者得而抵抗之。故不特權利之進步而已。萬般之進化。蓋莫不由此。此所以成爲今日之文明也

欲證明以上諸說。須將人類中之五大競爭。逐一講求。所謂五大競爭者。一曰治人者與被治者之强權競爭。二曰貴族與平民之强權競爭。三曰自由民與不自由民之强權競爭。四曰男女之强權競爭。五曰國與國之强權競爭。故自一至四爲一群內之競爭。其五爲群與群之競爭。蓋如羅吉斯之言。人類界之競爭。分爲內外二種。亦猶生物界之競爭。有體內之競爭。與各生物相互之競爭也。

第五章　治人者與被治者之强權競爭及其權利之進步

野蠻之世。無所謂治人者。無所謂被治者也。當其戰爭也則選一酋長以統馭之。戰爭止則酋長退。習以爲常。又平日雖有酋長。其權力亦不甚强。故當此之時。尚無所謂治人者之權力。即無所謂强者之權利。特其間老者閱歷較深。爲衆所悅服。勇者體軀强大。爲衆所畏服。則于衆人之中占有權力耳。

斯賓塞爾論老者勇者所以統攝衆人占有權力之故。其言曰。洪荒之世。人類之中。不過有

男女老少之等差。當其遊牧遷居。或防禦外患。而聚族商議之際。則分其人民爲二部。老者勇者或熟練世故者爲一小部。使商議公衆之事。少者弱者或不習世故者爲一大部。亦與以參議之權。但小部之內。必有首領一人。其權力較衆人爲大。其人大率以老年之獵師武人或教士充之。故野蠻部落中。約分爲三部。一爲首領。二爲老人。三爲少年。

柏師德之言。當斯氏畧同。其言曰。草昧之世。凡爲酋長者。非由選舉。非由世襲。唯于部落之內。度越衆人者則居之。蓋體力強大者。智能優長者。與夫占有子女玉帛多于衆人者。或部落內之門閥赫奕。握有權勢者。則爲衆人所尊敬。往往推爲酋長。故其得爲酋長也。出于自然之勢。非若選舉世襲有一定之規律者也。唯然。而苟有一人者出。更超乎酋長之上。則必代酋長之位。亦一定之理也。

如以上所論。則野蠻之世。雖未嘗確定酋長。而其端緒已稍稍發見。是即謂治人者之權力。已萌芽于此時可矣。特當此之時。酋長之與有甚難者。而其所以難之故。則有三。草昧之民。未習羈勒。一也。古昔風俗。務求保守。不願進取。二也。狃于故習。不知統一秩序之道。三也。人民之風俗如是。其進步正非易言。故衆人中之優強者。雖欲居于治人者之列。以統治其衆。

往往不見其效昔有林格者嘗至尼谷羅倫島問其島酋長爲誰島人笑曰子必欲令吾儕之上更有强于吾儕者之一人此其故何也斯賓塞爾嘗引此言以明草昧之世欲驟設一權力强大之酋長正有未易言者是吾人所當知也

且也野蠻之世不獨蚩蚩衆氓不願有酋長卽部落中之才堪酋長度越衆人者亦不知强大之權力爲統率部落所必需唯有時侵襲他部落或防禦他部落則苟無統率衆人者每不能如其志而或致僨事故不得已而選一權力强大之酋長以共戴之故當是時也唯戰爭之時選立酋長戰爭止則酋長亦廢其後則雖在平時亦設酋長特其任期往往甚短其權力不能過强然久之而戰爭攻伐之事日益繁多於是乎酋長之權力不能不强而酋長之任期不能不久故酋長之職爲終身自此以後酋長之勢日益盛卒舉其政事軍事之權聚而歸之于一人葛姆濮老之言曰統治之權每出于戰勝之後遂以軍陣之制變爲國家之制故無論何國每倣軍陣之制以一人而握治民之大權職是故也

統率一部落之酋長雖已握有强大之權力然欲得一大酋長以統一各部落則正非易易而此所謂大酋長其始亦不過臨敵時有之其後則爲常設久之則任以終身與小酋長固

無所異也。

然人羣漸次進步，漸次擴張。而向之所謂酋長者。始稱之曰王。且其權力日益强大。遂傳其位于子孫。蓋由選舉之後而終身任爲酋長者以立有功績爲輿望所歸、遂爲儕類中推高之門閥而開君主國世襲之始基、此其故蓋亦本於天演、何則酋長之子孫、世世相承、習見乃祖乃父之所以統治其人民者、故耳濡目染習爲故常。幾有積重之勢、而酋長之子孫。秉其祖父之遺。皆有爲酋長之才與德、一也、又爲人民者、於酋長之豐功偉業、世世習聞之、日擊之。故亦習爲固然、而敬慕服從之心。自有油然而生者。且人民之子孫。亦秉其祖父之遺。皆有敬慕服從酋長及酋長子孫之心。二也。海爾威爾曰。天演之道。凡在上者所以治民之術。與在下者所以服事之心。皆可以傳之子孫。此之謂也。

雖然君主選舉之法。不能驟變爲君主世襲之法。當其交代之際。必先有折衷之法。以行乎其間、蓋君主或酋長之子孫。雖許其襲位、然必由人民於子孫中擇其可立者而立之。或人民於承襲以後有拒絕之權者亦有之、又或人民雖無選舉之實權。而沿襲往例。必經人民公許者亦有之。如某國必先由人民會議選定三人。使三人於王族中再選一人以立爲君

四〇

主。但此三人于選定一人之前。必先將其人生平之功過。一一告于先王之靈。然後立之。又某國則以貴族三人。先行會議。議定後於王族中擇一人以立之。又古代希臘固用世襲之法。然不經人民或一部人民之公許。亦不得也。

古者羅馬蓋亦用選舉之法。第觀其君薨後。後嗣未定。而特設一官。使之攝理各事。亦可見矣。又歐西大陸各國。至西曆九世紀之初。而襲位者猶必經人民許可。蓋沿用往例未之改也。英國古時亦然。法國則加配（新朝名）之際。凡王嗣之適否。必詢諸人民。德意志各邦則選立嗣君。由人民于王族中選之。其常制也。

當草昧之世。酋長之權猶未甚強。每由人民會議。以議定政事。如瑞士國各州。至今猶用此法。當其召集州會。凡州內丁年之男子。皆與焉。其會期在每歲之春。其會場在曠漠之野。凡議定各州法律。及選舉官吏之事。則均由會中公定。

後世君權日益強大。而人民會議之良法。漸以不振。于是貴族之會議以起。蓋聚一國之貴族。以議定國事。古者法國之所謂國會。皆此類也。又英國當安哥沙孫（朝名）之際。有民會。曰伊督那格者。其後漸次擴充。成爲大會。然其實亦不過貴族之議會而已。

自世襲帝王之權力次第增長、於是君權神授之說起、幾以帝王之權力、爲出乎人類之上。故以國土爲帝王之私產、以人民爲帝王之私奴、而生殺與奪之權、悉操于帝王之手、此帝王之强權所以壓制其人民而不能自脫也。此在奪掠所得之邦國則尤甚。當是時也、君權雖極專恣。而人民不敢與之抗。習慣之後。遂成自然。故帝王苟欲振其大權、直易如摧朽。若較之草昧之世、酋長之權力往往不能振作者、則大有逕庭矣。且也當此之人民、不獨甘受壓制而已。若有王者出。或欲自限其權力。則人民反以爲王權衰頽。一若甚戚焉者、固非彼之所樂聞也。

帝王之子孫世世相承、而臣民服從之心日益根深帶固、當此之時、苟一國之內、非變不起、則王業之基、日益鞏固、即爲君者不稱其職、而君主之權力如故、此所謂權力者、非出之于一己、實傳之于祖父、蓋世世君主。由祖父之相傳、以君臨一國、即世世臣民、亦由祖父之相傳以服從君主、皆習爲固然、而毫無足怪、前云門閥爲強者之權利所由生、此之謂也。失弗勒曰、世襲之勢力、至爲强大、苟世襲愈久、則基礎愈固、而莫敢或搖。凡君主貴族之世襲、其明證也、君權既日益强大。於是人民自由平等之權利。遂日以侵削。而所謂人民者。遂變爲帝王之臣僕。是可歎也。雖然此亦人類進于文明所必由之路。無所逃于天地之間。古今來無論何國。有不由擴張君權限制民權之一途。而能進于文明者。未之有也。海爾威爾曰。他人種今且不論。而論吾歐洲之人種。則古者人民皆有自由。而其後則爲君權壓制之世。蓋往古之自由。在文明未啓之時。與禽獸雜居無異。當此之時。苟欲以禽獸之自由。一蹴而進于開明之自由。其勢有所不能。故欲進于開明。須經一番壓制。壓制者開明自由之先聲。而不可不由之階梯也。其所論如此。余嘗謂人類當未有階級之際。則無所謂强者之權利。必待人類之等差漸次興起。而後强者之權利生焉云云。亦此意也。

故君權者。世襲之基固。則其權愈强。族長主義神權主義之說行。則其權更强。蓋族長主義每隨國家之進步而漸次消滅。苟不能消滅者。則君權必强。如支那是已。支那之立國。蓋本于族長主義。支那皇帝即支那人民之族長。而有無限之權力。故支那人每稱其君曰父母。稱其民曰赤子。且昔言作君作之師。則幷以君道父道師道三者而求備于君矣。夫支那史乘。不乏易姓革命之事。似有乖于族長主義。然以國家學之原理論之。則所謂族長主義者。

固歷數千年而未之改也。

所謂神權主義者。蓋謂帝王兼有幽明二權。故此說若行。則君權益强。較之族長主義。殆有甚焉。蓋野蠻之民。智識未開。聞天堂地獄之說。每浸淫于人心。而牢不可破。故教徒往往占有權力。習以爲常。及神權之說行。則以教門之權移之君主。其權力之强。自不待言矣。古先哲王。以俊傑之才。建非常之業。人民莫不畏之敬之愛之慕之。或目爲天之所生。或尊爲神之所命。于是帝王之權。一若受神之託以行其權者矣。夫野蠻之民。其俗類敬神而尚鬼。每謂神有善惡之別。而性有寬暴之殊。故遇仁厚之君。則曰是神也。天特生之。所以福我者也。遇殘暴之君。則曰是神也。天特生之。所以禍我者也。于是爲帝王者。且儼然神矣。故爲民者莫不唯唯聽命。甘心爲之臣僕。而不敢少拂焉。蓋君民之懸殊。不啻幽明之異路。彼蚩蚩者固不以人類視帝王也。

古代邦國。其帝王或酋長。鮮不行神權主義者。如古撥勒國稱其祖蠻谷葛伯爲太陽之子。又古希臘及日耳曼之帝王。皆稱爲神之子孫。其他若蘇吉與拍若印度若挨及若猶太。皆稱其君曰神孫。實教主也。

即如支那。前云其族長主義猶行于今日。然其國稱皇帝曰天子。又動則曰奉行天命。是亦有神權主義存焉。又考其古史。伏羲則人頭而蛇身。神農則牛首而人身。或壽踰萬歲。是其人皆靈妙不可思議。其不以人類視古帝王亦可知矣。又如湯武之伐桀紂。則曰奉天命行天誅。是皆神權主義之明證也。即在今日。凡有飢饉洪水及一切天災地妖。輙謂是上帝所以警人君之不德。乃躬行祈禱以謝罪于上帝。而求免于災。是非神權主義而何。故支那者。族長主義與神權主義互相爲用者也。

又回回教諸國則專用神權主義。回教經典名格蘭者。其言曰。神者。擇己所悅。授以國權。故既爲帝王。幷爲教主。幽明二界。悉聽管轄云。

上古羅馬及中古基督教各國亦取神權主義。而中古當基督教隆盛之際。其教徒權力頗爲强大。故各種制度。其關乎神權主義者甚多。德意志各邦。凡歸教皇管轄者。蓋莫不然。苟各國君主而不經教皇許可。則雖欲即位。不可得也。

即今日歐洲各國。亦不能謂神權主義。全行消滅。蓋政治與宗教。雖已分爲二途。然如墺地利、西班牙、巴派里等。事奉加特力教者。其稱君主皆用神聖等語。此語蓋出于教門。而發源于羅馬。其後基督教亦沿用之。此宗教之遺習。所以猶存于今日也。又今日歐洲各國。每以帝王之位爲天護神佑。不可侵犯。蓋亦神權之遺意云。

亞細亞各國之專制政治。固本乎神權主義者居多。然此亦不盡然。如支那帝國。雖神權主義猶稍存于今日。然論其實際。即謂神權主義。業經廢止。亦無不可。日本則中古之鎌倉室町江戶政府。均已變神權政治而爲兵權政治。其中若江戶政府。則以武門之制。壓服諸侯而不敢少抗。卒以致三百年之泰平。實日本歷史中所絕無比類者也。

上古希臘羅馬之共和國。有謂其當時之民已免于專制政治之苦厄者。其實不然。當時兩國政體。雖曰共和政治。然其民之服從專制政治。實與君主國無異。蓋此類共和國。唯得于人民中選舉一人以爲治人者。使之參預政治。其在被治者。實不能自由。里勃衛曰。上古希臘羅馬之所謂自由。乃治人者一人之自由。非被治者人人之自由也。伯倫知理亦謂上古希臘。及其他各國。政府之權力。高大無限。而人民之權利。莫不爲所限制云云。蓋今日歐洲各國之人民。既爲一人而有一身之自由。更爲參預政治之一人而有政界之自由。此皆近世之文明有以致之。然亦希臘羅馬兩國之主義。（以政界之自由爲主）與日耳曼人種之主義。（以一身之自由爲主）

互相調和。故有今日之文明云。

第六章　承前

亞細亞各國之未進乎文明者。其治人者所有强者之權利。往往甚于他國。故被治者不免爲所壓制。歐洲則不然。此其故蓋人種之異有以致之。即前所謂歐洲人種其敢爲進取之氣象此也。但在歐洲人種。亦未嘗無所壓制。特不如亞洲人種之根深蒂固。經久不變而已。故被治者之權力。得以漸次長大而不受其强暴。較之他種之懦弱退縮其受壓制。此固不可同日語也。

亞洲各國之民。其性雖甘受壓制。然亦未嘗不亂。古今來或由草澤。或由貴族。以致易姓革命之事者。已不知凡幾。其由草澤而起者。人盡知之。今不具論。第論貴族之禍。薄師德曰。古者某國。凡一切政事。均由貴族密議。然後施行。然欲謂之貴族政治。則實係君主政治。欲謂之君主政治。則君主又若有若無。蓋君主之權。爲貴族所僭奪。故君主僅爲守府。而其後卒至亡滅云云。又古者法國梅落因氏王室。爲貴族加老林所簒。王室遂爲贅疣。其後乃反以加老林爲正統。日本亦然。其初藤原氏專權。繼乃平氏、源氏、北條、足利、德川氏迭主朝政。而皇室徒抱虛器而已。此皆前說之明證也。

亞細亞各國、若有不服其上、一旦由草澤而躍登大位者。則不過一人得志。而此外人民。依然受上之壓制、與前次初無少異。此無他、蓋亞細亞之人民、不知人民有人民之權利、以權利權力等字爲專屬于君主。故其所祟者、不過欲得一仁厚之君而事之、至謂一人一身有一人一身所應享之權利、則直夢想所不到。惟搖尾乞憐、唯唯聽命、任君主之操縱而已。故此類邦國、其所用實字。如帝王酋長治人者政府等字、不必加以專制擅恣等形容字、而自有專制擅恣之意。又如臣民、人民、被治者等字、不必加以卑屈無權等形容字、而自有卑屈無權之意。但治人者之權力、固屬強大、亦未嘗無所限制、特其所限制者、非爲人民之權利自由所限制。特爲其國之風俗習慣宗教道德所限制耳。

歐洲各國之人民則不然。其在上者亦未嘗不喜專恣、然往往不能持久。故人民之權利自由雖一時爲專制之君所壓抑。而不久即可回復。彼羅馬民種中如希臘羅馬二國、則制定人民之權利自由、自有定法。若日耳曼民種之各國、則其愛權利自由之精神、更爲強盛、特不如羅馬人種制有定法。蓋羅馬民種所求者在政界之權利自由、日耳曼民種所期者在

三

一身之權利自由兩者之間。互有異同。即各有得矣。唯其所求者在政界之權利自由。故往往鬪爭人衆握有強大之政權。唯其所期者在一身之權利自由。故勢力甚微。往往爲強大之政權所壓制。即前所論述此也。

然日耳曼民種其貴重一身之權利自由。較政界之權利自由更甚。而不願屈服于強大政權之下。職是之故。其進步往往甚難。故日耳曼民種雖氣象雄大。而不能設立強大之國。職是故也。伯倫知理曰。日耳曼民種。不能若羅馬民種有建造國家之才力。蓋其民種于伸張一己之權利自由。則氣象頗爲雄大。故而屈服于強大政權之下。則爲彼族所不甘。故強大之政權往往不能成立。若後世之日耳曼民種。卒能屈服于強大政權之下者。蓋爲羅馬民種所感化故也。

如上所云。則羅馬民種所好者。在政界之權利自由。日耳曼民種所好者。在一身之權利自由。其所好雖有異同。而其貴重權利自由之氣象則一。故不若他種之放棄其權利自由。其致爲進取之氣。誠有足貴者。雖然彼等亦未嘗無若權之強暴者以壓抑之。但每因此而設立強大之國。即如羅馬帝國、法蘭根王國、羅馬德意志帝國、封建國、近世之專制國及拿破崙帝國、皆由强大之君權而出焉者也。凡此類邦國之成立。人民之權利自由。往往爲所侵奪。或爲所制限。若封建之制。則更以國土爲大君所私有。而貸之于大小各侯伯。是直以全國爲大君之私產。而向之占有土地者。今一變而爲借用土地者。即如英國。以其國之法理而論。則今日全國之土地。尚爲君主所私有。而大小各地主。皆不過借地者而已矣。

自封建之法廢。而專制君主國。于以興。其壓制人民之權利自由。實有令人可驚者。蓋君主于封建之末。假平民之援助。以壓諸侯之强權。于是封建之法廢。而政權歸于一統。一統之後。乃反肆其强暴之力。以壓制人民。此專制之所由來也。而此類專制政治。于羅馬民種之法國。及西班牙國中。其勢力最爲强盛。然日耳曼民種。則氣象雄大。不甘屈服于專制之下。故各國之中。其猶帶古代日耳曼民種之氣象者。其專制之力。往往不能强大。夫乃知日耳曼民種之氣象爲可貴也。

法國路易第十四嘗曰。余一人即國家也。彼蓋以國家之權力。皆握于一人之掌中。故十六世紀及十七世紀之間。此語遂通行于各國。而君主之權力。乃一强而無可限制。夫當中古封建之世。大小諸侯。互相割據。故君主之權。每以不振。至是乃大異。君權之强大。無所不至。

不論公私各事。君主皆得而干涉之。雖有時宦官宮妾。竊據朝柄。爲君者儼同木偶。絲毫不能自主。然君主雖無實權。而專制之君主每爲一切大權所自出之地。故卒率一國之民皆爲專制君主之奴隷而後已。及其後拿破崙第一出。乃變而爲民主之君權專制政體。蓋彼由人民委以大權。卒撫有人民。號稱皇帝。當其時、法國當衰弊之際。而拿破崙乃握有大權。以整頓一切。蓋法國國勢。亦爲之一振云。

學者每以專制政治。有害于天賦人權。故惡之特甚。然此亦不盡然。在草昧之世。則專制政治。不特無害。且有益于進步。蓋當此之時。人衆之團聚尚未鞏固。人類之秩序尚未完備。苟不用專制之法。使人民服從其威力。則不能劃然歸一。秩然有序。故當此而不能不用專制者亦勢也。譬之野蠻中兩部落。互相戰爭。若其酋長而權力強。大足以統攝其衆。則鮮有不勝。不然則敗。故拔奇霍曰。草昧之世。日以戰爭爲事。則專制尚焉。馬克來謂野蠻之民。從事戰爭。若事事由衆人公議。則有害而無利。必賴專橫之酋長以處理一切。然後可以成功。此誠不易之論。蓋專制政治爲野蠻之世所必需。獨民主政治爲文明之世所必需。其揆一也。

海爾威爾亦曰。人類由野蠻而進于文明。其間有不可不由之階梯。則專制時代是也。古今來不論何種人類。苟不經此階梯而能驟進于文明此未之有也。又曰。地球上不論何國。苟非人口繁殖。則不能進于文明。而欲促人口之繁殖。蓋亦有其道焉。或由宗教相同。因互相聚合者有之。或由防禦公敵。因互相聚合者有之。或治人者以專制之政統一其民衆。此亦有之。但專制政治。學者每多非難。而不知野蠻之世。不落今日文明之國。有餘暇以聚衆公議。考求政治之得失。不過以一人握有大權。統攝其衆。使之服從。爲最良政策而已。故野蠻之世。苟人民有言論之自由。則以爲不祥。必至土崩瓦解而不可收拾。其有礙于進步。正非淺鮮。要之。野蠻之民。苟期變爲文明。則君權之專制。固在所不可少也。

太洛爾亦曰。國家之制度。皆由戰陣之制度變化而出。蓋治人者每因戰爭之後。握有治民之權。遂以軍制爲國制之模範。故民之所以唯唯聽命。服從其主權而不敢有他志者。皆由其習于戰爭。慣于軍令之嚴。故耳。徵之古史。蓋莫不然。古者挨及國與巴比倫。不獨以戰陣之法。步勒其將士。幷步勒其平民。步勒其敎徒。而一切工藝學術之進步。莫不由此而出。故卒能威振四鄰。而無敵于天下。且即以今日文明而論。凡使吾人享有權利自由之文明諸

六

七

法。蓋亦本于戰陣之法云云。蓋苟無專制政治。不能驟進于文明。則專制政治。不特有裨于道德智慧法律財政各種之進化。即謂之進化之淵源可也。

由是觀之。則專制之政。正有未可厚非者。海爾威爾又曰。專制之君。以專制之法使民服從。卒以創立國家。其功實不可及。學者于專制之政。每多貶詞。是知其一而未知其二者也云云。故專制政治非無可取。特用之于野蠻之世。收效于一時之頃則可。若長此專制。而不求變革。則其害有不可勝言者。故歐洲之專制政治。即當時稍有弊害。究有益于進步。亞細亞專制之國則不然。推原其故。蓋歐洲之專制。每不能持久。亞洲之專制。則始終如一。此蓋人種之強弱有以致之。歐人敢為進取。故專制在所難容。亞人懦弱退縮。故專制不能驟去。此亦歐亞人種強弱之原矣。

又英明之主。或好大喜功。欲創造一強大之國。或發憤自雄。期振起其積弱之勢。則專制之政。亦往往收效于一時。如羅馬帝國。法蘭根王國。羅馬德意志帝國等之創建。及近代封建廢滅後之各國。彼得後之俄國。拿破崙第一第三時之法國等是也。且近日德意志新帝國之創建。即謂之稍鄰于專制。亦無不可。甚矣專制之不可廢也。

日本之維新亦然。海爾威爾之論日本曰。日本之革新。亦賴有專制之力。當其時。日本之守舊迂謬。不喜新法者。蓋不乏其人。明治帝知常人可與樂成難與圖始。乃不得已而以專制行之。卒以泰西新法。進其國于文明。故國勢蒸蒸日上。而將來之進步。誠有未可限量者。夫乃知明治之功爲不可及也。

雖然、古今來不經專制政治。而驟成爲强大之國者。亦不乏其例。如北美合衆國是也。然其所以致此者。蓋亦有道焉。大凡國之進于文明。非聯爲大國不可。當時美國之人。已深明此理。故卒能合而爲一。一也。美洲與歐洲。隔絕遼遠。故能免各種阻力。二也。當時美國人皆遷自英國。或爲英人之子孫。故習于本國之俗。均能服從政權。幷能實行其權利自由。三也。各州人民皆同心協力。以求脫英國國王之專制。四也。此美之所以異于他國也。

前言歐洲人民。不甘屈服于君權專制之下。而能享有權利自由。此在英國則尤甚。蓋英民之享有權利自由。較他國爲先。其後歐洲大陸各國。乃競效之。然有功于此者。要以碩學孟德斯鳩之力居多。孟氏考察英國之政治法律民情風俗。著爲論說。其說風行于歐洲。後乃見之施行。自是以後。歐洲之民。乃能脫君主與政府之壓制。而擴張其權利自由。則信乎孟

九

氏之功大也。

故今日歐洲各國。治人者與被治者。已處于兩强相對之勢。論昔之被治者。其勢本處于至弱。其後乃占有强者之權利于是治人者之權力與被治者之權力乃互相衝突。互相平均。而治人者既不能以一己之權力壓抑其被治者之權力遂不得已而認爲法律制度上所實有之權利。自此以往。治人者之權利。不復如昔之强暴。亦漸趨于溫和。即治人者被治者兩者之權利。均莫不趨于溫和。此所謂權利之進步强權之普及也。然其所以致此者。要不外乎强者權利之競爭。但所謂强者之權利。皆由利己而生。非由利物而生。故治人者與被治者苟利害相反。則互相爭鬥。互相軋轢。必至大亂而不可收拾。今日文明諸國則不然。治人者與被治者之間。皆互相浹洽。互相親睦。嗜欲同。利害同。故以禮讓相將而不至陷于暴戾。誠非偶然也。

在歐洲各國。凡抵抗君權。限制君權。以防護人民之自由者。要以貴族爲首功。而平民乃漸次與起。以增大其權利自由。故勢力之强大。固不得不歸功于平民。若以其事之難易論之。則貴族之所爲者。固非易易也。

當今之世。治人者與被治者之權力。固處而強相對之勢。然就其大體觀之。則治人者猶處于強。而被治者猶處于弱。蓋不然則國家不可以一日存。誠有不得不然者。且不第今日而已。恐他日亦正不免。蓋國家之主權。必在治人者之手。苟治人者無此大權則國家必亡。一定之理也。彼哲學者流。每謂治人者不當處人民以死刑。而殺人之權。當屬之天。不當屬之人云云。然在今日。此無上之大權。猶操于治人者之手。而抵抗之者誰乎。然此在他日文明進步之時。一旦死刑廢止。尚未可知。至其他大權。則不論君主政治共和政治。苟國家猶存。斷不出治人者之掌握也。

學者每謂一國之政權。爲一國之輿論所管轄。故政權者。不過一器械。借以施行此輿論而已。斯賓率爾亦主是說。其言曰。古者以政府之權力爲固有之物。及人民之權益大。則政府之勢愈微。然政府之權力。實不過輿論之器械。乃在今日。猶有昧于此理者。豈知輿論者。出于政權未立之前。非有政權而後有輿論。實由輿論而後生政權。然則政權者。以代表輿論者也云云。

公衆之輿論。其影響之及于政權者。往往占有大勢力。此固一定之理。然吾謂政權者。決非

二

若斯賓塞爾及其他學者之言。徒爲輿論器械。如機器之發動已也。蓋彼亦稍具動力。有能發能收之勢。即如今日歐洲各國公衆之輿論。足以掣政權之肘。其權勢之强大。固不待言。然出類拔萃之君相。其有所作爲。往往舒展自如。且輿論之微弱。則君相振作之輿論之方向。則君相移轉之。如拿破崙俾斯麥是也。且也、不獨是蓋稀世之傑而已。即如英法兩國等。由政黨之首領任爲宰相。握有政柄者。非特不爲輿論所管轄。而每以一己之權術管轄輿論者。蓋有之矣。

第七章　貴族與平民之强權競爭及其權利之進步

草昧未開之世。亦無所謂貴族平民。第萌芽稍稍發見而已。當其時。人類之中。分爲二部。老者勇者及熟鍊世故者爲一小部。小者弱者及不習世故者爲一大部。而一小部則商議公事。一大部則但有參議之權而已。但以年齒所分之等級中。又分爲數小級。如其習尚生計之各異。其中或分爲三級者有之。或分爲五級者亦有之、

雖然以年齒所分之等級。不遇爲貴賤尊卑所由分之萌芽。而貴賤尊卑之等差。尚未顯然分別。故强者之權利競爭猶未起。及其後漸次進步。乃不以年齒分等級。而以智愚賢不肖

定之。且異種民族。漸次集合。遂以民之強弱優劣。而有貴賤高下之分。特其始則等級之分猶未顯著。及其後乃有所謂加師德。加師德者。蓋謂天擇之等級。飛人定之等級也。其人類之等級。皆由人羣之進步而漸次發生。本不得謂之天擇。然草昧之民不知此理。每謂人生之初。已有等級。而出于天之所定。實則人類中之智勇者。占有勢力。以壓服其愚民。遂有所謂天擇之等級。彼貴貴者。乃以此等級爲萬世不變。故等級之法。牢不可破。職此故也

古代各國。莫不有加德師之等級。而印度與埃及尤甚。然埃及之等級。廢滅已久。而印度則至今猶存。相傳印度之等級。出于開闢之始。其實不然。蓋出于人種之互相混合。印度當太古之世。爲達拉喜黑種所居。其後爲亞利安白種所奪。於是白種爲貴族。黑種受其壓制。遂爲賤族。降及後世。則白種之貴族中。更因所業之各異。而互分等級。故印度稱等級曰法原那。法原那者。即膚色之義。則印度之等級。出于膚色之異。固無疑也。

印度之民分爲四級。一曰婆羅門。亞能僧徒是也。由神之口而生焉者也。二曰薩德略。國王武士貴族是也。由神之腕而生焉者也。三曰秘薩。農工商是也。由神之股而生焉者也。四曰西達拉。奴隸是也。由神之足而生焉者也。其中第一第二第三三級。則屬于白種。其第四級

即黑種也。

以上各種等級。皆由古代之生存競爭而漸次發生。及數千年之後。乃一成不變。于是宗教家乃目爲天擇之等級。而互相懸隔日甚一日。不啻有天壤之別。甚至此級與彼級婚嫁不通。其在下級者雖有英雄豪傑。亦不能昇至上級。此固三千年來。釋迦牟尼及其他傑士所竭盡心力以求革此陋俗而未竟其功者也。

埃及之等級。或謂其出于異種之相合。或謂其出于同種。二者未知孰是。據脫師登之說。則謂等級之分。不必出于異種之相合。如埃及之等級即出于同種云云。然據葛姆潑老之說。則凡一切等級。莫不出于異種之相合。蓋獲勝之人種。其數寡。而降服之人種。其數多。兩者互相混合。于是勝者爲貴族。而敗此爲賤族云云。但埃及之等級與印度之等級相同類。皆世守其業。而分爲僧徒武士工商等數級。特各級相去之遠。不如印度之甚。其間婚嫁互通。而下級者苟期昇至上級。亦非難事。故學者每謂埃及之所分者。不得謂之加師德。不過如人世尋常之例。稍有等差而已。且其後埃及王亞馬壽斯與希臘互相交通。使兩國之民互相婚嫁。而希臘之種傳入埃及。蓋等級之廢滅固已久矣。

歐洲古經常度有曰神人理格始生德來勤。是爲賤民之祖。次生嘉勤。是爲自由農民之祖。後生耶勒。是爲貴族之祖。爰錫以勇力。授以天機云云。而此類等級。亦容貌各異。爲貴族者其色白。其髮赤。爲賤民者則形容枯槁。面目黧黑。是必由優種劣種互相集合者無疑。又古者嘉耳寀民族。居于法國。其貴族名獨羅登者。與印度之婆羅門無異。凡古代開耳吞人所傳之教化學術政治法律。莫不操之于其手。而爲世傳之業。又古者稱僧徒之等級曰格德靈。其字由格德（神也）而出。亦猶印度稱僧徒之等級曰婆羅門。亞能其字由婆羅門（神名）而出。且希臘羅馬日耳曼之貴族。其相傳之統系。及習尚生計。皆與印度之婆羅門亞能無異。由此觀之。則古代歐洲各國。亦未嘗無加師德之等級也。

以支那言之。則自古以來。雖有士農工商之分。然實無加師德之等級。不過人世尋常之等差而已。日本則古代賜姓之法。稍與加師德同。其賜姓之法由天皇所賜。似亦人定之等級。然溯其本原。則其法傳自神代。且所賜之姓。必世世承襲。守其一定之業。不敢私自變更。又此所謂姓不過貴族有之。平民則以伴部之總稱。分爲各部而隸屬于其姓。以各世其業。蓋伴部者不能直隸于天皇。而隸于姓。即歐洲所謂隸屬民也。

至推古孝德之朝。採用支那之制。而古制乃一變。于是所賜之姓。不過爲貴族之虛稱、無復如從前之世襲、其後天武之朝、盡廢舊制、新設八色之姓、其制略與爵同、且不以伴部隸屬于姓、而直隸于天皇、自是以後、賜姓之法乃盡廢、然降及後世、又有最奇最賤之加師德出焉、則穢多是也、穢多之賤族。出于後世。以穢多而較之平民、儼同異族、直不齒于人類、蓋猶印度之西達拉、則謂之加師德之一種、良非過當。然維新之後。此法已廢、與平民一視同仁、亦編入戶籍焉、

古者廢賜姓之法、均出于朝廷之意、初非人民之勢力有以致之。近世穢多之廢亦然。初非穢多之勢力有以致之、則此二者均非出于强者權利之競爭、故制度雖經變革、而毫無實効、何則、賜姓之法雖廢、而平民之權利不加增、穢多之法雖廢、而穢多所新得之權利、爲穢多者無實力以行之。故吾謂權利者。必出一己之力占有權力。而爲法律制度所公許。乃得謂之眞權利、凡由政府所惠與之權利、皆有名無實者也、

古者加師德之起、頗有益于人類之進步、故等級者、亦人羣之進化所不可少也。蓋强者與强者爭、則强者勝而弱者敗。於是乎有貴族賤族之等差、以各世其業、貴者以宗教學術立

法司法行政軍事等爲世襲之業。賤者以農工商等爲世襲之業、若是者謂之分業、自分業之法行而人羣之進步乃愈遲、蓋等級益嚴則上下貴賤之分愈牢不可破、故人羣之劃然歸一、秩然有序、皆由等級之法爲之基也、

海爾威爾論加師德之有益于進步、其言曰、人類之中、苟無等級、則不能望其進步。自等級之法興而分業之法亦起。如工之子恆爲工。世習其業、遂有益于工業之進步、彼古者本無所謂工學、使無此分業之法、亦安望工業之進步乎、又曰。印度埃及兩國之進于文明。蓋本于等級者居多、至埃及之富庶、則大本于分業之法云云、雖然等級之法、非上級者歷其下級而獨享其利之謂。蓋下級者亦均霑其利焉、海氏謂等級之法、似利于上級而不利于下級、然謂在下級者、但有害而無利、則又不然、蓋自等級分而人類之中劃然歸一、秩然有序。則在下級者。亦同被其福故也。

然如海氏及其他學者之論。則等級之法、亦有害于人羣之進步者。蓋等級之分與君主專制之法無異、均宜暫不而宜久、暫則未始無益、而久則必有大害、故用之于野蠻之世則可、用之于文明之世則不可。蓋凡天下之事。有弊必有利、有利必有弊、未有有弊而無利、有利

而無弊者。等級之法。亦猶是耳。

前言等級之法、皆由古代之生存競爭而漸次發生。其後宗教家乃目爲天擇之等級云云。然人羣漸次進步。除印度外、此法亦斷廢滅。即有之亦與宗教家言所謂天擇之等級大異、蓋其等級由歷史之相沿而漸次發生。故不得爲天擇之等級、而爲人定之等級。然即何仍謂之等級、亦無不可。何則兩者之間、固有輕重之殊、而實無所大異。如歐洲中古之等級分爲教徒貴族市民村民等種、殆與印度之加師德無甚懸殊、即近日歐洲之等級亦與此稍同。其所以然者、蓋吾人貴賤尊卑之等差。皆由門弟財產知能之異有以致之、約而言之、即權力之異有以致之也、

等級之分。莫甚于封建之世。而以歐洲封建之世爲尤甚、凡貴族與土地。每不能相離。不論何世。不論何國。凡爲貴豪者。苟無土地。則不能握有權力。如歐洲封建之貴族。每因得有土地而握有强大之權力、蓋古之貴族。雖有土地、或無行政于土地之權。惟中古封建之貴族。則兼有施政之權。故君臣之義。置之度外。以國君之封土爲一己之私產。且以培臣及居民爲一己之臣僕焉、

封建貴族中握有强大之權力者。以古代德意志爲最。其後乃與獨立國之君主無異。絕不服德皇之命。而德意志乃爲割據分裂之資。然此國之所以異于他國者。則爲宗教貴族。宗教貴族者。蓋教徒專橫握有治民之權者也。伯倫知理嘗論德意志封建之弊。其言曰。德意志貴族。既參預德意志帝國之政權。又于所封之國。握有獨立君主之權。故大權悉在掌握。無所顧忌。遂成尾大不掉之勢。而羅馬法皇乃收漁人之利。以侵蝕其國權。此德意志一統之國。所由土崩瓦解而不可收拾也。

伯氏又曰。德意志貴族。固不服德皇之大權。然貴族之間。亦非盡有權力。不過一二强大之諸侯。握有勢力。以已之封土爲獨立國。而統治之。若其他小諸侯。則不能有獨立之權。至大小諸侯所立之帝國貴族會。則其所圖者。在釀成分裂之禍。至國民之利益。固無所用心于其間也。

古者法國國王之權。蓋亦爲封建貴族所掣肘。而大致微弱。其後國王乃奮其威力。以挫貴族。卒奪其封土之治權。而爲王室之隸屬。古代英國則國王之權頗爲强大。故常制取其貴族。而未嘗有統治封土之權。蓋皆隸屬于國王者也。

歐洲大陸各國之封建貴族。不特于一國公共之事。握有强大之權力。即于一切私事。亦妄自尊大。輕蔑平民。不好與之交接。故貴族與平民不通婚嫁。即貴族之庶孽。亦不與平民爲伍。此風以德意志之封建貴族爲尤甚。故封建貴族。不特爲平民所怨惡。即貴族與貴族之間。又各分高下。以致互相傾軋。互相嫉妒者。往往然也。

然貴族之專横。每不能持久。此亦一定之理。蓋人類漸次進步。平民之知能。日益長。財力日益增。于是弱者。漸進于强。不願受貴族之輕蔑。遂日求所以抵抗貴族。以挫貴族之勢。蓋當此之時。平民之財產。不若向者貴族之財產。但限于土地而已。其由殖產興業而生者。直取之無盡。而用之不竭。此平民之財力。所由非貴族所能及也。又平民之知能。不若向者貴族但有往古相傳之學問而已。其由實地練習而得者。乃愈究而愈精。愈出而愈新。此平民之知能。所由非貴族所能及也。兼此兩者。苟期舉數百年來貴族專横之勢。一旦而盡去之。夫亦何難之有。

惟然。而貴族與平民之間。互相衝突。即兩者之權力。互相平均。當是時也。爲平民者。脫從前之壓抑。而握有相當之權利。爲貴族者。去其特權。或限其特權。而變爲相當之權利。是即平民古有強者之權利以制勝貴族。遂不得已而認爲法律制度上所實有之權利。此與被作者之制勝治人者其理毫無所異。是可知權利者。皆出于不得已。而爲人所認許。所謂強者之權利也。故文明之世。爲貴族者不能專有權力。即平民亦有權利。此即權利之進步。強權之普及也。雖然今日文明之世。貴族與平民兩者之間。其利害莫不相關。不然則兩強相爭。必至分崩離折。不可救藥矣。

日本自足利氏中葉以後。所謂大名者。（大名即諸侯也）皆割據分裂。不奉朝廷幕府之命令。各私其地。各臣其民。其壓制之極。殊不在德意志封建之下。及豐臣氏德川氏之世。國權乃歸于一統。自是而後爲大名者。莫不奉將軍之命。特其治民之權力。從此益強。而其勢益固。然此法斷無可久之理。故明治維新。廢藩置縣。而大名之特權。乃一律廢除。今日則華族士族平民一律平等。較之往古。誠不可同日語矣。

歐洲各國貴族與平民之權力。固處于兩相衝突兩相不均之勢。然兩者之間。猶未十分平均。今試以貴族之權力與中等之門閥相較。則不特強弱相等。且中等之門閥其權力有甚于貴族者。然就平民中所分之數級（此非法律制度所定之等級。蓋求之人類之實際。有不能等差者。）而考其權力之強弱。則至

二

高之級。與至卑之級。其相去殊遠。但其法律制度之所定者。固一律。名之曰平民。未嘗別其高卑。而一則爲中等之門閥。一則爲貧賤之小民。特求其實際。則兩者之間。儼同霄壤。蓋歐洲之法理。及通行之法律。凡人民不論貧富。不論智愚。其權利自由。皆一律平等。初無厚薄之差。無如事勢所趨。雖法律制度。亦有無可如何者。故公雖正無私。如今日之法制。而往往不能收其效。彼富於知能。厚於財力者。每壓其貧窶無學之徒。而使之不能自振。此亦人世之恒情。天地之遺憾矣。職是之故。歐洲各國。有所謂社會黨者。有所謂均產黨者。其宗旨在破敗決裂。舉當世所不如意之事。而改弦更張之。故其勢燄所及。而歐洲文明。幾有岌岌之勢。然近日歐洲各國不平等諸弊害。或因此而矯正改革。亦未可知。特期舉當世之事。而盡反之。則亦有所甚難者耳。

海衞威衞謂貧者爲富者所壓。愚者爲智者所制。係萬古不易之眞理。初不因文明野蠻之異。而稍有變更。其言頗爲近理。蓋智愚優劣强弱之等差。本由天演而來。演焉而爲智。則足以制愚。演焉而爲優。則足以制劣。演焉而爲强。則足以制弱。此皆一定之天則。不可以不知也。

有天擇之等級。斯有天擇之貴族。有人定之等級。斯有人定之貴族。兩者之間、猶有所不同。然其握有權力、皆由門閥財產知能三者而出。則其所異者不過外貌而已。其本性未嘗不同。其外貌之所以異者。蓋由進化之程度有高下之不齊。其本性之所以同者。蓋由人羣之性質。無彼我之各異。又中等之門閥中。其居于至高之級者。雖不得謂之貴族。然實與貴族無異。即謂之優于貴族亦無不可。蓋亦以財力知能握有權力故也。由是觀之。吾人由野蠻之世。以迄文明之世。均爲强者之權利所制。即均爲貴族之權力所制。固無所逃于天地之間也。

然今日歐洲下級之人民。與古代異。每不願受上級人民之壓制。而日求所以抵抗之者。職是之故。上級之民。每畏其勢力而不敢逞。故有謂下級之民。已處于强。而上級之民。已處于弱者。此說固非無理。然今日下級之民。不特貧窶而已。即知能亦頗缺乏。如是而於其占有强者之勢力。以立于文明之世。亦豈易言。不過爲擾亂之資而已。

倡自由之說者。每謂人民不論貧富。不論智愚。均宜一律平權。然此正有甚難者。何則、一群之所以自立。一群之所以進化。皆富者智者所擔任。而貧愚者無與焉。一也。富者智者旣以二群之自立一群之進化爲任。則其權利自由。必大于貧者愚者二也。

第八章　自由民與不自由民之强權競爭及其權利之進步

古者不論何國。莫不有使役奴隸之風俗。然草昧之世。則無聞焉。溯此風之起。蓋野蠻之世。每獲敵人。必殺之而啖其肉。其後稍有知覺。知殺之以果吾腹。不如生之以供吾用。于是以奴隸代殺戮。而大地之上。始有所謂奴隸。其外若犯罪者。則罰爲奴隸。不能償債者。則抵爲奴隸。貧乏不能自存者。則賣爲奴隸。此皆奴隸之所由起也。

使役奴隸之風俗。不獨草昧之世有之。即開化之國亦有之。如支那日本。蓋莫不然。日本奴隸之起。蓋原于太古。據太寶令有公奴婢私奴婢二種。此外又有陵戶家人官戶三種。謂之賤民。此類賤民。與奴婢稍異。其待遇亦較厚。殆與歐洲之隸屬人相似。然此三種賤民。與二種公私奴婢。統名之曰五色賤民。五色賤民。均係世襲。與良民迥異。不與得良民通婚嫁。特其待遇。則較之歐洲之奴隸及隸屬人。頗爲寬厚。其後此法乃廢。至廢于何代。則史無明文。或武家之世。以賤民爲部屬。遂與良民混而爲一。未可知也。

然降及後世。有所謂賤婢者起焉。即娼妓是也。娼妓者。定爲年限。賣身與人。聽人驅策。無身體之自由。適與良民有異。及維新後。頒廢娼之令。禁賣身之俗。于是娼妓之業。乃聽人自由。然此特外觀而已。求之實際。與向者殆無少異焉。支那朝鮮亦有奴隸。載之法律。與往古無異。特其待遇不甚殘酷。至朝鮮則已廢世襲之奴隸。但有終身之奴隸而已。且終身之奴隸。亦許自贖。此皆朝鮮所新定之法。又支那于尋常奴隸外。更有至奇之公奴焉。即宦官是也。

古者文明之國。如希臘羅馬。亦有奴隸。且奴隸之有益于進化者不少。如希臘之共和政治。特穆司族握有政柄。特穆司者平民之義也。其外梅台肯族。即爲奴隸。隸屬于特穆司族。故此國之共和政治。實不過貴族政治而已。又希臘羅馬之奴隸。亦分爲公私二種。而往古之待遇。亦頗寬厚。若私奴則直與家人無異。故其業初不甚賤。或爲蒙師者有之。或爲書記者有之。且雖曰奴隸。亦聽其從事于學問。故一時學士技士。頗有出于奴隸者。如德倫都司威辟脫。雩耳師。及其他學者。其初皆隸奴籍。外若醫師雕像由奴籍而出者。且不可勝數焉。然降及後世。其待奴隸也。頗極殘酷。殆與禽獸無異。自共和政之末。至帝政之時。其酷待奴隸。誠有不忍言者。稍有過失。則嚴罰之以爲常。或使與猛獸格鬪。以供遊戲。又一奴殺其主人。在疑似之間。乃率衆奴而共戮之。據太奇篤斯之說。則一奴殺其主人。而四十餘奴隸俱遭慘戮焉。又盜一鳥毀一器而處以十字架之刑罰者亦有之。其最甚者。一貴族之婦人。以無罪之奴釘之于十字架。觀其宛轉輾呼號以爲快樂。其他種種殘暴之行。實不遑枚舉云。

往古之待奴隸。頗極寬厚。而其後之殘酷乃一至于此。此其故何哉。蓋古之羅馬。農工諸業。猶未興起。故雖用奴隸。而其數甚少。其後農業工業。次第進步。而奴隸之用日見其多。且侵伐他國。虜其人民。而奴隸之數日見其加。故其于奴隸無復如往古之俗。而以家人相待。此種種酷待之法所由來也。

環谿茲之論。頗足證明此理。其言曰。凡黑奴之居于非洲與黑奴之運至美洲者。其甘苦勞逸之異。直判如霄壤。黑奴之在本國。頗優遊自得。及至美洲。乃待遇極酷。蓋野蠻之民。不知光陰之可惜。人力之可寶。故無利用之之心。文明之民。則既知光陰可惜。而不敢有片刻之浪費。又知人力可寶。而不使有一人之少懈。此爲奴隸者所以終日勞勞不遑寧處也。

羅馬之使役奴隸。其所以殘酷無理者。蓋亦不外乎此。然羅馬帝國之季。特設法律以寬待奴隸。又中古之世。各國屢謀更定法律。以矯正虐待奴隸之弊。其所以然者。蓋基督教之力居多。蓋基督教會屢倡寬待奴隸廢止奴隸之說。其說風行歐洲。人心爲之一變。卒制定法律。而奴隸之待遇。遂無復如向之殘酷。蓋在中古之世。已爲廢止奴隸之起點。至十八世紀之初。乃始奏其効焉。

日耳曼民種各國。固不若希臘羅馬有虐待奴隸之俗。然自中古封建以來。有所謂隸屬民者。有所謂委身人者。皆不自由民之名號也。此輩較奴隸稍高。其待遇亦較厚。但此輩之生。亦非始于封建之世。在古代希臘羅馬日耳曼之時。蓋已有之。特盛于封建之世而已。此輩之待遇。固非與奴隸同其殘酷。然絕無權利自由。不過供自由民驅策之用。故其後心懷不平。欲脫自由民之壓抑。遂致大亂。所謂十五世紀之大農戰是也。然當此之際。卒不能奏其効。其後基督教會。及十七世紀主張天賦人權之哲學家。盛倡廢止奴隸之說。于是歐洲迤西各國。則于十八世紀前半期。一律廢止。迤東各國。則于十八世紀之後半期。一律廢止。蓋自是而後。遂無所謂奴隸者矣。

雖然。亞美利加洲又有新奴隸出焉。新奴隸者何。蓋即非洲之黑人是也。此奴隸與古代之奴隸異。蓋由人種各別、故美洲白人、直視爲禽獸、其相待之酷。與古代同種之奴隸、誠不可同日而語。然此與白人所奉基督教之宗旨、實大相剌謬、其所以然者、蓋利己之心、人所同有、苟非利己、安肯利人、此實一定之天則、雖基督教亦有無可如何者矣。虐待黑奴、固出于人種之各異。然亦由白人知愛惜光陰。與竭盡人力之利、故務使光陰與人力。無係毫之浪費。誠如是。則雖期厚待烏可得哉。

然羅馬民種與日耳曼民種之使役黑奴不無異同、蓋兩種之性各異。而其待人者亦異。故日耳曼民種則甚嚴、而羅馬民種則甚寬、海爾威爾曰羅馬種之性、不若日耳曼種孜孜焉以殖民爲事。故不至虐待黑奴、昔西佛耳司謂以人類視黑奴者。唯西班牙人。(羅馬民種)誠不易之言、又法國人(羅馬民種)于所拓之殖民地、其待黑奴、亦頗寬厚云。

基督教會之待黑奴。其始與常人無異、不特不以黑奴爲同類。且有役無數黑奴。而以所獲之利、充宣教之費者、此實與彼教愛人之旨。大相剌謬。即彼教亦不能自解者也、昔拉因謂自由與奴隸並存于美洲、爲不可解之事、余則謂愛人與不愛人並存于美洲、爲不可解之事。是可知人人。皆以利己爲心。無損己以利、物之理、此雖篤信基督者、應亦信余言之不謬也。何也。利物者。亦原于利己。天下不利己而能利物者。未之有也。

且也當時使役黑奴爲世俗所尙。故基督教徒亦未能免俗。其勢然也。其後時移世易。乃知奴隸亦係人類。非可虐待。于是宗教家政治家乃倡爲論說。以勸當世。而虐待奴隸之風。乃爲之一變。至十八世紀前半期。歐洲各國殖民地所有奴隸遂一律禁止。且歐洲各國。制爲定法。凡黑奴之賣買。亦一律嚴禁。又英國倡立一法。凡海洋船舶。其有無載帶黑奴情事。各國得互相搜査。此法律經各國允諾。訂爲條約。以期永久焉。

基督教徒。其始不以奴隸爲可怪。故亦與世推移。然其後廢止奴隸之說。實自基督教倡之。蓋基督教以愛人爲主。故一律平等。而奴隸在所不容。亦一定之理。雖然此特廢奴之遠因。至廢奴之近因。則不一而足。有出于生財之道者。有出于一時之政畧者。亦有出于法理者。英人倡廢奴之說。即本于生財之道。與一時之政畧。蓋其初英國政府于黑奴之販至美洲殖民地者。非特不禁。且奬勵之。其後黑奴之輸入者既多。若輸之不止。則不獨無益。而且有害。故政畧爲之一變。至欲與非洲通商。而以工作之品易其土産。于是乎英國政府遂嚴禁黑奴之販賣。此即英國利己之政畧。凡英國之主持公道杖義執言者。皆此類也。

法國于南美殖民地。禁用黑奴。則本于法理。當一千七百九十一年。法國之革命。嘗以自由平等之宗旨布告天下。于是南美洲之黑奴。遂乘此機會。亦大倡自由之說。而黑伊吉之地。至爲擾亂。法國政府聞之。遂廢黑奴。使與白人同享自由權。此所謂本于法理者也。

自美國爲英國屬地之時。及離英獨立之後。其間黑奴之情狀。有可述者。蓋合衆國諸邦中。南部產木棉煙草。種植製造。隨在須人。故使役黑奴者甚衆。黑奴之輸入者亦甚夥。而待遇黑奴者因亦甚酷。夫英人所奉之基督教。以愛人爲主。則愛人者莫如英人。英國之民。崇尙自由。則不侵人之自由者。莫如英人。乃其虐待奴隸如是。則天下之可怪者。似莫甚于斯。然而無足怪也。人類之天性。本以利己爲主。苟期以損己利物。責備于人。勢固有所不能。然則英人雖日言愛人。日言自由。而期英人反其常性。徒爲不利己之利物。亦焉可得哉。

雖然。自德國入美國籍之美人。已于一千六百八十八年。在賓夕梵尼議會。倡議廢止奴隸。然卒不果。其最不可解者。當時基督教徒。亦未嘗言役奴之非。及其後教會始昌言之。而當世之仁人君子及政治家。亦力攻役奴之非理。于是一倡百和。其勢漸盛。卒下廢奴之令。

美國之南部。氣候溫燠。故有木棉煙草等物產。而種植製造。隨在須用黑奴。北部則天氣寒冷。不宜種植。黑奴無所用之。故蓄人者甚少。職是之故。南都製造繁盛。日以富庶。北都物產稀少。日以貧乏。南北兩部。貧富既有不同。斯勢力亦因之而異。南部富而強。北部貧而弱。于是北部之人。日謀所以傾南部者。而欲傾南部。非奪其所恃之黑奴不爲功。乃倡爲廢止奴隸之說。以鼓動一國。南部知其不利于己。堅執不聽。卒啓兵釁。即所謂南北之戰是也。是役也。北部勝而南部敗。于是合衆國全部之黑奴。卒一律廢止。皆徧入自由民民籍。而合衆國全國內。遂無一黑奴。由是觀之。美國之廢奴隸。固本于基督教愛人之旨。然求其近因。則亦本于生財之道。與一時之政畧者也。

如以上所論。則近世之寬待奴隸。廢止奴隸。或本于基督愛人之旨。或本于生財之道。及一時之政畧。或本于法理。而出于奴隸之力爭者則鮮有之。則自由民與不自由民之強權競爭。較之治人者與被治者及貴族與平民之強權競爭。殆不可同日而語。蓋不自由民。初非握有權力。以抵抗他人。而人遂認其權力爲法律制度上所實有之權利。不過受自由民之惠。使之享有權利而已。故美國自廢止奴隸以來。凡爲奴隸者。皆一變而爲自由民。其名若甚美。然求其實際。則以黑奴之力。實不足享有權利。不過徒有其名而已。

前言政府所惠與之權利自由。苟其人之權力有所不足。則其權利自由。或爲他事所制。或爲習俗所限。仍不能見之施行。今黑奴所獲之權利自由。即屬此種。故不能奏其効。蓋惠與之權利自由而能奏其効者。未之有也。

合衆國之黑奴。其權利自由。既爲政府所惠與。故其流弊不特不利于人。并不利于黑人。蓋黑種本劣。苟欲其享有權利自由。須習之有素。非可一蹴而得。若一旦以權利自由授之不知不識之黑人。是猶以利刃授之童子。其不自害者幾希矣。蓋黑人愚蠢。未解自由之理。以終日無所事事。誤認爲自由。而不知勞力與自由並行。乃爲自由之眞。故黑奴自解放以來。日益意惰。往往食人之祿而不事事。不特田園日就荒廢。即黑人亦迫于饑餓而不能以自振。由是黑奴之人口。較之解放以前。反有所減。則知解放黑奴。固非有利于黑人也。

解放以前之虐待奴隸者。固極無理。然既以黑奴爲私產。與牛馬羊豕無異。則其保護之體恤之者亦甚至。蓋黑奴苟虐待而死。亦有不利于主人故也。解放以後則不然。雖免虐待之苦。然此輩本不知不識。絕無謀生之念。故生計日迫。反甚于前。且也此輩慕都會之繁盛。故遷至都會者日益多。夫在田舍尚不能謀生。而況都會。其受困自不待言。于是彷徨漂泊者。

相鬬于道。幾有進退維谷之勢。育兒者不能自贍。則殺而棄之。以致密息息畢河上。黑兒之尸纍纍焉。又發育不得其道。故子女之夭折日益多。而黑人之生齒日益促。則信乎解放黑奴者。適所以斷滅黑種。非過言也。

由此觀之。使役奴隸。亦有所不得已者。蓋野蠻之世。每獲敵人。必殺之而啖其肉。其後稍有知覺。知殺之以果吾腹。不如生之以供吾用。于是以奴隸代殺戮。而大地之上。始有所謂奴隸。由是一群之內。分業之法以起。而日益進步。則使役奴隸。有益于人群之進步。邦國之創始者。良非淺鮮。葛姆澄老曰。同是人類。而爲人類所使役。假屬非理。然苟無奴隸。則人類不能進步。而邦國亦無以成立。葛氏之言如此。蓋古者自人類中有自由民與奴隸之異。而其所業者亦因之而各異。于是學術宗教政事軍事。皆掌于自自民之手。而此外一切賤業。則掌于奴隸之手。此即所謂分業自分業之法行。則不特法律制度及一切富國裕民之法大爲進步。即其他學術技藝。亦蒸蒸日上。進于文明焉。

葛氏又曰。草昧之世。人亦自由平等。各守其業。各事其事。初未嘗爲人所役使。然長此終古。則斷無進步。其後有所謂自由民。有所謂奴隸。自由民之所業者貴而逸。奴隸之所業者賤而勞。于是各異其業。乃有進步。不然使自由民而亦從事于賤且勞之業。則無餘暇以盡心于學術技藝之事。安有進化之日哉。

今日歐洲之文明。蓋由自由民肆其權力。使役奴隸。以謀利己之故。不觀之蟻乎。蟻群之中。有主有奴。各分其業。各謀其利。恣其權力。以役其餘。此蟻群之所以進步也。人群之進步與蟻群初無少異。故配魯太以優強征服劣弱爲進步之原。固非專指物類而言。即人類亦莫不然。葛姆潑老曰。今日文明之世。人人有權利自由。然雇用有權利自由之人。而給以工貲。使從事于勞苦。則有權利自由者。亦未嘗不爲人所薄待。然則古者未有機器。凡事必須人力者。寧能免使役奴隸薄待奴隸乎。若草昧之世。而謂同是人類。不應苛役同類。則安有今日之文明乎。

由是觀之。博愛之說。未必盡是。當草昧之世。而由博愛之說。未嘗不害于進步。然吾亦非敢謂博愛有害。且以同類爲奴隸而奪其自由。亦非余所忍言。無如眞理所在。有欲默而不能自已者。且使役奴隸。于奴隸亦非盡無益。即如黑奴。其在非洲。則終其身爲野蠻而已。及運至美洲。固不免苛待之苦。然受白人之感化。沐文明之教育。亦有成爲開化之民者。且黑奴之子孫。具有知能。握有財產者。往往不乏其人。乃知爲奴隸者。固亦未嘗無所利也。

往古文明之國。使役奴隸。大興土木。當其時。牽數百萬奴隸。以供勞役。均遭慘死。其工事之大。可想而知。此猶今日有所建築。若用數千萬尺之大石者。則其工事之大。亦可想而知。埃及國古來相傳。嘗鑿運河通至紅海。奴隸之死者十二萬人。又建築大尖塔。凡閱二十年。所役之奴隸共三十六萬人。又運輸大石自上埃及運至下埃及。凡閱三年。所役奴隸之共二千人。又薩洛穆則營造大祭殿。所役奴隸以數十萬。秘魯則營造王宮。五十年間。役奴隸以二萬。墨西哥則營造王宮五十年間。役奴隸以二十萬。此皆可驚可愕者也。

白格爾于所著英國開化史中言。古代之建築。其存于今日者。往往宏大驚人。此蓋君主之權。強大無極。而臣民悉爲奴隸。故爲此無益之事云云。夫大興土木。誠爲無益。然爲後世工程學之模範。其功有不可沒者。特其所用工人。初非給以工貲。訂約承辦。如今日之比。類皆驅奴隸爲之。即如日本奈良及其他古代之寺院堂塔等。其規模固非以上之比。然亦所費不貲。當此之時。想亦使役奴隸無疑。否則所給工貲。亦必甚微。誠然。則往古之建築有益于今日之工程學。而建築之工人。實係奴隸。則信乎使役奴隸者之未可厚非也。

如上所言則古之奴隸。在不不可少。故當此之時。初未嘗以使役奴隸爲背理。即爾時哲學者。亦謂一群之中有自由民。即有奴隸係當然之理。如亞立斯度德爾則曰。奴隸者。器械之具有生氣者也。人類所不可少也其他若普拉多若愛爾格德雖少時曾奴隸籍然未嘗以奴隸爲非。蓋當此之時。猶未有所謂天賦人權之說故也。

及中古性法之學起而倡天賦人權之學者日出不窮。遂以使役奴隸爲背于天理。如伯倫知理雖非講求性法者。然亦本天賦之說而以奴隸爲非理其言曰亞立斯度德爾謂一群之中。有役人之人有役于人之人。爲一定不易之理。此言誠然然所謂役于人之人亦非必剝奪自由剝奪權利而目謂奴隸。蓋人類之性各有不同或長于大事或適于賤業于是各從其性。而勞心者役人勞力者役于人此固天下之通義特不得因此而謂役人者則握有强權役于人者則絕無權利自由。蓋同是人類原非動物器械之比。乃驅奴隸動物用奴隸如器械天下有是理乎。伯氏所言如此。此而用之于文明之世誠無偶然然草昧之世有未可一槪論者當其時生民之嗜慾未啓故資性極惰即給以工貲亦不願從事于勞苦惟迫于飢餓始一服勞役故今日雇用工人訂約承辦之法實有不可行者。此考求人種學者之明驗也。然則伯氏之言。特就文明之世而言之耳。
然近世哲學士。謂使役奴隸。有益于野蠻之世。并有益于後世之進步者。蓋不乏其人。余則謂使役奴隸。如美洲之黑奴。其弊固不可勝言。然奴隸實有不可廢者。當歐人之殖民于美洲也。闢其草萊。剪其荊棘。頗非易易。然氣候炎熱。白人不能堪。不得已而用赤種之土人。然土人未習農業。亦不能用。唯非洲之黑人爲最宜。故輸入者日益多。而所拓之土地亦日益廣。說者每謂美洲之致富。悉由黑奴。誠非過言。蓋苟無黑奴。而重給工貲以僱不堪炎熱之白人。則雖至今日。而美洲未墾之地。猶居其半。然則美洲之所以有今日者。實黑人之汗與血有以致之。此猶植物者以至穢之種子。而獲至美之果實。是可知人類之進。于文明。非由平和。而由爭鬭。非出于利物之心。而出于利己之心。所謂以至穢之種子而獲至美之果實。固不獨美洲爲然。彼古今萬國之進化。胥由此矣。
自奴隸廢止後。凡使役奴隸。賣買奴隸者。除數處不論外。幾已絕迹于地球。然則今日文明之世。向所謂至穢之種子。果已絕滅于天壤乎。曰、何爲其然。古來所謂奴隸。固未嘗不廢。無如一奴隸廢。一新奴隸又起。新奴隸者何。即苦力是也。苦力名爲工人。實與奴隸無殊。夫甚督教之博愛與歐洲之文明。其力固足以廢黑奴而著有成效。然舊者既廢。而苟無新者以更之。則歐洲各國之殖民地。將乏開墾之術。故以他洲之苦力。送至殖民地。使服苦工。其虐待之狀。與昔之黑奴無異。而此種苦力。大半載自支那、印度、及卜里內雪。運至美洲各處。所謂新奴隸也。

英國既廢殖民地之奴隸。不久便用苦力。以一千三百三十七年。始由印度運苦力至殖民地。自是而後。苦力之貿買日益繁盛。如印度人支那人及卜里內雪人。運至美洲各處者。其數不可勝計。故葛姆潑老謂今人輒謂使役奴隸及委身人等爲背乎天理。此實未必盡然。人類雖日益進步。而所謂奴隸委身人等。仍不能滅盡。即無奴隸委身人之名。仍有奴隸委身人之實。葛氏此言。信不誣也。

觀各國之制度。則苦力與自由民。原非有異。然其實際。實未嘗有自由。往往受人束縛。爲人磨折。不特與中古之委身人同。直與奴隸無異。彼信奉基督教之歐人。日以博愛爲言。乃舊奴隸方廢。而新奴隸又起。則基督博愛之教。其功德果安在哉。

明治十五年。有秘魯國人以詐術買支那工人。載之馬喀爾士船。運回本國。途經日本。泊于橫濱。工人在船中受其虐待。恐載之彼國後。更不堪設想。乃訴之神奈川縣。請求日本政府救護。日本政府乃告之秘魯船長。欲將工人送還支那。秘國政府以此事與日本無干。詰責日政府。日政府以此事係主持公道。亦不肯相讓。于是兩國之間。幾有決裂之勢。不得已由兩國政府協議乞俄皇公斷。俄皇卒以日政府爲是。其案乃決。而支那工人。卒免于苦厄。仍爲自由之民。皆日政府之力也。又數年前。日本工人之在布哇者。爲歐人所虐待。日政府恥之。商之布哇政府。其後日工之待遇。乃異于往日焉。觀以上各節。則賣買奴隸者。不過變其名稱爲賣買工人。其實與前無異。則可知人身之賣買。至今日猶不能免。良可歎也。然吾謂大地之上。强種與弱種並存。則弱者。輸其力以供强者之用。實有無可如何之勢。然則人身之賣買。殆亦有所不得已者在耶。

第九章　男女之强權競爭及其權利之進步

男女之別。出于天然。其强弱優劣。亦出于天然。故人類日益進步。而智愚懸隔之度。固日益減少。然欲使男女之强弱優劣。一律均平。有甚難者。蓋女子天性柔弱。終爲男子所制。正有無可如何者。特在草昧之世。則男子之壓制女子。反不如後日之甚。蓋亦隨世運之進步。而男子之權力日益強大。故凡野蠻之世。則強弱之懸。每不甚顯著。及漸次進步。則強者握有權力。而弱者爲所壓服。其後文明大進。則弱者亦有權力。遂兩強相對。而趨于不均。蓋人類之間。鮮有不由此者、所謂一定之天則也。

即在今日。彼野蠻之民。猶有不知男女夫婦之道者。其人大率男女雜處。一若一群內之女子。爲一群內之男子所公有者。如美洲非洲之土人。其言語中惟有女字。無妻字處女等字分別。若婚姻配匹等字。則無聞焉。蓋婚姻配匹之道。今猶未啓故也。又某地蠻民雖知配匹之道。然夫婦相處。不過數日數十日之間。即互相分離。以爲常。又或俟育有子女而離婚者有之。或俟乳兒終期而離婚者亦有之。其他若古者普魯斯。其民知不配匹之道。且實有證據。即在支那伏羲氏始制嫁娶。則可知伏羲以前。未嘗有嫁娶之道。又若日本蝦夷。曩行紀載其男女交居。父子無別。是亦配匹之道猶有未備故也。

至野蠻之世。既不知配匹之道。故爲女子者。得擇其所期者而從之。若頗自由。其實則一切女子。爲凡爲男子者所共有。不免爲男子之奴隸。然女子之任意擇人。亦可暫而不可久。其後乃大爲束縛。蓋掠奪女子。購買女子之風起。而其法又一變。向之爲人所共有者。今乃爲其夫之奴隷。除夫之外。不得與他男子相交接。是爲夫婦配匹之始。然野蠻之國。有一夫而數妻者。有一妻而數夫者。當此之時。夫婦之間無所謂情無所謂義。爲夫者不過以其妻充情慾供使令而已。某國蠻民之酋長嘗曰。凡男子須二人任之者。婦人以一人任之而有餘。故宜于服役者。莫如婦人。凡一切衣服飲食居處等事。皆以婦人任之。莫有便于是者。其言如此。是可知野蠻之世。每役婦人爲奴隷。而用婦人爲器具。且男尊女卑之風。日甚一日。于是賣之質之。甚或殺戮之。而女子之生殺予奪。乃悉在男子之掌中。有不能自脫者矣。

野蠻之國。所有謂母權者。蓋以女子爲戶主。而一系相傳。莫不以女爲之。誠如是。則其女子之權力。似必强大。而孰知不然。彼所謂母權。不過以系統爲主。其權力仍操于男子之手。乃拔雀亨謂有母權者。則女權必强。而弱者之權利。遂行乎其間。此非謬誤之甚者乎。故配失爾謂拔氏之論。直稗官野史無稽之言。海爾威爾則曰。所謂母權者。不過母系相傳。若曰子女之所襲者。非父系之姓氏財產。而爲母系之姓氏財產云爾。乃謂此風一行。遂有弱者之權利。豈知大地之上。所行者特不過强者之權利。固未嘗有所謂弱者之權利乎。

故强者之權利。合于天則。而弱者之權利。則未之前聞。特婦人管理家事。制御子女。則未嘗不與男子同握權力。然此亦處强者之勢。故有此權。則仍不外乎婦人强者之權利。無所謂弱者之權利也。

然人羣漸次進步。則夫婦之關係。亦漸次更新。野蠻之世。一夫而數妻。文明之世。一夫而一妻。然將脫野蠻而未進于文明。則一夫數妻之俗。不能驟革。于是制爲正妻之定數。而定數之外則置妾。故有定正妻之數爲四人者。有僧徒定爲一人而凡俗則定爲四人者。有于定數之中以最先婚者一人爲主婦。而其他妻妾悉歸主婦管轄者。有承襲財產之權利。專屬于主婦之子女者。其俗種種不一。其外則限正妻爲一人。而亦許納妾。此雖稍近于文明。然猶是一夫數妻之制。較之一夫一妻之制。殆未達一間。支那日本即其例也。按西語波力該密、日人譯曰一夫數妻之制、又西語摩諾該密、日人譯曰一夫一妻之制、其實波力該密、爲一男取數女之意、我國風俗有妻有妾、西人亦目爲波力該密、然既譯爲一夫數妻之制、則我國於妻之外、皆稱曰妾、而目爲一夫數妻、吾國人恐有所不服、又摩諾該密、實一男一女之謂、今既譯爲一夫一妻、吾國又必誤會、以爲吾國之法、即係摩諾該密、故日人所譯、用之漢文、殊有未妥、然另譯適當之字、一時不能驟得、勉强改竄、轉不若日譯之順口、故不得已仍之、以待博雅者之改正焉、限正妻一人而亦許納妾者。其卑女之風。已爲稍減。固非若野蠻之世。以妻爲夫之奴隸者。所可同日而語。然觀其所定之法律。及往古之遺訓。猶未以平人相待。如支那雖在今日。猶有所謂三從之教。七去之說。印度亦有三從之教。與支那同。即古者德意志亦然。又佛家之說謂女子有五障。不能爲梵天王、帝釋、魔王、輪轉王及佛等。此皆女子受制于男子而不以平等相待者也。

其他若往古文明之國。亦有尊男卑女之俗。特其後此風漸革。而女子漸尊。遂無復以奴隸相待。如印度埃及之視女子。固不以平人相待。然有時待之亦甚優。照印度法律。則刀劍之刑。不得加之婦人。故不特不處以死罪。即以花枝擊女子者亦有禁。埃及之法律。其保護女子者甚至。有强姦者則宮之。又觀其國古史。初未聞以男子脅奪女子。特以女子而脅奪男子者則甚多。亦可怪也。蓋此國女子。放恣淫逸。與他國貞順之俗迥殊。其古諺有曰。其父爲誰。彼昏不知。亦可想見其風俗矣。

又古者海勃留國。亦一夫數妻以爲常。而妻妾之數。且未有定限。然其後爲埃及所感化。卑女之俗乃少變。又希臘羅馬當太古之世。其待女子亦不與平人同。當此之時。所謂一夫一妻之制。蓋不能行。又希臘之娼妓。皆平民女子中之有學問者。爲之有爲當世所尊敬而占有勢力者。然希臘羅馬之女子。要不甚爲男子所輕侮。羅馬之女子。則較之希臘更尊。若日耳曼民種。及斯拉完民種。固不免一夫數妻之俗。然在平民。此風亦不盛行。唯王公貴族則有之。而其中能尊視女子者。要以日耳曼民種爲最。凡一切家政。盖悉歸其管轄云。然謂野蠻之民。類皆一夫數妻。或一妻數夫。則又不然。盖一夫一妻之俗亦未嘗無之。且即一夫數妻之俗。其實古有數妻者。亦不過一二貴族而已。平民無力養贍。勢不能多占妻妾。謝師德曰。或謂一夫數妻。係古代之通例。其後乃有所謂一夫一妻之制。此大謬也。夫古者娶數妻。固未嘗有禁。然除王公貴族之外。其力有所不足。則亦一妻而已。此其理固易明也。前言野蠻之世。凡女子爲男子所共有。其後乃各爲男子之奴隸。此等風俗。固未脫野蠻。然其有益于進步。亦非淺鮮。苟不由此而能驟進于文明者。未之有也。

盖草昧之民。未有室家。凡一部落之民。即爲一家。當此之時。猶無所謂私人。無所謂私產。故一部落中之婦孺。即爲一部落中所共有。其後此風一變。一男與一女相婚媾。或一男與數女相婚媾。于是爲夫者以強權壓其妻妾。而家道成焉。

故爲男子者。苟不以強權壓其女子。則雖至今日。猶依然太古之風而已。盖以女子爲共有之時。女子之去就。悉聽自由。乃期驟變其俗。而爲各人所私有。正有未易言者。此男子之強權所由不可少也。

家道既成。于是妻若子。皆爲一家之父所私有。而一羣中財產之一分。亦爲一家所私占。此實有益于人羣之進步。且爲後世私人所由起。但配匹之道雖興。猶有所謂母權者。其一家之系統。不由父系相傳。而由母系相傳。苟若是則家道猶未完備。蓋第有母子之關係。而無父子之關係。及其後母權亡。父權興。以父爲一家之主。而父子之關係生焉。海師德曰。母子之關係。出于天然。父子之關係。定于法律。又海爾威爾曰。父之愛子。非性使然。蓋父爲家主。撫有子女。若產業然。則愛惜之情。自有油然而生者矣。

如上所言。以公共之女子。一變爲各人所私有。固非易言。故無男子之强權。則家道不能成。然習慣之後。遂成自然。一若男子之壓制。爲天然之權利。而女子之服從。爲天然之責任。即爲女子者。亦認其夫之强權。而唯唯聽命。不敢與之抗。與向之風俗大異。此固强權之結果。然亦當時之道德宗教。爲之提倡。有以致之也。

故一則男子握强權以壓制女子。一則女子因習慣而甘受壓制。一則道德宗教。皆以尊男卑女爲尙。有此三者。于是家道以成。而家業以固。且後世所謂私人者。亦由是而生。其有益于人類之進步。良非淺鮮。然在劣弱之人種。雖由夫權强大而家道以成。無如權力過甚。其妻若子永受其壓抑而不能自脫。則所謂私人者。無由而起。而人羣之進步終不可望。是可惜也。

歐洲當中古之世。一夫一妻之風。漸次盛行。卒著爲法律。于是尊男卑女之風。爲之一變。而凡爲女子者。始認爲人類之半。僅次于男子而已。此無他。蓋歐洲人種。有敢爲進取之氣象。故强權普于人類。初不以男女而分。然基督教之功。亦有不可沒者。蓋其他各教。大抵尊男卑女。行一夫數妻之制。或教徒之中。限爲一妻者則有之耳。基督教則不然。力攻男尊女卑之非。嚴禁一夫數妻之制。故其說行于當世。而男子之待女子。敢出以輕褻。而女子之自待亦重。雖然此固基督教之功。然中古之風俗。亦與有力焉。中世之世。凡習武者。莫不敬女子。蓋當時武人所最重者有三。曰信仰宗教。曰習鍊武事。曰尊敬女子。及十二世紀之頃。武人之風俗大壞。而尊敬女子之風。亦爲之一變云。

近世哲學士倡女權之說者甚多。當十七世紀之末。德國哲學者名翕丕爾著書數種。大倡女權之說。又同時英國女學者曰克來福。亦著書論女權之理。法國則有福耳斯坦。著小說甚多。實女子革命之先達也。

法國革命之際。大倡天賦權利自由之說。遂有謂男女之不平等。亦濁世相沿之弊習。有不可不改革者。于是全國之中。議論紛紛。有謂男子所有交際上及政治上之權利。亦宜分之女子者。有謂吾人言語之際。有男女兩姓之別。亦宜一律廢止者。當時新聞雜誌。蓋莫不倡男女平等之說。其勢遂日盛一日。而莫可遏抑。至一千七百九十二年。遂有女子會之說。以女中豪傑名梅黎古爾爲該會議長。而日籌所以擴張女權之策。其後勢日益盛。乃率數千女子橫行于巴黎之市。勸國中女子易其女裝爲男裝。其勢洶洶。莫敢誰何。議會勸之不聽。且各處有響應者。遂不得已用兵力鎮定。然其後一千八百年之頃。繼起者猶紛紛不絕云。

爾來歐美各國。講求女權者日益盛。凡于法律上及資生上爲女子謀者。至周且備。其中以美洲爲尤甚。美洲之女子。于公衆之事。資生之道。能自由獨立者。實勝于歐洲。然其所望之參政權。則除岡滂斯及其他一二邦外。猶未能一律普及。又歐洲之講求女權者。以英國爲盛。其女子亦日望有參政權。然爲地方議員者則有之。至爲巴力門國會之議員。則雖遂年由議院提議、迄未見其効、且贊成此舉者、其數日減、特其他改良之法有益于女子者、則日有進步耳。

德國之女子固未嘗無享有參政權之心、然汲汲焉以求之者、則未嘗或聞。其所求者不過資生上之利益。及其他改良之法而已。然德國及其他各國政府。于女子之創設會黨。刊行報紙、以倡女權之說者。大抵等閒視之。唯瑞典政府。則爲之提倡。與各國異。要之近日之女子。于法律上及資生上頗占利益。非復前日之比。特男女之權。欲其一律平均。則雖在今日。猶不無遺憾耳。

斯賓塞爾謂尚武之國。其俗恒一夫而數妻。尚工商之國。其俗恒一夫而一妻。且取各國以爲例。凡尚武之國。其女子必爲男子所賤。尚工商之國、其女子必爲男子所敬。且引威廉之說以爲證。威廉之說曰。拉柏蘭國之人尊重女子。爲文明之國所未聞。蓋由其俗不好戰爭。未嘗以武備爲重。既不與他國爭。而國人與國人之間。亦無所爭。故其尊女之俗。獨較他國爲甚。雖其國之學術技藝。猶劣不足取。其地之衣食居處簡陋。不足道。然其德義節操。有爲文明之國所不及者。此固地球上好戰之民。所當對之而起敬者也。斯氏之所引者如此。然吾謂拉柏蘭之女子。與文明各國之女子。均未必與男子一律平等。蓋今日歐洲文明之國。男女之間。猶未可言眞平等。況未經開化之拉柏蘭乎。威氏之說。吾不信也。

歐洲之女子。蓋由歐洲人種。有敢爲進取之氣象。且教育有素。才識殊衆。故不受男子之壓制。而以一己之權利自由爲重。故能于法律上資生上占有利益。職是故也。特其所以致此者。非必盡出于女子。蓋亦宗教家之說。與人權之說。及古來相傳之風俗。有以致之。然則今日之女子。所以保其權利自由者。其原因正非一端。但在懦弱退縮之種。爲女子者。猶不免爲男子之奴隸。是可歎也。

今日歐洲之女子。雖享有權利自由。然男女之間。其權利自由。究未得爲眞平等。然則今日男女之間。其權利自由。猶未臻高尙亦明矣。然男女兩姓。利害各同。故權利之漸進于高尙。亦勢所必至。高爾來爾曰。今日女權之進步。固女子之材力足以堪之。然亦由爲男子者甘以其權讓之女子。自有不期然而然者。

今日歐洲男女之等差。既如此。然則他日男女之權。果有銖兩悉稱之一日乎。或曰。天之生人。各與以權利自由。女子既爲人類。當與男子無少區別。然此亦未必盡然。試考之生理學心理學人類學人種學史學各種學問、則凡爲女子者、不問何種、不論何代。其質每劣于男子。而其所以劣者、或則謂出于天然。或則謂出于人爲。二者未知孰是。而要其不能無所劣于男子亦明矣、

歐洲學者、謂歐洲女子。其質本非劣于男子。故苟授以大學校各種學問。其成就必與男子無異。如富雷爺爾意默爾非爾梅爾彌勒約翰孛夫內爾等皆主是說。其中如孛夫內爾、則謂女子之腦。所以劣于男子者、蓋非出于天然而由教之不得其道。故女子而亦教以深邃之學問。則正與男子無異云云。然吾謂女子之腦、既劣于男子。則無論其出于天然、出于人爲。而要其劣于男子。不宜教以深邃之學問亦明矣。至其所以劣之原因、姑置之不問可也。

又有學者。謂女子之腦。雖在今日。猶不能無劣于男子。故不能與男子一律授以深邃之學問。如生理解剖學之宗匠。名皮孝夫者。即主此說。又與登根亦同。嘗引亞爾倫之說曰。今之女子。因脫往日之束縛。每從事于智育。而不以體育爲事。故有害于養生者良非淺鮮。又美之教女子者。每以拉丁希臘文字及理學化學天文植物爲重。若裁縫割烹等事。爲治家所

必須者。反漠然置之。蓋其敎法。與男子同。故智慧日進。而身體益弱。于是生殖力遂因之而耗。其流弊如此。

且也女子乏營利之術。每不能與男子共謀生計。拉登蕭孫曰。大凡一家之生計。每由爲夫者所擔任。蓋妻無營利之術故也。若爲妻者亦有營利之術以補助其夫則其妻之權亦因之而漸尊。不然爲夫者所負之責旣重則所握之權亦强。一定之理也。然妻亦有携帶財產以助一家之生計者。則妻之權亦或因之而重。然此在偸安浮蕩不謀生計之夫則有之。若爲夫者仍能自謀生計。則夫之權初不因此而稍輕也。故爲妻者苟期與夫保其相當之權力。則惟竭其相當之力以共謀一家之生計而已。

女子參政權之許否。學者之間。猶聚訟紛紛。如拉蒲勒及彌勒約翰則謂女子宜有參政權。彌氏之言曰。爲女子者。其日望政治之休明。何莫非應有之權利。固與男子無所區別。乃女子獨無參政權。不亦異乎。然伯倫知理駁之曰。望政治之休明。豈獨爲男子與女子所應有之權利。卽在五尺童子。亦何獨無之。誠如彌氏之言。則參政之權。不獨男子與女子有之卽童亦子有之。然卒未聞以參政之權授之童子者。蓋其力猶有所不足故也。然則女子之力。

苟亦有所未足。其不能授以參政權亦明矣。故參政權之許與不許。當視其力之能否。不當視其希望參政之權利果有與否也。又法蘭茲亦以彌氏之言爲非。其言曰。欲定女子參政權之許否。當先問一國之成立。是否出于自然。抑本于人民之意志及人民之權利。是宜先定者也。何則男女之異同。固出于自然。而非關于權利。蓋男女兩性之相懸。即其異同之顯著者也。而所謂一國之成立。亦出于自然。而非本于人民之意志及人民之權利。然則男女兩性之各異。而出于自然者。其于一國之成立。所關正非淺鮮。故一國之制度。其待男女者亦不無異同。此理之所必然也。

又惠慶根論女子有參政權之弊。其言曰。美國阿薩斯地方。及其他各處。自女子握有參政權以來。爲女子者或妄用其權。而夫婦因此不和者。是可惜也。

由此觀之。則莫如夫婦之間。各盡其職。夫則從事于外。妻則執業于內。則不獨有益于其國。即爲夫若婦一身計。亦有利而無害。伯倫知理曰。爲女子者長于治家。其天性然也。若反其天性。使預政事。則因此而夫婦失其和睦。子女怠其教養。家政紊亂。有傷女德。亦勢之所必至也。

今試更以基督教各國一夫一妻之制及他國一夫數妻之制言之。歐洲各國。一夫一妻之制。不特風俗使然。且定爲法律。無敢犯者。然此特外觀而已。其私行蓄妾者。蓋亦有之。是實背于基督之教旨者也。又他洲各國。雖一夫數妻爲法律所許。然其實亦不過富貴之家則然。若其餘人民。苟妻妾衆多。則其力不足以贍之。則亦一妻而已。然則基督教各國之美俗。亦有未足多者。其內外齟齬。適足以貽笑而已。而其他一夫數妻之惡俗。爲歐人所痛詆不遺餘力者。其實亦有所不盡然者矣。慶美羅曼曰。土耳其之回回教。凡娶數妻數妾者。固在所不禁。然考其實際。則蓄有數妻數妾者。較之歐洲之大都。其數反少。其言如此。且也一夫數妻之制。亦實有難行者。凡世界男女之數。蓋各居其半。故以一男子而占有數妻妾。亦勢之所不能也。

歐洲人每自詡其教之文明。以爲世界各國。未有大中至正如基督教者。然歐洲各國。猶有賣淫之女。則雖以今日之文明。而爲女子者猶處于至賤。去男子遠甚。由此觀之。以男子之强而壓女子之弱。誠有所不得已者在矣。他日者。文明大進。吾知今日之風俗。猶必有所變革。然欲男女之間。無纖毫强弱之等差。恐亦有所甚難者耳。

歐洲各國。凡人種、沿革、風俗、思想、教育、宗教、道德、法律、及文明之程度。大略相同。且近日貿易製造學術技藝。亦各有進步。無甚懸殊。故權力互相平等。亦出于自然之勢。權力既互相平等。而利害得失又大略相同。故交際之間。自出以平和親睦。固無待言。此各國所由創設公法。而互享權利也。萬蒽來爾曰。吾人倦于戰鬪。則日望平和。此人之常情也。然鬪者即無倦意。苟其所求更有大于是者。則亦盡釋前嫌以歸于和好。蓋常人之情。莫不趨利而避害。好治而惡亂故也。

故萬國公法上各國之權利。與國內之權利無異。皆由利已之心而起。幷由利已之心而漸次進步。故利已之心。實爲各種權利之本。即如歐洲各國。已處强强相峙之勢。且其利害得失。亦大略相同。故各國交際。莫不出以平和。蓋認他國之權力。即以保一己之利益。然則萬國公法之所由起。實起于强者利已之心。亦則突臧是之故。苟兩者之間。利害得失各有異同。則萬國公法。必不能行乎其間。而向者高尚之權利。必變而爲强暴之權力。不至損人以利已不止。其所以然者。蓋各國之聯合。異于一國人民之團結。各國雖合而爲一。然非有掌握大權以統之之一人。不過藉區區萬國公法之力而已。

今日歐洲各國。莫不自詡爲文明。然各國之間。猶不能長保其和平。而汲汲焉以武備爲事。是可歎也。其最可怪者。則歐洲第二等邦國。反若太平無事。此蓋大國之間互相競爭。故併呑小國。每爲人所不容。而小國因得以自保。但歐洲小國。亦有因大國相爭而爲人口實之資。致成爲大國之犧牲者。則孛爾加略是也。

由是觀之。則今日歐洲之情形。皆以利己爲主。然雖日求利己。而仍無害于他國。故萬國公法得行于其間。初不聞有强暴之權力。但有高尚之權利而已。雖然。各國之間。苟利害得失有相反之處。則損人利己。亦往往在所不免。于是高尚之權利。乃不得不一變而爲强暴之權力。蓋既以利己爲主。則萬國公法。亦不過達此利己之宗旨而已。其所以然者。凡世界萬物。莫不以自謀生存爲宗旨。即一羣亦然。故必百計設法。以達此宗旨。此固當然之天則。無所逃于天地者也。乃高談道德者。每以利己爲非。不亦謬乎。夫歐洲各國。其待他洲弱國。頗極强暴。蓋其强者之權利。有令人不忍言者。此皆人種、沿革、風俗、思想、教育、宗教、道德、法律、及文明之程度相去過遠。故屏之于萬國公法之外。而壓制之。踐踏之。不遺餘力。然此實大背于基督教博愛之旨。與天賦人權之旨。并各國平等之旨。但所謂當然之天則。亦有無可如何者。是可歎也。

葛姆潑老論博愛之說有所難行。其言曰。基督教徒之遊于非洲南部者。見其地土人之人種、沿革、風俗、思想、言語、文字、道德、法律、皆與己不同。而文明之程度。亦相去甚遠。故視其民如禽獸。初不以人類待之。又西班牙人之信基督教頗摯。然其于美洲之土人。亦不以人待之。此在仁人君子。固不宜出此。然亦人情之常。無足怪也。蓋在常人不論其爲基督教。或非基督教。而岐視異種。往往在所不免。此一定之理也。葛氏又曰。誠如無鬼論者之說。則大地之上。既無世俗所謂可憎之鬼魅。并無教門所謂可愛之天使。而相處者不過人類而已。人類與人類相處。苟人種風俗思想相同者。則愛之親之。其不同者。則惡之疏之。此其常也。故既望人類之博愛。而不問人種之同異。并欲責人類之但求利己而無利物之心。皆求全責備者也。按此節下半段之意、蓋謂如教門之說、則以上帝爲父、以人類爲子、故人人皆爲同胞、即人人在所當愛、而博愛之說行焉、若如無鬼論者之說、則既無所謂上帝、自無所謂上帝之子、而人人在所當愛、此博愛之說、所以不能求備于人類也。

故萬國公法。不能通行于歐人及他洲人之間。皆由人種、沿革、風俗、思想、語言、文字、宗教、教育、道德、法律之相異。及文明程度之高下。有以致之。雖然。此亦本于歐人之權力及歐人之利己心。蓋即如前所云。歐洲各國之間。人種雖無甚殊。而一旦利害得失苟各有不同。則但求利己雖破壞萬國公法而互相爭鬭亦有所不遑恤者故遇野蠻之國或半開之國則奪其土地逐其人民以爲殖民地苟可以壓制之者不遺餘力焉此實歐人之宗旨蓋其宗旨首在利己而所謂野蠻國半開國則其生命財產之權利在所不足顧其獨立不羈之權力在所不足道其意蓋謂苟有利于我歐洲之文明人是亦足矣

海爾威爾曰凡一人及一羣之宗旨皆在一己之生存及一己之進步而他之利害得失有所不顧彼皇皇焉日有所求者。亦求所以利于一己之生存及一巳之進步而已故人類之競爭。莫不由此而生即今日之文明。亦莫不由此而出也

凡歐人日求利己。而野蠻各國之受其害者不一而足此固徵之歷史而顯切著明。爲人人所共知者。雖然。此不獨野蠻之民而已即半開之民亦有之近日英法兩國奮其權力詐謀以奪取緬甸安南及法國之于暹羅。即其例也又數年前。英國以阿富汗之事與俄國起釁乃遽以兵力占據朝鮮之巨文島當其時英與朝鮮爲和好之國著英之所爲蓋亦背于條約者也按此書成于明治二十六年、猶在甲午以前、故甲午以來時事、概未論及、

然則歐人信奉基督。以文明自負。何得反博愛之教旨。蔑天賦人權之法理。而幷背各國平等之大義乎。彼豈不曰。野蠻之民。未被教化。白人有所不忍于心。故特派傳教師周流各國以感化之乎。乃日以公理公義勸人。而已則甘心爲不仁者之所爲。則又何說。且基督教不嘗云世界人類。皆一神之子。而人人皆兄弟乎。不嘗云雖在仇讎。亦當愛之爲同胞乎。然則彼豈獨以歐人爲人類。而他洲人種。則屏之人類之外乎。意者基督之所謂仁義。但行于一人與一人之間。而一國與一國之間。遂無所用其仁義乎。抑歐人與歐人之間。有所謂平等之權利。而歐洲與他洲人之間。遂無所謂平等乎。試以此數者問諸歐人。不知歐人將何詞以對。是所願聞也。

伯倫知理謂各國之民。其性相同。故不得不互認其獨立之權利。然吾謂求之實際。則文明之民。肆其力以制劣弱之種。然則各國之民所以互認其獨立之權利者。非以其性之相同。乃以利害之相同也。彼萬國公法所以通行于各國者。非以此乎。又歡路孛爾謂各國互認其獨立之權。而萬國公法行乎其間者。徒以天生蒸民。皆有秉彛之天性故耳。然吾謂求之實際。則文明之民。決非因秉彛之天性。而認蠻民之權利。其認與不認。亦視一己之利害而己。又加師朴爾。謂各國之獨立權。出于天然之平等權。然吾謂求之實際。則以文明之民而侵人之獨立權者。不一而足。然則各國之獨立權。非出于天然之平等權。惟其力足以獨立者乃實有平等權耳。由是觀之。則信奉基督。自負爲文明之歐人。其殘暴獰惡。實與猛獸無異。夫獸之猛者莫如虎與獅。然吾謂虎與獅之殘暴獰惡。亦未有如歐人者也。然則所稱爲文明者。其信然耶。

雖然。苟援之眞理。此亦何足怪哉。大地上不論何國。莫不以一己之利益爲務。即莫不以擴張一己之權力爲務。未有以他邦之利害得失爲念者。故以強制弱。以優勝劣。爲文明人所不免。所謂一定之天則也。蓋列國相峙。猶未能聯爲一邦。故雖訂約和好。究與一國國人之團結。不能無所異。故未有舍己之利益。而轉爲他國謀者。譬之一有機之物。其全體之利害與各部之利害。固屬相關。然以有機物與有機物遇。則利害之相關者至尠。然則一羣者。即有機物之全體。而羣中之各人。即有機物之各部。一羣與羣中各人之利害。固屬相關。然以一羣與一羣遇。則利害之相關者亦至尠。乃以一羣與一羣之關係。與一羣與羣中各人之關係。相提並論。并與羣中各人與各人之關係。相提並論。是將謂道德法律之可以行于一羣者。幷可以行于一羣與一羣之間。得不謂之大謬乎。

凡尋常有機之物。不能出乎天則之外。一羣者。亦一有機之物。即亦不能出乎天則之外。然則尋常有機物之宗旨。在一已之生存。及一已之進步。一羣之宗旨亦然。但一羣中之細胞。指人類而言、實勝于尋常有機物之細胞。故尋常有機物之生存進步。無所用其道德法律。而一羣之生存進步。則以道德法律爲本。然則道德法律。既但爲一羣中所必需。則尋常有機物之生存進步。及一羣與一羣相互之關係。其無所用其道德法律亦明矣。乃猶謂道德法律之理。爲天性所賦。以利當世之人類。則其說自不足取。要不過隨吾人之性。漸次發見以保一羣之生存。求一羣之進步而已。

由此觀之。則一國與一國之關係。固無所用其道德法律。苟欲執道德法律以論其得失。判其是非。不亦迂乎。蓋凡邦國相互之間。即有强暴非理之事。每不以爲非理。而以爲當然。何則。一國中所行之法。固非可行于一國與一國之間。此固無足怪也。乃數路學術則曰。各國之交涉。當以德義相將。則足以增國家之榮譽。若專尚詐術而以德義爲迂。是大謬也。其所論如此。然吾謂今有一國。凡與他國交涉。每崇尚德義。保全榮譽。然其土地日蹙。其國權日制。而有害于一己之生存。及一己之進步。又有一國。不重德義。不顧榮譽。然其土地日闢。其國權日張。而有益于一己之生存及一己之進步。則二者之間。果以何者爲得計。此固不待智者而後知也。

難者曰。人類之中。雖有人種民族之別。然以進化之理言之。則皆出于一源。乃不以同胞相待。而以異類待之。且直以禽獸待之。不亦傎乎。曰。苟以進化之理言之。則所謂同胞者。其語甚泛。其意至不一定。夫所謂同胞者。本同一父母之謂。然所謂人類。亦非特殊之物。皆由有機物之始祖。以漸次進化而來。然則不論何種有機物。其源皆同。若以同胞之義推之。則自同一家族。同一民族。同一國民。同一人種。更進而同一人類。同一哺乳動物。同一脊椎動物。同一動物。更進而同一有機物。皆得目之曰同胞。則揆之進化之理。凡同胞之關係。固有親疏厚薄之異。而其爲同胞則一。乃今以同一人類者。則引爲同胞。而其他則否。且獨以同一人類之同胞中。乃自有所謂道德法律。天下寧有是耶。若謂以同胞之故。而兩者之間。自有所謂道德法律。則何以嚴區劃于人類與動物之間。而曰人類則親之愛之。動物則不必親不必愛乎。此亦吾所不解也。

于是論者乃不得不變其說曰。吾人誠以其同胞而親之愛之。然親愛之情。非必因同胞之情而起。而實由利害相同而起。苟一已之利害與他人之利害同。則親之愛之。固其宜也。苟一已之利害與他人之利害異。則雖曰親愛其所親愛者幾希矣。故曰。利物者必由利己而起。此之謂也。

不觀文明者之待野蠻乎。苟可以利已者。則虐待蠻民。不遺餘力焉。此固蠻民之不幸。有心者未嘗不為之惻然。無如優勝劣敗。實有益于人類之進化。其利正有不可勝言者。故人類界之進步。與萬物界之進步。其理無殊。文明之種益強。則劣弱之種益以不振。其地卒為文明者所奪掠。而土人且受其窘逐焉。然荒蕪未闢之地。遂一旦變為沃土。卒之製造益盛。交易益廣。且學術技藝。日有進步。不第工業製造區區之技術而已。凡生物學、人類學、人種學、地理學、哲學、群學、法理學等。及其他一切有用之學。皆愈究愈精。蒸蒸日上。蓋取材至廣。而獲益至多。向微文明人之占其全勝。以壓劣弱之種。則荒土依然。獉狉如故。亦安能闢其鴻濛。吸其精華。以供學問之材料。而增文明之進步哉。

今使歐洲人苟懦弱退縮。伏處鄉土。而無四方之志。則人種雖優。究不能進于文明。即在今日。恐依然中古之狀態而已。故今日之文明進步。初非基督教博愛平等之說有以致之。初不外乎生存競爭自然淘汰之結果。此其理固顯而易明。乃不獨庸庸者昧于此理。即在學者。亦每以基督教博愛平等之理。爲有益于人類之進化。是大謬也。吾則謂基督教博愛平等之旨。與今日之文明進化。幾有兩不相立之勢。苟欲望其兩立。實不合于天則。蓋此固極樂世界之事。非人類界所可望也。

今日世界各國。猶未能聯爲一國。然觀近日歐洲各國之情形。則聯爲一國之日。亦正不遠。蓋歐洲各國。不特權力之强弱大略相同。即利害得失。亦莫不相同。故萬國公法之通行日益廣。即各國相互之平和日益固。吾知他日者。各國必互相聯合。成一宇內一統之國。此固無可疑也。然觀往古史乘。其欲創設宇內一統之國者。亦非無其例。如亞歷山德皇帝、羅馬皇帝、法蘭根國皇帝、羅馬德意志國皇帝、成吉斯汗皇帝及拿破崙第一是也。但此數人者。不特偉業未成。即一旦成就。度其志亦不過肆其權力以征服世界而已。若以今日之文明言之。則雖不世出之英傑。究不能征服世界。其理亦顯而易見。然則他日所謂一統之國。必由各國權力相同。利害相同。而互相聯合。出于自然。固非向者之例所可同日語也。

今日之歐洲。凡一切商業工藝學術之進步。各國大略相同。故各國人民。于此數事之利害得失。亦莫不相同。蓋凡一切私事。其利害得失之相同者。實較之公事爲甚。故今日之情形。每以各國相互分立。爲不便于私事。然則今日各國之私民。已變爲宇內之公民亦明矣。伯倫知理有言曰。昔堪德論宇內公民之理。當時不過紙上空談。今則漸見之實行焉。

由是觀之。歐洲列國民與民之間。其關係至爲親密。即國與國之間亦然。故既以萬國公法定相互之權利。并以萬國公法定相互之責任。而禮義亦行乎其間。是則利物之心。固出于利己之心。亦可見矣。翁德謂世界人類。凡足以感發其相愛之情者。固不一而足。然各國國人養生上之交際。尤能有益于各國相互之權利。而敦固邦交。相尙以禮云云。蓋各國利害相同。權力平等。則萬國公法之通行。自不必論。而禮義亦行乎其間。此一定之理也。乃學者謂各國之禮義相將。皆民胞物與之理使然。而不知民胞物與之理。其力甚微。即有補于今日各國之交際。殆區區不足道也。

其使各國之禮義相交者。誠出于民胞物與之理。則雖有利害各異之處。亦未必驟起爭端。無如各國相交。本以利己爲主。故利害同則公法存。而禮義亦行乎其間。利害異則公法亡。

而所謂禮義者亦無有。于是戰爭以起。雖強凌弱衆暴寡而有不恤。此所謂一定之天則也。葛姆潑老及斯賓率爾亦論此理。斯氏之言曰。同國之人與同國之人相遇。若有害人之生命者。則爲道德所不許。然當其與外人戰爭。則雖殺之戮之。不以爲過。然則一以不殺人爲義。一以殺人爲義。吾人所應盡之義。竟相反若是。豈人類之所能堪乎。其所論如此。然今日各國。猶未能聯爲一大羣。故凡道德法律。爲人羣之全體所不可一日無者。猶不能通行于今日之各國。蓋各國並立。猶未合爲一羣故也。然則各國之間。猶不能執善惡邪正之義以論之。蓋無所謂善與正。亦無所謂邪與惡。亦曰理有必至。事有固然而已。誠如是。則今日各國相互之間。吾人所應盡之義。誠有不能無相反者。蓋無足怪也。

由此觀之。則今日各國。苟不能聯爲大羣而成宇內一統之國。則所謂道德者。究不能通行于各國。固無待言。即萬國公法之力。亦不能鞏固。故往往有戰爭之事。強暴之行。此無可如何者也。然他日各國。其果能合爲一統與否。則古之學者。聚訟紛紛。有謂其可行者。有謂其不可行者。其說至不一定。即余亦何敢妄斷。第觀今日歐洲之情形。則歐洲各國利害之相同者日益多。而交際日益密。已有宇內一統之先聲。他日聯爲一國。正未可知。蓋萬國公法、已經數百年進步。而有今日之完備。則由此而更有進步。必能創設宇內一統之國。而以今日之萬國公法。一變而爲他日之國法。且所謂道德者。亦能通行于國與國之間。及民與民之間。此固可豫料者也。

伯倫知理謂宇內一統之國。實有可期。而世之學者。或以此爲夢想之說。是大誤也云云。余謂伯氏之說信然。蓋歐洲各國人民。于商業工藝學術等事。既有利害與共之勢。且于一切公事之關係。亦日益親密。如電信鐵道郵政等。皆由各國政府。互相協同。以從事一切。又度量衡及子午線等。亦由各國協議。定爲公共之制。由是觀之。苟一旦有所謂宇內一統之國。則凡處理一切。較之今日之各國協議。當更爲便利。而事之成就。當更爲妥協。此固無足疑者。然則宇內一統國之不可以已。亦明矣。且一統國之不能不起。亦正有故焉。今日歐洲各國。若一旦有戰爭之事。不獨有害于敗者。即勝者亦有所不利焉。各國知其然也。故多方以求免于戰。而兩國若有爭端。往往聽中立國之裁斷。以定其曲直。蓋苟可以不戰。未有願戰者也。此亦宇內一統之先聲也。

雖然。宇內一統國之起。正非于本民胞物與之理。特文明各國。利害相同。權力相均。有以致之云耳。故所謂宇內一統國非由世界萬國、各以平等之權利自由互相協議而成。不過歐美各國及他洲一二文明之國、以利害相同而起、何則。野蠻之國、自與歐人交通以來、非特不能沐其文明、且因此而日就衰頹、或人口減少、或人種滅絕、若是者究不能長存于物競之世、即一時倖免于滅亡、其不能與文明之國共享平等之權利、亦已顯而易明、故其國土地、每為文明人所占以為殖民之地、然則此類土人即偏入宇內一統國之民、藉使與文明之民同享權利自由、彼亦不勝其任、如美洲黑人、雖許以權利自由、然有名無實、卒為文明人之奴隸而已。故曰、權利者必由強者之權利為人所認許、乃得謂之眞權利、此之謂也。故所謂宇內一統國、非盡合世界文明野蠻各國而成、不過文明強大諸國、利害相同者、聯為一國、若野蠻之民、雖一時許其從屬、實不免受人制馭、然難者或曰、誠如是則不過數國之聯合。安得謂之宇內一統國。豈知世界上文明強大之國、苟一旦聯為一國、已足以統治萬國而握其權力、則即謂之宇內一統國、固無不可也。

穆爾未解此理、謂歐洲公法、苟未通行于世界萬國。則宇內一統之國。固不能成、然吾謂他日文明進步、即公法為世界萬國所公認、而宇內一統之國、亦未必見之實行、故欲此法之實行。不得不期之後世云云。穆氏此言。誠不足信也。

雖然。所謂宇內一統國。亦未嘗無所窒礙。蓋如前所云。凡文明各國。其利害之相同者日益多。則宇內一統之國起。此固必然之勢。然以今日之形勢觀之。則各國擾擾。但顧目前之利。苟欲爲久遠之計。一旦率文明强大各國而統于一權之下。正有未易言者。且也。往古蠻民。其所以合數小部落而成爲邦國者。皆由防禦公敵。庸能互相戮力。若就今日之情形而論。則既無所謂公敵。其勢必有所離合。蓋兩軍相戰。必勢力相均然後可。如近日歐洲。有德意與三國之同盟。有俄法二國之同盟。其兩黨權力大略相均。若聚地球上文明强大之數國。則其勢力之大。莫與爲敵。苟莫與爲敵。則聯合之情不生。彼非美各州所以聯爲合衆國者。非欲抗英王之壓制乎。德意志各邦。其所以成爲聯邦國者。非欲抗法國之强梁乎。由此觀之。則既無聯合之機。自無聯合之理。非理之所易明者乎。

然則如向之所言。則歐洲各國。利害之相同者日益多。而宇內一統之國。必有成立之日。如今之所論。則既無抵抗之國。自無聯合之心。而一統國之興。正有未易言者。要之茲事體大。余亦未敢妄斷。但願文明各國。自今以後。捐目前之利。爲永遠之計。則宇內統一之國。必有可成之日。此余之所厚望也。

結論

玆更舉全書大旨。略述如左。以便讀者之參考焉。

凡吾人之權利皆由强者之權利而生。但所謂强者之權利。實不得謂之權利。即不外乎權力乃世之學者。往往分權利與權力爲二。一若兩不相容。是大謬也。然吾人之權利。何以由强者之權利而漸次進步。此無他。其始强者之權利。猶不免有所抵抗。其後日益强大。乃抗之無可抗。遂不得已而認爲權利。此天然之强權。所以變爲應有之權利也。

一羣之中。苟治人者、貴族、自由民、男子等。其力足以勝被治者、平民、奴隸、女子等。而莫敢與之抗。則强者之權力。已爲弱者所認。而變爲法律制度上所應有之權利。但此所謂强者之權利。猶不免于偏枯。蓋野蠻之世則然耳。

人羣漸次進步。則被治者、平民、不自由民、女子等。亦漸變爲强。而與治人者、貴族、自由民、男子等。幾有相峙之勢。蓋强與强遇。而昔之强者。乃無所用其壓制。于是兩强之權力。互相衡突。即互相平均。而昔之强者。乃亦不得不認其新强者之權力。而爲應有之權利。誠如是。乃爲强權之普及。未有文明之國。而强權不能普及者也。

故曰。吾人之權利。每出于人之認我以權利。而有不得不認之勢。所謂强者之權利也。蓋他人惠我以權利。固亦易易然。一已之權力。苟不足以享有權利。則所得之權利。亦有名無實。無所用之。此强者之權利所以可貴也。

凡治人者、貴族、自由民、男子等。所有强大之權力。苟被治者、平民、奴隸、女子等。不能與之抗。而認爲應有之權利。則其權利既無人以與之抗。每不免流爲暴戾。此一定之理也。雖然彼苟以破敗爲主。而與猛獸無異。則人類之間。不能一日安。亦安得爲應有之權利乎。又兩者之權力。若互相衝突。互相平均。遂互相認許。而均爲應有之權利。則兩者之權利。皆變爲溫和。安有所謂謂暴戾之權利乎。由此觀之。吾人之權利。蓋由强權有偏枯與普及之殊。故其性有强暴與溫和之異。然初不得因其有所異。而一則目之曰權利。一則目之曰非權利。蓋兩者之本性。固無所異也。

當野蠻之世。凡治人者、貴族、自由民、男子等。其所有一切權利。固不免流于暴戾。然其有益于人類之進步者。正非淺鮮。若出以溫和。則有害而無利。然則斤斤焉必以暴戾之權利爲惡。而以溫和之權利爲善。固亦有所不能。特一則曰未進步之權利。一則曰已進步之權利。則庶幾乎可耳。

今日者。固所謂文明之世。但強者之權利。猶不能普及。而偏枯在所不免。說者或歎之。然吾謂以天演之道言之。則吾人優劣強弱之等差。究不能消滅淨盡。此強權之普及所由難也。

凡強者之權利。皆由利己而起。非由利物而起。此所謂天則也。

國與國強權之競爭。與國內強權之競爭。其理無殊。第國與國之間。苟利害有所不同。而不能聯爲一大羣。則其間強權之競爭。每不免流于暴戾。幾與動物界無殊。然今日文明之國。已有所謂公法。若能由此進步。則宇內一統國之起。亦正易易。蓋今日各國利害之相同者日益多。非復前日之比。故他日之進步。正有未可量者。無如各國當未經聯合以前。則國與國競爭。往往有強暴者之所爲。此亦無可如何。固不能以道德法律繩之。何則。以今日言之。則道德法律者。第爲一羣之生存進步計。固不能率人類而治之也。

物競論終

本社告白

譯書彙編代派處鑒

本編承各代處。多方推廣。銘感無已。惟此編全恃報貲轉換。乃八期以來。所有代派各處。除上海王氏育材館。中外日報館。杭州譯林。養正書塾。蘇州中西小學堂。湯宅馮先生。嘉興無錫等處外。未有收到報資者。所有第九第十期。姑俟交到報欵。再行補發。特此廣告

再本編第一第二第四各期再版已經告成各代派處尚有欲補者請即函告當即補寄

本社新書告白

日本 岸崎昌 中村孝 原著

國法學

全一冊 定價五角

各國之政治其組織不同其起源亦各不同不明其組織起源則於其政治之長短利害未由而明國法學之範圍即以此爲目的凡國家如何成立及國家有幾種機關與機關之如何運行舉元首臣民與立法司法行政等項均包括在內日本各政治學校均以此科目列入首年其重要可見法政科大學校亦然此書爲岸崎中村二君合著而二君學說均本於大學校故其議論考据均極精切完備實講求政治學者之基礎也爰急譯之以餉同志

波蘭衰亡戰史

全一冊 定價二角五分

是書詳記波蘭三分之始末書中所叙俄國公使之巧弄權謀波蘭志士之身殉國家尤令吾人驚心觸目今者俄勢東漸一占旅順尙思再占滿洲直欲以散爾士連氏之故技演及吾中華故願人人一誦是編知俄人之藍本有在也

廣告部

丸善書店告白

本店開設日本東京日本橋區通三丁目

本店專售歐米各國書籍及日本各大書林新出各書價値克己凡欲購書者請開明書目徑寄本店（價[illegible]）即可照寄不悞另有詳細書目凡惠郵劵三分即可寄呈

再本店近新出簡易英文英語新法一書用日文注明各種方法最爲便捷並此廣告

東來書莊告白

本莊各售東西各種書籍地圖學堂用品向在蘇州胥門內廟堂巷今移至養育巷北女冠子橋堍特此告白

本社代售各書告白

○譯林 每月一冊 每冊一角二分

○勵學彙編 每月一冊 每冊一角五分

本編代派所

上海新北門外　中西書室
上海北市抛球場　廣學會
上海三馬路望平街　中外日報館
上海後馬路益陽弄　經正學堂
蘇州養育巷北女冠子橋境　東來書莊
蘇州元妙觀東首　開智書室
蘇州封門內唐家巷　中西小學堂
蘇州葑門內富家巷　湯宅
杭州城內銀洞橋　譯林
杭州城內菜市橋蒲場巷　求是書院
杭州城內大方伯　養正書塾
無錫崇安寺　三等學堂
蕪湖寧淵觀南岸　晉康煤炭公司
江西馬王廟背後　賦梅山房主人
天津宮北玉皇宮前　日日新聞社主筆
天津紫竹林　信遠洋行
北京米市胡同　日日新聞分社
北京東四牌樓什錦花園　溥宅

香港荷理活道　聚文閣
香港上環海旁　利昌隆
香港文武廟直街　文裕堂
香港中環士丹利街　中國報館
汕頭鎮邦街下富中華夏布莊樓上　李道南先生
新加坡衣箱街　天南新報館
大阪川口三十二番　鎰源號
神戶榮町三丁目　中外合衆保險公司
橫濱山下町一百五十二番　清議報館

明治三十四年十二月十四日印刷
明治三十四年十二月十五日發行

東京芝區愛宕下町三丁目四番地
編輯兼發行者　坂崎斌

東京本鄉區丸山福山町十五番地
發行所　譯書彙編社

總代派所　上海大東門內北城根　育材書塾

明治三十四年一月廿八日第三種郵便物認可
譯書彙編第九期　明治三十四年九月廿七日發行

No. 9.

THE

YI SHU HUI PIEN.

A MONTIILY MAGAZINE OF TRANSLATED

POLITICAL WORKS.

OFFICE:

No. 15, Maruyama-Fukuyamacho, Hongoku;

Tokyo, Japan.

SOLE AGENCY

[illegible]I SCHOOL.

[illegible]*SHANGILAI CHINA.*